reinhardt

Stephanie Brill • Rachel Pepper

Wenn Kinder anders fühlen – Identität im anderen Geschlecht

Ein Ratgeber für Eltern

2., aktualisierte Auflage

Aus dem Englischen übersetzt
von Friedrich W. Kron und Raimund J. Fender

Ernst Reinhardt Verlag München Basel

Titel der Originalausgabe: The Transgender Child – A Handbook for Families and Professionals, Cleis Press

Bibliografische Information der Deutschen Nationalbibliothek

Die Deutsche Nationalbibliothek verzeichnet diese Publikation in der Deutschen Nationalbibliografie; detaillierte bibliografische Daten sind im Internet über <http://dnb.d-nb.de> abrufbar.
ISBN 978-3-497-02604-3 (Print)
ISBN 978-3-497-60261-2 (E-Book)
2., aktualisierte Auflage

Printed in Germany
Reihenkonzeption Umschlag: Oliver Linke, Hohenschäftlarn
Covermotiv: © Jens Vogelsang, Aachen

Ernst Reinhardt Verlag, Kemnatenstr. 46, D-80639 München
Net: www.reinhardt-verlag.de E-Mail: info@reinhardt-verlag.de

Inhalt

Vorwort

Autobiografische, soziologische und psychologische Publikationen über Transidentität gibt es zur Genüge. Während in Autobiografien die Betroffenen meistens leidvoll über ihr erstes geschlechtsbezogenes Unbehagen berichten, gibt es wenige Studien darüber, ob sie eine angemessene Untersuchung, Beratung oder Unterstützung erfahren haben. Studien über frühe medizinische Betreuung fehlen gänzlich. Bis zur Einführung des Internets, waren Eltern von transidenten Kindern überzeugt, sie seien die einzigen Eltern auf diesem Planeten, die vor dem Rätsel der abweichenden Geschlechtsidentität ihres Kindes von seinem vorgegebenen genotypischen, phänotypischen und biochemischen Geschlecht stehen.

Sobald das abweichende Geschlechtsverhalten eines Kindes für die enge und weitere Familie, für Nachbarn, Schulkameraden und Schuladministratoren offensichtlich wird, werden die meisten Kinder oft zum Opfer von Spott, verbaler und körperlicher Aggression. Daher hat man Eltern geraten, das Geschlechtsverhalten ihrer Kinder „umzudrehen" oder ihren Zugang zu gegengeschlechtlicher Kleidung und anderem Spielzeug auf ein Zimmer im Haus zu beschränken und ihren Kindern zu sagen, ihr atypisches Geschlechtsverhalten nirgends zu zeigen, weder verbal noch durch Kleidung oder Verhalten. Diese Darstellungen werden durch wenige Langzeitstudien belegt, die zeigen, dass weniger als zwanzig Prozent der Kinder mit abweichendem Geschlechtsverhalten transidente Erwachsene werden. Meistens wurden Jungen untersucht und die Mehrzahl der gefundenen Probanden mit abweichendem Geschlechtsverhalten wurde als schwul definiert. Diese Studien wurden allerdings in Frage gestellt, weil die Mehrzahl der Probanden aus Kliniken kam und noch andere Grundkrankheiten hatte. Des ungeachtet bleibt die Frage, wie man einem acht- bis zehnjährigen Kind hilft, das fünf Jahre lang oder länger mit seiner Transidentität ringt und das entsetzt ist über den zu erwartenden Beginn der Pubertät.

Ungeachtet der Tatsache, dass eine Störung der Geschlechtsidentität nach dem DSM-IV, dem Diagnostic and Statistical Manual of Mental Disorders (Diagnostisches und statistisches Handbuch für psychische Störungen) – ein Klassifikationssystem der Amerikanischen Psychiatrischen Vereinigung – eine psychiatrische Diagnose bleibt, und obwohl es in den meisten Großstädten psychiatrische Spezialisten gibt, die in der Beurteilung und

Beratung älterer Teenager, Heranwachsender und Erwachsener bewandert sind, kennen sich jedoch nur herzlich wenige mit den wirklichen Problemen vorpubertärer Jugendlicher und deren Eltern aus. Auch die Tendenz, dass Kinderärzte komplexere Fälle, wie z.B. abweichendes Geschlechtsverhalten bei Kleinkindern und Kindern, an Kinderpsychiater überweisen, die über eine langjährige Ausbildung verfügen, zeigt, dass nur wenige überhaupt Erfahrung mit primären Störungen der Geschlechtsidentität haben. Viele neigen daher dazu, Symptome dieser Art als Depression oder Angstneurosen zu diagnostizieren und zu behandeln, statt auf die zugrunde liegenden Geschlechtskonflikte einzugehen. So etikettieren sie häufig das Kind in seiner Gefühlslage als „bipolar".

Obschon es nur wenige kompetente psychiatrische Spezialisten für das junge Kind mit abweichendem Geschlechtsverhalten gibt, so gibt es noch weit weniger Kinderärzte, Spezialisten für Heranwachsende oder pädiatrische Endokrinologen, die sich mit pharmakologischen Methoden der Pubertätshemmung und der Verabreichung von gegengeschlechtlichen Hormonen (cross-sex hormones), das sind Geschlechtshormone des angestrebten Geschlechtes, auskennen.

Erst seit kurzem ist das Thema der Geschlechtsidentität, das nicht im Zusammenhang mit Störungen der Geschlechtsentwicklung steht, Gegenstand von Diskussionen über pädiatrische Endokrinologie auf wissenschaftlichen Tagungen in Nordamerika geworden. Im westlichen Europa steht dies bereits auf der Agenda.

Pädiatrische Endokrinologen sind Spezialisten, die mit der Medikation von Hormonen, die die Pubertät hemmen oder beschleunigen, gut vertraut sind. Diese Spezialisten spielen eine Schlüsselrolle bei den schweren Entscheidungen über medizinische und chirurgische Eingriffe nach entsprechenden Beurteilungen des Kindes, dessen Genitalien nicht eindeutig oder veränderbar sind. In einigen Fällen mag das Geschlecht eines Kindes „bestimmt" worden sein, das sich vom genotypischen Geschlecht unterscheidet. Einige unrühmliche Fälle sind in den letzten zwei Dekaden öffentlich geworden und hatten einen dauerhaften Einfluss auf die Einstellungen der Ärzte, da einige junge Erwachsene ihre genotypische Geschlechtsausprägung bestätigten und die psychiatrischen Zuweisungen zurückwiesen. Kritik von erwachsenen ehemaligen Patienten – von denen einige ihr eigenes Hilfs-Netzwerk gründeten – an ihrer früheren Behandlung drängten pädiatrische Endokrinologen und Urologen in die Defensive. Einige stellten sogar ihre Fähigkeiten, Entscheidungen über transidente Kinder zu treffen, in Frage. Auch waren Endokrinologen nur noch bedingt bereit, sich mit Störungen der Geschlechtsidentität insbesondere dann zu befassen, wenn sie als psychiatrische Gegebenheit betrachtet wurde. Die meisten hofften, dass die Patienten in psychiatrischer Behandlung blieben, bis sie alt genug waren, um von Fachärzten der Inneren Medizin oder von Endokrinologen hormonell behandelt und betreut zu werden.

Durch das Internet, durch Informationen von internationalen Konferenzen und amtliche Verlautbarungen haben Eltern, psychiatrische Fachkräfte und Ärzte nun Informationen bekommen, mit welcher Fachkompetenz die Niederländer die Pubertät verzögert und über 100 Heranwachsende mit gegengeschlechtlichen Hormonen behandelt haben. Suizidversuche, die andernorts häufig vorkommen, sind nahezu unbekannt, da Eltern und Kinder wissen, dass sie Hilfe bekommen und dass sie in einer Gesellschaft leben, die für ihre Toleranz bekannt ist.

Zurzeit stehen wir an einem Scheideweg. Wir warten darauf, das niederländische Regelwerk für die Hormonbehandlung Heranwachsender vor ihrer Pubertät übernehmen zu können. Noch haben wir keine Genehmigung seitens der Krankenversicherungen für die Kostenübernahme der teuren Arzneimittel, und es fehlt der Druck der medizinischen und psychiatrischen Gesellschaften, dies zu fordern. Die Frustration bei den Eltern steigt und wird durch die Erfahrung verstärkt, was alles gemacht werden könnte, wenn man nur wollte. Wie bei anderen, relativ seltenen Krankheiten und Phänomenen sind auch hier die Eltern den Gesundheitsfachleuten in Bezug auf Wissen und Engagement in der Regel voraus. Bis heute ist aber noch kein Ratgeber oder Handbuch über transidente Kinder und ihre Familien geschrieben worden. Nun endlich haben wir ein solches Buch, und es verdient einen Platz im Büro oder im Hause eines jeden, der sich mit transidenten Kindern und deren Eltern befasst: Gesundheitsexperten, Sozialarbeiter, Lehrer und Schuladministratoren und natürlich Eltern und Verwandte.

Norman P. Spack MD
Senior Associate, Endocrine Division
Children's Hospital Boston
Dept. of Pediatrics, Harvard Medical School

Einführung

„Mama, ich habe es dir doch schon so oft gesagt, ich bin ein Mädchen, also hör auf, ER zu mir zu sagen!"

Alejandro hat es seinen Eltern zu sagen versucht, kaum dass er sprechen konnte, dass er eigentlich ein Mädchen ist. Er krabbelte in den Kleiderschrank seiner älteren Schwester, um ihre Kleider anzuziehen. Er wickelte seine Haare in ihre Schals und Tücher. Er war ständig mit Mamas Make-up geschminkt und trug ihre Schuhe. Mit drei Jahren weinte er sich regelmäßig in den Schlaf und fragte Gott, warum dieser einen Fehler gemacht hatte. Mit vier sprach er offen darüber, sich das Leben zu nehmen und davon, dass er nicht zu dieser Welt gehöre und lieber verschwinden wolle. Seine Eltern dachten ursprünglich, es handele sich um eine Phase, um etwas, dass jedes Kind in seiner Entwicklung irgendwann einmal durchmacht. Aber als die Phase nicht enden wollte, war die einzige Erklärung, die sie hatten, dass ihr Junge wahrscheinlich schwul sei. Ein Berater hatte damals vermutet, dass Alejandro möglicherweise transident sei.

Ninas Eltern brauchten einige Jahre um zu begreifen, dass Nina die Frage: „Bist du ein Junge oder ein Mädchen?", immer auf die gleiche Weise beantwortete. Sie sagte: „Ich bin Nina." Zuerst fanden alle die Antwort niedlich, aber als sie älter wurde, dachten alle, Nina würde sie an der Nase herumführen, weil sie die Frage nicht beantwortete. Des Weiteren waren ihre Eltern oft mit ihr böse, weil Nina ungezogen war. Nina versuchte immer wieder zu erklären, dass sie sich weder wie ein Mädchen noch wie ein Junge fühlte. Warum spielte das alles überhaupt eine Rolle – warum konnte sie nicht einfach sie selbst sein? Ihre Eltern gaben ihr mit Nachdruck zu verstehen, dass sie ein Mädchen sei, in der Annahme, dieses Verhalten würde die Angelegenheit erledigen. Für Nina war das alles leider nicht leicht zu ertragen. Jedes Mal, wenn sie eine Geschlechtsrolle wählen musste, z. B. wenn sie sich in der Klasse zu den Mädchen oder zu den Jungen aufstellen sollte, empfand sie Beklommenheit, und es fiel ihr schwer, den Anweisungen zu folgen. Schließlich hat eine einfühlsame Lehrerin die Zusammenhänge erkannt, als Nina begann, sich in die Hose zu machen und vor dem Aufstellen in der Garderobe stehen blieb. Ein Kinderpsychiater kam dann auf die Idee, dass Nina sich möglicherweise geschlechtsunspezifisch oder mehrgeschlechtlich oder geschlechtsvariant fühlte.

Was sagen uns diese Berichte? Im Laufe der Menschheitsgeschichte gab es immer wieder Kinder, die die traditionellen Geschlechterdefinitionen abgelehnt haben. Aber elterliche Erziehung und gesellschaftliche Erwartungen haben immer dazu geführt, dass diese Kinder ihre Identität vor anderen und manchmal sogar vor sich selbst verstecken mussten.

Das Thema der Geschlechtsrolle gewinnt zunehmend an Bedeutung. In der Gegenwart ist es schwierig geworden, seinem Kind gegenüber zu rechtfertigen, was seine geschlechtliche Bestimmung ist oder nicht ist, denn der seelische Schaden wird offensichtlich, wenn die persönliche Identität des Kindes verleugnet wird. Mehr als je zuvor verstehen wir heute, dass die Vorgaben, die die Gesellschaft der Geschlechtsrollenidentifikation auferlegt, in vielerlei Hinsicht willkürlich sind. Die Wissenschaft erforscht derzeit, was genau angeboren und was kulturell überformt, unterstützt oder erzwungen ist. Eltern sehen sich daher heute mit der aufregenden und zugleich beängstigenden Aufgabe konfrontiert, Kinder in einer Welt großzuziehen, die das Verständnis der Geschlechtsrollenidentifikation erweitert.

Heutzutage kann die Darstellung der Geschlechtsrollen nicht länger als eine Kategorie mit zwei Optionen betrachtet werden. Diese Denkweise ist unzeitgemäß. Sie kann mit der Ansicht verglichen werden, die Welt bestehe aus klar voneinander unterschiedenen rassischen Kategorien, ohne zu erkennen, dass ein ständig wachsender Prozentsatz der Bevölkerung in wunderbarer Weise multi-ethnisch ist. Mit der Geschlechtsrollenidentifikation ist es sehr ähnlich. Den meisten von uns wurde beigebracht – und die meisten halten noch immer an dieser Vorstellung fest –, dass es nur zwei deutlich voneinander unterschiedene Geschlechtskategorien gibt, nämlich männlich und weiblich. Aber in Wahrheit sind die meisten Menschen, wenn nicht sogar alle, eine Kombination von beiden.

Auf der anderen Seite: Kindern zu erlauben, ihrer natürlichen Neigung nachzugehen, kann für Eltern befremdend und beängstigend sein, wenn dies eine Abweichung von bisher verlässlichen und gewohnten Pfaden der Erziehung bedeutet. Wir als Forscher, Autoren und Eltern sind uns der Schwierigkeiten bewusst, denen sich Eltern gegenübergestellt sehen, wenn sie zum ersten Mal ein transidentes oder geschlechtsvariantes Kind verstehen und unterstützen wollen. Wir wissen natürlich auch, dass alle Eltern letztlich nur das Beste für ihre Kinder wollen. Wir hoffen, dieses Buch wird besorgten Familien nützliche Hilfen geben, ihren Kindern mit nicht konformer Geschlechtsidentität so zu begegnen, dass diese sich sowohl in ihrem Körper als auch in der Welt wohlfühlen.

Man muss die Augen offen halten und bereit sein zu lernen, um zu erkennen, dass Kinder und Heranwachsende nicht anders können, als uns vor Augen zu führen, dass Geschlechtsidentität in Wirklichkeit ein weites Spektrum von Phänomenen darstellt. Wenn wir zusehen könnten, wie sich Kinder auf natürliche Weise – bewusst oder unbewusst – ohne die gesellschaftlichen

Verstärkungen in Geschlechtsrollen und -erwartungen entfalten, wir würden staunen. Viele Eigenschaften, die wir dem Männlichen oder Weiblichen zuschreiben, werden beigebracht und gelernt. Tatsächlich sind viele Aspekte der Geschlechtsidentität nicht angeboren, sondern gesellschaftlich bedingt. Viele Anhänger der Geschlechtsrollen-Position würden daher sagen, dass man sein Geschlecht im nächsten Textildiscounter kaufen kann.

Wie aber erziehen, unterstützen und begleiten besorgte Eltern ihre Kinder zu einer „gesunden Geschlechtsidentität"? Dies ist eine komplizierte und oft verwirrende Aufgabe. In diesem Buch stellen wir uns dieser Aufgabe, indem wir mit der Aufklärung über Geschlechtsidentität beginnen. Wir werden aufzeigen, was wir alle tun können, um Kinder in der Entwicklung ihrer gesunden Geschlechtsidentität zu fördern – in ihren Herzen und in ihrem Kopf, innerhalb ihrer Familien, in ihren Schulen und in ihren Altersgruppen. Wir können Begriffe wie Transidentität und Geschlechtsvarianz nicht verstehen, wenn wir nicht verstehen, was der Begriff Geschlechtsrolle bedeutet.

Zwei wichtige Schritte müssen getan werden, um geschlechtsvariante und transidente Kinder positiv zu unterstützen und zu erziehen. Der erste Schritt besteht darin, sich gründlich über den derzeitigen Wissensstand zum Thema Geschlechtsidentität und Geschlechtsrolle zu informieren. Der nächste Schritt besteht darin, sich von überkommenen Überzeugungen zu lösen, um das gesamte Spektrum dessen wahrzunehmen, was Geschlechtsidentität tatsächlich ist. Dieses Erlernen und Verlernen ist wichtig für alle Eltern, also nicht nur für Eltern geschlechtsvarianter oder transidenter Kinder. Die betroffenen Eltern erfahren dann, dass sie nicht allein sind.

Da wir seit Langem schon überzeugt sind, dass es höchste Zeit ist, ein Buch für Eltern mit geschlechtsvarianten und transidenten Kindern zu schreiben und zu publizieren, haben wir beschlossen, gemeinsam dieses Buch zu schreiben. Wir wissen, dass es Tausende von Familien gibt, die jeden Tag mit den gleichen Herausforderungen kämpfen. Für sie alle kann dieses Buch eine Art Rettungsinsel sein, auf der sie lernen können, nicht unterzugehen. Und für diejenigen, die schon sicherer sind in ihrem Erziehungshandeln, kann dieses Buch eine Bestätigung sein, dass Sie auf dem richtigen Weg sind. Insofern hoffen wir, neue Ideen und Perspektiven anzubieten.

Wir beginnen dieses Buch, indem wir den Weg beschreiben, den Eltern gehen müssen, um herauszufinden, ob Ihr Kind möglicherweise transident oder geschlechtsvariant ist. Dabei werden wir unsere Begriffe definieren, um Eltern zu befähigen, Probleme besser zu verstehen und angemessen diskutieren zu können. Dann werden wir der Frage nachgehen, wie man denn ein solches Kind erzieht und wie die Familie sich am besten mit der Umwelt auseinandersetzen kann. Wir geben detaillierte und aktuelle Informationen sowie Hinweise über bekannte Therapien, Hormone und Hormonbehandlungen. Ein Kapitel über rechtliche Aspekte, die vom National Center for Lesbian Rights (NCLR) legitimiert sind, schließt das Buch ab.

Unsere persönliche Legitimation ist auf drei Ebenen angesiedelt. Erstens beruht dieses Buch auf unserer langjährigen persönlichen Erfahrung mit Familien, die geschlechtsvariante und transidente Kinder und Heranwachsende haben. Wir beide haben auch immer wieder ausführlich über transidente Teenager und ihre Erfahrungen im College, über die Entwicklung der Geschlechtsidentität bei kleinen Kindern und im Allgemeinen über Schwangerschaft und Erziehungsangelegenheiten publiziert.

Zweitens beruht dieses Buch auf jahrelanger professioneller Forschung, die wir beide über Themen, wie z. B. die soziale Konstruktion des Geschlechts und den Einfluss von Familienleben und religiösen Praktiken auf die Gesundheit und das Wohlergehen von geschlechtsvarianten Kindern und Erwachsenen, durchgeführt haben. Einige Ergebnisse dieser Forschungen werden in diesem Buch in Form von Übersichten und Interviews vorgestellt, z. T. unter Verwendung von Zitaten einiger besonders engagierter Experten auf diesem Gebiet, wie z. B. den Aktivistinnen Jenn Burtleton und Lydia Sausa, den Therapeuten Reid Vanderburgh und Jana L. Ekdahl, den Rechtsanwältinnen Shannon Price Minter und Jody Marksamer von der NCLR, Dr. Caitlin Ryan vom „Family Acceptance Project“ sowie den Endokrinologen Dr. Norman Spack, Dr. Nick Gorton und Dr. Irene Sills. Wir danken den führenden Experten für ihre Beteiligung an diesem Projekt und für ihren Glauben an dieses Projekt. Organisationen und Einrichtungen, wie z. B. das „Family Acceptance Project“ und „The Park Day School“ haben uns ebenfalls positiv unterstützt und angeregt.

Drittens ist dieses Buch durch Stephanies vielfältige Vorträge vor Sozialarbeitern, Therapeuten, Kinderärzten, Dienstleistern der pädiatrischen Gesundheitsfürsorge und des öffentlichen Gesundheitswesens, vor Mitarbeitern in Vor- und Grundschulen, High Schools, vor College-Klassen und in medizinischen Lehranstalten bereichert worden. Stephanie hat diese Arbeit sowohl alleine als auch in Zusammenarbeit mit „Gender Spectrum Education and Training“ durchgeführt. Kurz, dieses Buch ist eine Quelle, der man vertrauen kann.

Nicht zuletzt ist dieses Buch auch für Pädagogen und Fachkräfte geschrieben, die mit Kindern zu tun haben. Die Informationen in diesem Buch können Ihnen helfen, Ihr Verständnis für geschlechtsvariante und transidente Kinder zu vertiefen und ein Erziehungshandeln zu fördern, das einerseits für ein sichereres Umfeld sorgt und andererseits den Bedürfnissen von Kind und Familie gerecht wird. So kann unser Buch eine Hilfe für Profis und Eltern werden. Wir schicken nun Leserinnen und Leser mit diesem Buch auf Entdeckungsreise. Dabei sollten wir alle stets daran denken: Alle Kinder sind einzigartige, wunderbare Menschen, die unsere bedingungslose Liebe und Unterstützung verdienen. Wir hoffen auf Ihre Zustimmung.

Stephanie Brill und Rachel Pepper

1 Ist mein Kind transident? Und: Was ist das?

„Es ist so amüsant, wenn mich jemand fragt, wieso ich denn weiß, dass ich ein Junge bin. Ich frage dann einfach zurück, wie er denn wisse, dass er ein Junge ist. Das ist einfach eine alberne Frage. Es gibt Dinge im Leben, die man einfach weiß. Ich habe es schon mein ganzes Leben lang gewusst." (Tommy, 7-jähriger transidenter Junge)

„Wir, Andis Eltern, sind mit zwei Alternativen konfrontiert: Wir hätten ‚ihr' erlauben können, sich entsprechend zu verwirklichen und dann dafür sorgen können, ihr eine sie so weit wie möglich unterstützende Umwelt zu schaffen, oder wir hätten ihr beibringen müssen, ihre wahre Ich-Identität zu unterdrücken und dabei Gefahr zu laufen, dass sie in Depressionen verfällt und ein geringes Selbstwertgefühl entwickelt. Mit anderen Worten, entweder hätten wir sie an die Welt anpassen müssen oder wir hätten eine Welt schaffen müssen, die sich ihr anpasst. Wir haben uns dafür entschieden, Andi voll und ganz darin zu unterstützen, sich als das auszudrücken, was sie wirklich ist – ein Mädchen –, wo immer uns dieser Weg auch hinführen wird." (Elternteil eines 6-jährigen transidenten Mädchens)

Es gibt gewiss einen Anlass, warum Sie dieses Buch in die Hand genommen haben. Am wahrscheinlichsten ist, dass Sie ein Elternteil sind, der mit einem geschlechtsvarianten oder transidenten Kind lebt und dieses erzieht oder der jemanden kennt, der in einer ähnlichen Lage ist. Wenn dies zutrifft, dann entstehen bestimmt Fragen, was man in diesem Fall tun soll, wie man das Kind unterstützen und für es eintreten soll und wie man die Zukunft für das Kind und die Familie gestaltet. Dies trifft auch auf den Lehrer, Arzt oder Therapeuten zu, der ein geschlechtsvariantes Kind begleitet bzw. dieses schon als transident erkannt hat und weiterreichende Informationen sucht, wie ein solches Kind am besten zu verstehen und weiter mit ihm zusammenzuarbeiten ist. Vielleicht sind Sie unsicher, was die vielen Begriffe und Definitionen bedeuten und was sie voneinander unterscheidet. Es besteht also die Bereitschaft zu lernen. In jedem Fall aber ist die Frage aufgetaucht, ob das eigene Kind oder das anderer Eltern transident ist und es werden Antworten erwartet.

Kommen transidente Kinder häufig vor?

Wie häufig transidente Kinder vorkommen, weiß man nicht genau. Einige Experten für Geschlechterfragen sprechen von einer Häufigkeit von 1 zu 500. Dies erscheint zwar als plausibler statistischer Wert, aber die Häufigkeit dürfte tatsächlich höher liegen. Ältere Studien, die sich allerdings nur auf Statistiken von umoperierten männlichen Transsexuellen beziehen, beziffern die Häufigkeit mit 1 zu 20.000. Diese Zahl wird von engagierten und erfahrenen transidenten Erwachsenen heute stark angezweifelt und sie hat sicher in Bezug auf die Zahl der geschlechtsvarianten bzw. transidenten Kinder, die in jüngster Zeit auftauchen, keine Relevanz. Dr. Harvey Makadon von der Harvard Medical School kommt sogar zu dem Schluss, dass es nicht möglich sei, überhaupt relevante Statistiken zu erstellen, da die Ärzte in den USA bevölkerungsbezogene Studien zu diesem Thema nicht durchführen können. Somit kann derzeit niemand mit Gewissheit sagen, wie viele transidente Kinder es tatsächlich gibt.

Wie kann man feststellen, ob ein Kind transident ist?

Wir sind uns natürlich darüber im Klaren, dass Eltern auf die Frage: „Ist mein Kind transident?" schnell Gewissheit haben möchten. Aber wie das mit vielen Dingen im Leben so ist, kann die Antwort schwierig sein oder sich nur im Laufe der Zeit ergeben.

Zum Glück sind die meisten Kinder in dieser Sache sehr eindeutig. Wenn ein Kind sich vor die Wahl – Junge oder Mädchen zu sein – gestellt sieht, fühlt es sich eindeutig als das eine oder andere. Natürlich gibt es auch Kinder, die sich weder dem einen noch dem anderen Geschlecht zugehörig fühlen oder sogar beiden. Und je mehr Möglichkeiten man ihnen gibt, desto größer wird die Spannbreite der Antworten. Wenn allerdings die ersten Worte der achtzehn Monate alten Tochter die sind: „Ich Junge", oder der zweijährige Sohn darauf besteht, dass er ein Mädchen ist und sich diese Äußerungen in den nächsten Jahren nicht ändern, dann kann man ziemlich sicher sein, dass das Kind transident ist. Damit ist nicht gemeint, dass man, sobald der Knirps etwas Niedliches oder Verwirrendes sagt, annehmen könnte, dieses Kind sei transident. Aber wenn das noch auf wackeligen Beinen gehende Kleinkind über eine längere Phase hinweg darauf besteht, dem anderen Geschlecht zuzugehören und diese „Phase" kein Ende nimmt, dann handelt es sich um keine vorübergehende Phase.

Dr. Norman Spack, ein Experte auf diesem Gebiet und Gründer der GeMS Clinic am Children's Hospital Boston, das sich auf Kinder mit Störungen der geschlechtlichen Differenzierung oder Transidentität spezialisiert hat, weist darauf hin, dass es ein paar wichtige und eindeutige

Signale gibt, mit denen Kinder ihre Geschlechtsidentität in typischer Weise offenbaren. Zum Beispiel sollte man auf das Verhalten des Kindes auf der Toilette achten (Besteht die kleine Tochter darauf, beim Pinkeln zu stehen?) oder darauf, dass transidente Kinder eine sehr starke Abneigung haben, die Badesachen für ihr biologisches Geschlecht anzuziehen oder darauf, welche Art der Unterwäsche das Kind auswählt (Will der Sohn unbedingt die hochgeschnittenen Mädchenslips mit Blümchenmuster tragen?) oder darauf, ob das Kind ein ausgeprägtes Verlangen zeigt, mit dem Spielzeug des anderen Geschlechts zu spielen.

Dr. Spack hält diese vier Verhaltensweisen für zuverlässige Indikatoren der Transidentität, da die kleinen Kindern, mit denen er sich zum ersten Mal trifft und die u. U. seine Patienten werden, ja noch nicht in der Lage sind, ihre Empfindungen mit klaren Worten auszudrücken. Wenn alle vier Verhaltensweisen auftreten, so Spack, „ergibt alles einen Sinn. Diese Kinder machen mit jeder Bewegung und mit jedem Wort eine klare Aussage."

Die überwiegende Mehrheit der geschlechtsvarianten Kinder, ist jedoch nicht transident, sondern lediglich nicht geschlechtskonform. In der Absicht, das Richtige für ihr Kind tun zu wollen, müssen sich Eltern also vorher gut über die vielfältigen Formen der Transidentität informieren. Die richtige „Diagnose" ist nicht immer einfach zu stellen. Im Verlaufe unseres Buches, werden wir deshalb sowohl über geschlechtsvariante als auch über transidente Kinder sprechen.

Die brennende Frage: Bin ich schuld daran? Wie kann ich Abhilfe schaffen?

Erziehung ist nicht die Ursache für Transidentität oder geschlechtsvariantes Verhalten beim Menschen. Die Phänomene sind auch nicht die Folge von Scheidung, Kindesmisshandlung, Enttäuschung über das Geschlecht des Kindes oder von zu großer elterlicher Liebe, Strenge oder häufiger Abwesenheit. Nichts, was Eltern oder Erziehungsberechtigte tun oder lassen, kann dazu führen, dass das Kind Transidentität oder Geschlechtsvarianz entwickelt; Studien, die der Erziehung den primären Einfluss auf die Entwicklung einer Transidentität oder Geschlechtsvarianz zuschreiben, sind weitestgehend widerlegt worden. Sie beruhen auf Thesen, die heute im Großen und Ganzen im psychiatrischen Gesundheitswesen und bei Medizinern keine große Rolle mehr spielen. Zudem unterscheiden sie nicht klar zwischen den Ausdrucksformen der Geschlechtsvarianz und der Transidentität. Wenn man also Ansätze dieser Art bei Ärzten, Psychologen und anderen Fachleuten vorfindet, dann sollte man sich schnell nach anderen Betreuern umschauen, die nach dem aktuellen Forschungsstand praktizieren. Auch wenn von Fachleuten behauptet werden sollte, man könnte die vom Kind angestrebte Geschlechtsidentität ändern, dann stimmt das überhaupt nicht. Man kann eben nichts tun, um die Geschlechtsidentität eines Kindes zu verändern, denn sie ist eine Kerndimension der Ich-Identität. Allerdings kann das Erziehungsverhalten der Eltern einen gewissen Einfluss auf die Selbstwahrnehmung des Kindes haben, wie es sich in Bezug auf seine Geschlechtsidentität fühlt. Ehe wir weiter in das Thema einsteigen, möchten wir einige Begriffe klären, denen man in den nachfolgenden Erörterungen immer wieder begegnen wird:

Biologisches bzw. anatomisches Geschlecht: Der Begriff biologisches Geschlecht bezieht sich auf die physischen Körpermerkmale und wird verwendet, um das Geschlecht bei der Geburt zu bestimmen. Obwohl die meisten Menschen davon überzeugt sind, dass es nur zwei Möglichkeiten gibt, nämlich männlich oder weiblich, ist das nicht wahr. Tatsächlich gibt es eine große Bandbreite möglicher Variationen in der menschlichen Anatomie und in der Kombination der Chromosomen.

Geschlechtsidentität: Der Begriff Geschlechtsidentität bezieht sich auf die von einer Person verinnerlichte, tief gefühlte Gewissheit, männlich, weiblich, beides oder keines von beiden zu sein. Diese Empfindung kann von der bei der Geburt gegebenen und festgestellten biologischen Geschlechtszugehörigkeit abweichen. Da die Geschlechtsidentität innerlich empfunden und persönlich definiert wird, ist sie für die Außenwelt nicht sichtbar – sie wird nur vom Individuum selbst bestimmt. Die meisten Menschen haben relativ früh ein Bewusstsein ihrer tief gefühlten Geschlechtsidentität. Wenn dieses mit ihrem biologischen Geschlecht nicht übereinstimmt, dann können sie sich darüber bereits mit zwei bis vier Jahren äußern.

Geschlechtsrolle: Im Gegensatz zur Geschlechtsidentität, die ja eine innere Empfindung ist, wird mit dem Begriff Geschlechtsrolle das äußerlich gezeigte Verhalten bezeichnet, mit dem wir in unserer sozialen Umwelt unsere Geschlechtszugehörigkeit zum Ausdruck bringen und anderen mitteilen. Dies geschieht z. B. durch Kleidung, Frisur, Eigentümlichkeiten und die Art, wie wir sprechen, spielen, miteinander umgehen, unsere Rolle verkörpern und die Rollen anderer wahrnehmen.

Geschlechtsvariantes Verhalten/nicht konformes Geschlechtsverhalten: Die beiden Begriffe werden synonym verwendet. Der Begriff „geschlechtsvariantes Verhalten“ bezieht sich auf Verhaltensweisen und Neigungen, die aus dem Rahmen dessen fallen, was mit dem bei der Geburt zugewiesenen, biologischen Geschlecht allgemein als „normal“ bezeichnet wird. Das geschlechtsvariante Verhalten kann sich durch eine bestimmte Wahl von Spielzeug, Kleidung und Spielgefährten bemerkbar machen oder durch den wiederholten Wunsch des Kindes, das andere Geschlecht annehmen zu wollen. Zum Beispiel: Ein Mädchen, das beharrlich darauf besteht, ihr Haar kurz zu tragen und mit den Jungen Fußball zu spielen oder ein Junge, der Frauenkleider anziehen und sein Haar lang tragen möchte. Geschlechtsvariantes Verhalten trifft allerdings nur dann wirklich zu, wenn es sich dabei nicht nur um eine kurze Phase der Neugierde bei Kindern handelt, diese Verhaltensweisen auszuprobieren.

Transidentität / Cross-Gender (dem anderen Geschlecht entsprechend): Diese Begriffe werden wechselweise verwendet und beziehen sich auf ein Individuum, dessen Geschlechtsidentität nicht seinem bei der Geburt zugewiesenen biologischen Geschlecht entspricht. Zum Beispiel, wenn sich ein transidentes Kind selbst als Mädchen identifiziert, aber biologisch ein Junge ist. Transident oder dem anderen Geschlecht entsprechend zu sein, bedeutet allerdings nicht, dass eine bestimmte sexuelle Orientierung vorherrscht. Daher kommt es auch vor, dass transidente Menschen sich zusätzlich als heterosexuell, schwul, lesbisch oder bisexuell identifizieren.

Sexuelle Orientierung: Der Begriff „sexuelle Orientierung“ bezieht sich auf das Geschlecht derjenigen Menschen, von denen man sich romantisch oder sexuell angezogen fühlt. Sexuelle Orientierung und Geschlechtsidentität sind zwei unterschiedliche Dimensionen der Identität einer Person. Obwohl sich ein Kind vielleicht noch nicht seiner sexuellen Orientierung bewusst ist, hat es in der Regel durchaus schon ein ausgeprägtes Gefühl für seine Geschlechtsidentität.

Transjunge / Transmann: Mit diesen Begriffen werden Kinder oder Erwachsene bezeichnet, die anatomisch weiblich geboren und bestimmt wurden, aber eine männliche Geschlechtsidentität haben. Diese Begriffe werden auch von einigen Medizinern zur Bezeichnung von transidenten Jungen und Männern verwendet.

Transmädchen / Transfrau: Mit diesen Begriffen werden Kinder oder Erwachsene bezeichnet, die anatomisch männlich geboren und bestimmt wurden, aber eine weibliche Geschlechtsidentität haben. Dieser Begriff wird auch von einigen Medizinern in Bezug auf transidente Mädchen und Frauen verwendet.

Wechselnde Geschlechtsidentität (gender fluidity): Mit diesem Begriff wird die (noch) nicht festgelegte Geschlechtsidentität einer Person bezeichnet. Damit wird auf eine noch weiter gefasste und flexible Bandbreite der geschlechtlichen Ausdrucksformen hingewiesen, bei denen sich die individuellen Erscheinungs- und Verhaltensweisen sogar von Tag zu Tag erheblich unterscheiden können. Bei manchen Kindern geht die nicht-festgelegte Geschlechtsidentität auch über Verhalten und Interessen hinaus und dient dann dazu, die subjektiv gefühlte Geschlechtsidentität tatsächlich festzulegen. Mit anderen Worten, ein Kind mag sich an einem Tag als Mädchen fühlen, an einem anderen Tag als Junge oder weder als das eine noch das andere, weil keine der beiden vorgegebenen Geschlechtsbestimmungen zu passen scheint.

Uneinheitliche Geschlechtlichkeit (genderqueer): Dieser Begriff stellt ein Verwischen der Grenzen zwischen den Begriffen „Geschlechtsidentität" und „sexuelle Orientierung" dar. Personen, die eine uneinheitliche Geschlechtlichkeit zeigen, begrüßen eine nicht-festgelegte Ausdrucksform ihres Geschlechts und ihrer sexuellen Orientierung. Der Begriff wird in der Regel zur Bezeichnung von Erwachsenen verwendet, weniger im Zusammenhang mit der Geschlechtsidentität bei heranwachsenden und vorpubertären Kindern.

Was bedeutet Geschlecht?

Ein vertieftes Wissen über Geschlecht und Geschlechtlichkeit ist für eine fürsorgliche Erziehung und unterstützende Begleitung von Kindern und Jugendlichen, deren Geschlechtsverhalten nicht konform ist, geradezu unverzichtbar.

Einstellungen zum Geschlecht und zu dem, was für das jeweilige Geschlecht als angemessenes Verhalten angesehen wird, werden bereits in der frühen Kindheit erlernt. Diese werden vielleicht im Laufe der Zeit geändert, aber sie beeinflussen dennoch unsere Vorlieben und Entscheidungen das ganze Leben hindurch. Mit anderen Worten, wie wir als kleine Kinder gelernt haben, mit unserem Geschlecht umzugehen und mit anderen zu interagieren, beeinflusst die Art und Weise, wie wir die Welt als Erwachsene wahrnehmen. Manches, das wir in diesem Buch darstellen, mag auf den ersten Blick deswegen radikal erscheinen. Das mag an der subjektiven Brille liegen, durch die jeder Einzelne das Thema Geschlecht bisher betrachtet hat.

Es kann daher durchaus sein, dass nach dieser Lektüre die Frage auftaucht, was denn das Wesentliche des männlichen und weiblichen Geschlechts ist und warum man bisher mit niemandem je über die Bedeutung des Geschlechts gesprochen hat. Dabei sind wir ständig von den Geschlechtsrollen umgeben. Auch wird uns ihre Bedeutung vom Tage unserer Geburt an vermittelt.

Wenn man es mit geschlechtsvarianten Kindern und Jugendlichen zu tun hat, sich um sie kümmert und sie erzieht, mit ihnen spricht und entsprechende Literatur über sie liest, wird auch das eigene Verständnis für die Thematik verändert. In dem Maße, wie sich das Verständnis für Geschlechtsvarianz vertieft, wird man auch immer unbefangener über dieses Thema sprechen können. Die zunehmende Vertrautheit, mit der man über Geschlecht und Geschlechtlichkeit zu sprechen und mit dem Kind umzugehen lernt, wird es den Menschen um uns herum auch leichter machen, über dieses Thema zu sprechen. Dies ist sehr wichtig, um die Ängste, Verwirrungen und Vorurteile der anderen zu verringern und abzubauen.

In der Tat gibt es eine ansteigende Lernkurve für jeden, der mit geschlechtsvarianten und transidenten Menschen interagiert. Und das ist verständlich. Denn durch Geschlechtsvarianz gerät das gesellschaftliche Fundament einer klar definierten Geschlechterordnung ins Wanken. Deswegen bringt dieses Phänomen auch die eigene Empfindung für das, was sich natürlich anfühlt, durcheinander. Unsere Absicht ist es deshalb, auf diesem neuen Gebiet eine Orientierungshilfe zur Verfügung zu stellen, damit Eltern im Umgang mit ihrem Kind möglichst reibungslos durch die verschiedenen Phasen kommen, in denen man als Eltern allmählich zu akzeptieren lernt, dass das eigene Kind eine andere Geschlechtsidentität hat. Diese Phasen können von anfänglicher Verleugnung und Betrübnis über die Andersgeschlechtlichkeit des Kindes bis hin zu dem Ziel reichen, diese Tatsache in das Leben zu integrieren und am Ende sogar glücklich darüber zu sein.

Nun also, was bedeutet Geschlecht? Beginnen wir mit ein paar leichten Fragen. Holen Sie sich Bleistift und Papier und schreiben Sie Ihre Antworten zu den folgenden Fragen auf:

- Was macht einen Jungen zum Jungen?
- Was macht ein Mädchen zum Mädchen?
- Woher wissen Sie das?
- Ab wann weiß man, dass man ein Junge oder ein Mädchen ist?
- Sind Sie männlich? Sind Sie weiblich? Woher wissen Sie das?
- Sind Sie oder sind Teile von Ihnen beides? Woher wissen Sie das?
- Wenn sich Ihr Körper über Nacht in das andere Geschlecht verwandeln würde, würde es Ihre Selbstwahrnehmung verändern?

Legen Sie Ihre Antworten nun beiseite, aber behalten Sie diese im Gedächtnis, während Sie dieses Kapitel lesen. Es empfiehlt sich auch, diese Übung immer wieder zu machen, denn Ihre Antworten werden sich möglicherweise im Laufe der Lektüre verändern.

Tatsächlich ist die persönliche Geschlechtsidentität nicht mit dem anatomischen Körper angeboren. Das biologische Geschlecht ist vom subjektiven Geschlechtsempfinden zu unterscheiden. Dies ist eine sehr wichtige

Unterscheidung, denn die meisten Menschen haben von Anfang an gesagt bekommen, dass das biologische Geschlecht und die daran orientierten Rollenvorschriften der Gesellschaft, also das soziale Geschlecht, identisch sind. In Wahrheit aber ist das soziale Geschlecht ein gesellschaftliches Konstrukt. Unsere Gesellschaft erkennt nur zwei Geschlechterkategorien an: männlich und weiblich. Diese sogenannte binäre Betrachtungsweise ist darüber hinaus mit Erwartungen und Vorschriften an das jeweilige Geschlecht verknüpft. Diese Vorschriften diktieren zwar die Normen für Bekleidung, Aktivitäten und Verhaltensweisen; aber wie die vorhergehende Übung gezeigt haben mag, passen der eigene Kleidungsstil, die Wahl der Aktivitäten oder die eigenen Verhaltensweisen nicht hundertprozentig in die eine oder andere Kategorie: männlich oder weiblich.

Weltweite Geschlechtervielfalt

Die Tatsache, dass es in den meisten, wenn nicht in allen, Kulturen weltweit transidente Menschen gegeben hat, gründet auf unwiderlegbaren Beweisen. Auch wenn diese Geschichte noch weiter erforscht werden muss, existieren bereits heute schon umfassende wissenschaftliche Arbeiten zu diesem Thema.

Schriftsteller, wie etwa William Roscoe, haben die Ureinwohner Nord Amerikas umfassend erforscht und festgestellt, dass sie geschlechtsvariante Menschen in ihren Reihen aufnahmen und mitunter diesen mit Ehrerbietung begegneten. In einigen Fällen war man der Auffassung, dass diese Menschen über bestimmte spirituelle Kräfte verfügten und dass männliche Kinder, die in jungen Jahren weibliche Eigenschaften aufwiesen, häufig in die Lehre bei Schamanen geschickt wurden, um Heiler zu werden. Die Bezeichnung „Zwei-Seelen", ein spezieller Begriff für die Menschen dritten Geschlechts, wird von vielen einheimischen Lesben, Schwulen, Bisexuellen, Transidenten oder Intersexuellen Nordamerikas verwendet. Der Begriff kann auch für die Beschreibung jener Menschen gebraucht werden, die ein ausgesprochenes Gleichgewicht zwischen männlichen und weiblichen Energien aufweisen, ist also nicht ausschließlich auf transidente Menschen bezogen.

Leslie Feinberg, eine bekannte transidente Interessenvertreterin und Schriftstellerin, ist Autorin des Buches „Transgender Warriors", das einen Überblick über transidente Menschen in ursprünglichen Kulturen auf der ganzen Welt bietet. Es enthält erstaunliche Fotos und Illustrationen aus Archiven.

Wissenschaftlerinnen, wie die Transfrau Joan Roughgarden, Biologin an der Stanford Universität und Autorin von „Evolution's Rainbow: Diversity, Gender, and Sexuality in Nature and People" (University of California Press, 2004), tragen mit dazu bei, die (Geschlechts-)Vielfalt im Tierreich und beim Menschen zu erhellen. Roughgardens Buch enthält mehrere Abschnitte über transidente Menschen, darunter auch über die *mahu* in Polynesien (halb männliche, halb weibliche Menschen) und über die *hijras* in Indien (Menschen, die vom männlichen zum weiblichen Geschlecht übergehen und eine eigenständige religiöse Kaste bilden). Sie beschreibt auch verschiedene Rituale, wie sie etwa von den *Navajo* und *Papago* Indianern praktiziert wurden, um junge Zwei-Seelen-Menschen zu weihen und auch um zu prüfen, ob sie bei ihrem Geburtsgeschlecht bleiben oder eine andere Geschlechtsidentität annehmen wollen.

Diese Publikationen stellen bedauerlicherweise auch dar, wie diese ursprünglichen Kulturen, die geschlechtsvariante Menschen akzeptierten, von politisch und religiös anders motivierten Menschen angegriffen und unterdrückt worden sind. Als Folge dieser Unterwerfung haben sich transidente Menschen auf der ganzen Welt, um überleben zu können, verstecken müssen. Dennoch ist es unbestreitbar, dass die menschliche Geschlechtsidentität und das menschliche Verhalten immer schon als breites Spektrum existierten.

Was wir von einer männlichen oder weiblichen Person erwarten, ist überwiegend durch die jeweilige Kultur bestimmt. Die festgelegten Geschlechtsrollen haben unserer Gesellschaft eine bestimmte Struktur gegeben, aufgrund dieser die Menschen durch gemeinsam gelernte und von allen geteilte Handlungsnormen miteinander interagieren und funktionieren.

Die feministische Bewegung hat auf die ungerechten Erwartungen an die sozialen Geschlechtsrollen aufmerksam gemacht. Als sie die kulturellen Stereotype untersuchte, eröffnete sie viele ungeahnte Möglichkeiten für Frauen und Männer gleichermaßen. Heute gibt es z.B. eine weitaus gerechtere Rollenverteilung in der Familie, die geschlechtsbezogene Diskriminierung ist gesetzlich verboten und die sexuelle Belästigung ist nicht länger eine akzeptierte Form sozialer Interaktion. Und dennoch sind wir noch nicht weit genug vorangeschritten: In der Arbeitswelt sind Frauen immer noch nicht gleichgestellt, Frauen und Männer sind immer noch auf das Kleidungsangebot eingeschränkt, das ihre binäre Kultur bereitstellt und Männer sind häufig noch nicht in der Rolle des „Alleinerziehenden“ akzeptiert, der sich um die Kinder kümmert.

Die Entwicklung der sozialen Geschlechtsrolle: Aneignung der Geschlechtsrolle und Anpassungszwang

Kinder sind nachhaltig durch die Erziehung ihrer Eltern und den Einfluss der Gesellschaft in der Entwicklung ihrer Geschlechtsrolle beeinflusst. Eltern sind ständig dabei, ihren Söhnen beizubringen, wie sie als Junge zu sein haben, und ihren Töchtern, wie sie sich als Mädchen zu verhalten haben, unabhängig davon, ob sie dies aktiv oder passiv, bewusst oder unbewusst tun.

Kinder ahmen auch nach, was sie in ihrer Umwelt erleben. Durch die Interaktionen mit ihrer Umwelt lernen Kinder das ihrem Geschlecht angemessene Verhalten zu zeigen; sie erfahren sowohl situationsbezogene Rollen der Machtanwendung als auch akzeptierte Verhaltensmuster für ihre Bedürfnisse. Sie beachten und ahmen Vorbilder ihres eigenen Geschlechts entsprechend nach. Wie ein Kind seine Geschlechtsrolle wahrnimmt, kann sich im Verlauf der Zeit verändern. Diese Wahrnehmungen sind unmittelbar durch die Schichtzugehörigkeit des Kindes, seine ethnische Herkunft, sein Alter, seine Religion und seine Kultur beeinflusst. Selbst Kleinkinder werden auf die kulturell stilisierten Geschlechtsrollen – männlich oder weiblich – hin sozialisiert.

Intersexuelle Menschen

Die Bezeichnung Intersexualität bezieht sich auf Menschen, die mit weniger eindeutig ausgeprägten Geschlechtsorganen oder einer Kombination verschiedener externer Genitalien bzw. interner Sexualorgane geboren werden. Dem Phänomen der Intersexualität werden verschiedene medizinische Begriffe zugeordnet; heute wird es meist als Sexualdifferenzierungsstörungen oder DSD (disorders of sex development) bezeichnet und umfasst das Adrenogenitale Syndrom (AGS), den klassischen Hermaphroditismus und die Hypospadie. Bei manchen intersexuellen Menschen geht man davon aus, dass sie unterschiedliche Kombinationen der klassischen weiblichen (XX) und männlichen (XY) Chromosomen aufweisen. Intersexuelle Säuglinge haben in manchen Fällen bei der Geburt willkürlich ein bestimmtes Genital erhalten und wurden, häufig aufgrund einer einzelnen medizinischen Meinung, dadurch einem der beiden Geschlechter zugeordnet. Auch sind Operationen durchgeführt worden, um die Eindeutigkeit der Genitalien herzustellen, damit das Neugeborene dem typischen weiblichen oder männlichen Phänotyp entspricht.

Die größte Übereinstimmung zwischen intersexuellen und transidenten Menschen findet sich darin, dass Menschen beider Gruppen sich in ihrem Körper nicht zu Hause fühlen, so als wäre ihnen das falsche Geschlecht zugeteilt worden. Sie suchen daher häufig den Weg des chirurgischen Eingriffs oder der hormonellen Behandlung, um diesen Umstand zu korrigieren. Weil andere Menschen über das Geschlecht eines intersexuellen Neugeborenen entscheiden, können diese Kinder mit einem Gefühl der Bezugslosigkeit zu ihrem Körper aufwachsen, da das, was andere über ihren Körper sagen, nicht mit dem übereinstimmt, was sie selbst fühlen. Oder sie entwickeln die Ansicht, etwas mit ihren Geschlechtsteilen sei nicht in Ordnung, oder sie bemerken, dass ihre Genitalien nicht so aussehen, wie die anderer Menschen, oder sie erleben Funktionsstörungen mit ihren Geschlechts- oder Reproduktionsorganen während sie heranreifen.

Transidente Menschen teilen ähnliche Gefühle des Unbehagens, wie beispielsweise, im falschen Körper geboren zu sein. Obgleich ihre Genitalien und ihre Reproduktionsanatomie in der Regel typisch für ihr Geburtsgeschlecht sind, wollen diese Menschen die empfundene Diskrepanz korrigieren. Darüber hinaus wurden beide Zustände in den westlichen Kulturen historisch als schamvolle Pathologien betrachtet, die besser im Stillen zu erleiden, allenfalls durch gewogene Ärzte oder Psychologen zu beheben seien.

Es gibt auch Gesellschaften, wie die Intersex Society of North America (ISNA), die von einer allzu großen Ähnlichkeit zwischen transidenten und intersexuellen Menschen abraten. Sie sind der Auffassung, dass die meisten intersexuellen Menschen keinen Konflikt mit ihrem Geschlecht haben und unter anderen Diskriminierungen leiden, als transidente Menschen. Die ISNA empfiehlt derzeit, Neugeborenen wohl ein Geschlecht zuzuordnen, aber keine chirurgischen Eingriffe vorzunehmen, bis die Kinder für sich entscheiden können, welche Geschlechtsidentität sie annehmen wollen. Die Biologin Joan Roughgarden und andere vertreten die Ansicht, dass sowohl die Intersexualität als auch die Transidentität als normale Seinsformen des Menschen zu betrachten sind. Dennoch teilen die intersexuellen und transidenten Menschen heute ein neues „Zeitalter", in dem sie sich Gehör verschaffen, sich organisieren und ihr eigenes biologisches Schicksal selbst bestimmen können. Endlich werden sie lediglich als zwei Variationen eines erstaunlich vielfältigen Geschlechts- und Anatomiespektrums gesehen.

Geschlechtsspezifische Interaktionen beginnen bereits sobald die Eltern das biologische Geschlecht ihres Kindes kennen. Studien haben gezeigt, dass Erwachsene bereits vor der Geburt und auf jeden Fall sofort danach, mit unterschiedlichem Tonfall und über unterschiedliche Inhalte mit ihrem Neugeborenen sprechen, je nachdem welches Geschlecht es hat. Bei anatomisch weiblichen Babys oder bei Babys, dessen Geschlecht unbekannt ist, verwenden Erwachsene eher einen einlullenden Singsang-Tonfall; auch werden diese Babys häufiger in den Arm genommen und getröstet. Mit männlichen Babys hingegen wird in einem tieferen Tonfall gesprochen, und man nimmt sie auch seltener in den Arm oder tröstet sie. Dabei sind sich die meisten Erwachsenen gar nicht bewusst, dass sie auf sehr unterschiedliche Weise mit den Babys umgehen.

Die Geschlechtsrolle ist ein soziales Konstrukt, das gesellschaftlich kontrolliert wird. Fast die gesamte Kultur ist einem der beiden Geschlechter zugeordnet; sogar Farben, Spielzeug, Kleidung und Verhaltensweisen. Durch das Zusammenwirken von sozialer Konditionierung und den individuellen Bedürfnissen des Kindes, bevorzugen die meisten Kinder vom dritten Lebensjahr an die ihrem jeweiligen Geschlecht zugeschriebenen Aktivitäten und Verhaltensweisen.

Allgemein akzeptierte Geschlechtsrollen und allgemeine Erwartungen an geschlechtsspezifische Ausdrucksformen sind derart in unserer Kultur verankert, dass sich die meisten Menschen eine zivilisierte Gesellschaft ohne sie nicht vorstellen können. Und weil Geschlechtsrollen ein derart integrales gesellschaftliches Gebilde darstellen, haben die meisten Träger und Trägerinnen typischer Geschlechtsrollen nie in Frage gestellt, was Geschlecht eigentlich bedeutet. Das mussten sie auch nicht, denn das Gesellschaftssystem hat ihnen das abgenommen.

Wenn nun aber die individuellen Vorlieben und Ausdrucksweisen eines Menschen nicht den allgemein anerkannten Normen für Geschlechtsrollen entsprechen, nennen wir das geschlechtsvariant. Geschlechtsvarianz ist ein normaler Bestandteil menschlicher Ausdrucksweisen, sie ist in allen Kulturen beobachtbar und durch geschichtliche Aufzeichnungen dokumentiert. Wenn also ein Kind eine Geschlechtsvarianz aufweist, liegt das Problem weder bei dem Kind noch in der Erziehung, sondern im sozialen System, das den Äußerungen der Geschlechtsrolle sehr eingeschränkte Grenzen setzt.

Das gegenwärtig akzeptierte, binäre Geschlechtersystem benachteiligt sogar Kinder, die nicht geschlechtskonform sind. Der erste Schritt hin zum Verständnis und zur Unterstützung nicht geschlechtskonformer Kinder besteht daher darin, zu begreifen, dass das gefühlte Geschlecht und die Anatomie nicht identisch sind und dass Geschlechtsidentität eine Verwebung sowohl der sozialen Normen als auch der eigenen Ich-Identität darstellt.

Die Entwicklung der Ich-Identität

Psychologen gehen davon aus, dass die Ich-Identität eines Menschen drei wesentliche Dimensionen aufweist. Es wird angenommen, dass diese voneinander unterschiedenen Dimensionen bis zum sechsten Lebensjahr entwickelt und dann als Teenager „überholt“ werden. Zu den drei Dimensionen zählen:

1. **die Geschlechtsidentität**, d. h. die eigene tiefempfundene innere Geschlechtszugehörigkeit, unabhängig von den anatomischen Gegebenheiten;
2. **die individuelle Art des Verhaltens**, d. h. die persönlichen, natürlichen Neigungen und Ausdrucksformen;
3. **die sexuelle Orientierung**, d. h. zu wem man sich sexuell hingezogen fühlt.

Es ist in diesem Zusammenhang ausschlaggebend zu verstehen, dass diese Dimensionen der Ich-Identität separate und voneinander unterschiedene Dimensionen sind. Bei der Mehrheit der Menschen sind diese drei Dimensionen stimmig. Diese zentrale Zuordnung der drei Identitätsdimensionen bildet den sozialen Kontext, in dem die Geschlechtsrollen und das Bezugssystem der Geschlechter entwickelt werden. In den westlichen Kulturen stellen sie den Maßstab für die geschlechtsbezogenen Erwartungen dar. Aber in Wahrheit weicht die Mehrzahl der Menschen auf die eine oder andere Weise von der Zuordnung der Dimensionen der Ich-Identität ab. Und wir alle kennen bestimmt gut angepasste Erwachsene, die eine Mischung von Identitäten aufweisen. Zum Beispiel:

- Wir alle kennen bestimmt einen Mann (Geschlechtsidentität), der einfühlsam und emotional (Verhaltensstil) und heterosexuell (sexuelle Orientierung) ist;
- oder eine Frau (Geschlechtsidentität), die einen Bürstenhaarschnitt trägt und in der Bauindustrie arbeitet (Verhaltensstil) und lesbisch (sexuelle Orientierung) ist;
- oder eine Person, die wir als Frau wahrnehmen, die sich selbst aber als androgyn (Geschlechtsidentität) betrachtet, ihr Haar lang trägt, Miniröcke anzieht, im Berufsleben eine erfolgreiche Führungskraft (Verhaltensstil) und obendrein bisexuell ist (sexuelle Orientierung).

Natürlich entwickelt jedes Kind seine soziale Identität in einem weiten Kontext, der seine ethnische Herkunft, Schicht, Kultur und Religion umfasst. Diese zusätzlichen Identitäts-Faktoren können einen erheblichen Einfluss auf die Entwicklung der Geschlechtsrolle haben, insbesondere auf das innere Gefühl „schlecht" oder „falsch" zu sein, wenn die Ich-Identität nicht mit den ethnischen, rassischen oder religiösen Erwartungen der Gemeinschaft des Kindes übereinstimmt.

Geschlechtsidentität

Die Geschlechtsidentität ist ein Bestandteil der Ich-Identität. Sie bezieht sich auf die eigene Selbstwahrnehmung und auf die eigene Verortung der Geschlechtszugehörigkeit auf dem Kontinuum der Ausprägungen zwischen männlich und weiblich. Sie ist zwar unmittelbar bezogen auf die Geschlechtsrollen – also auf die gesellschaftlichen Erwartungen an die Verhaltensweisen und Erscheinungsformen eines jeden Einzelnen, aber die Geschlechtsidentität ist eine Selbstzuschreibung. Durch sie wissen wir selber, wer wir sind.

Es ist allgemein anerkannt, dass die Geschlechtsidentität im Gehirn entwickelt wird. Einige Theorien weisen auf Umweltfaktoren hin, andere auf pränatale Hormoneinflüsse, aber die Mehrzahl stimmt darin überein, dass die Geschlechtsidentität festgelegt ist, bevor wir geboren werden. Von diesem Standpunkt aus gesehen ist unser Gehirn ein geschlechtsentwickelndes Organ und die Geschlechtsidentität keine bewusste Entscheidung. Menschen wählen nicht, sich wie ein Junge oder wie ein Mädchen oder wie beide oder wie keines von beiden zu empfinden. Sie sind einfach, wer sie sind. Aus dieser Perspektive betrachtet sind transidente Menschen und alle Menschen, deren Geschlechtsidentität nicht mit ihrer anatomischen Ausprägung übereinstimmt, schlicht so geboren.

Was macht eine transidente Person aus?

> „Ich möchte einfach, dass die Welt sieht, wer mein Kind wirklich ist. Alle Bücher, Theorien und wissenschaftlichen Forschungen der Welt verblassen im Licht der einfachen Realität: betrachten Sie mein Kind als das, wer es ist und Sie werden seine wirkliche Natur erkennen. Das ist keine Gaukelei, Dysfunktion oder Krankheit. Das ist ein Kind, das in all seiner Herrlichkeit seinen wahren Weg in dieser Welt sucht." (Elternteil eines 6-jährigen transidenten Mädchens)

> „Sie sind eben anders gestrickt. Aber wir wissen nicht wirklich, was einen Menschen transident werden lässt; genauso wenig wissen wir, was Menschen schwul oder lesbisch werden lässt." (Dr. Norman Spack, Children's Hospital Boston)

Niemand weiß genau, was einige Menschen transident werden lässt. Transidente Menschen hat es im Verlauf der Geschichte und in allen Kulturen immer wieder gegeben. Manche Menschen leben ihre Transidentität offen aus, andere behalten sie für sich und haben Angst, ihr wahres Ich nach außen hin zu offenbaren. Wieder andere verstecken ihre Identität bis zu ihrem Tod vollständig. Transident zu sein, entspricht einer normalen Abweichung von der Bandbreite menschlicher Ausdrucksformen. Daher nützt eine Ursachenforschung wenig, denn das würde andeuten, dass es sich bei der Transidentität um ein „Problem" handelt. Wenn man also mit sich ringt, das Kind so zu akzeptieren, wie es ist, sollte man daran denken, dass es schon immer Menschen mit einer Geschlechtsvarianz und einer Transidentität gegeben hat.

Transidente Menschen finden sich in allen Völkern, Rassen und Religionen. Sie werden von ganz unterschiedlichen Eltern in ganz unterschiedlichen Umgebungen erzogen. Gegenwärtige Diskussionen über dieses Thema lassen erkennen, dass bereits vor der Geburt eines Kindes, mütterliche Hormone als eine der Ursachen für die Entwicklung von Transidentität angesehen werden. Natürlich kann diese Überlegung angezweifelt werden, insbesondere wenn es sich um Zwillingskinder handelt, bei denen nur ein Kind transident ist. Andere Theorien behaupten, dass ein großer Prozentsatz der transidenten Kinder durch künstliche Befruchtung entsteht, oder dass es sich um eine genetische Anomalie bei transidenten Menschen handelt, oder dass transidente Menschen biologisch bipolare (zweigeschlechtliche) Eltern haben. Andere wiederum argumentieren, dass Transidentität genetisch bedingt ist. Obgleich es zutrifft, dass einige Familien eine ungewöhnlich hohe Zahl transidenter Familienangehöriger aufweisen, haben die meisten transidenten Menschen keine weiteren transidenten Familienmitglieder – von denen sie wissen!

Seit Transidentität immer häufiger öffentlich gemacht wird, fragen sich manche, ob Umweltfaktoren das Ansteigen der Transidentität bewirken.

Oder hat der leichte Zugang zu Hormontherapien und chirurgischen Eingriffen, transidente Menschen veranlasst, sich häufiger zu outen? Oder ist dieses Phänomen der zunehmenden elterlichen und gesellschaftlichen Aufmerksamkeit zu verdanken? Jede dieser Erklärungen erscheint in gewisser Weise so logisch wie die andere, und wahrscheinlich lässt sich auch in jeder ein Funken Wahrheit finden. Mit anderen Worten, wir wissen nicht wirklich, was zur Entwicklung der Transidentität beiträgt. Wie dem auch sei, Transidentität ist primär als biologisch bedingt zu betrachten und nicht als gesellschaftlich verursacht.

Typische Altersabschnitte, in denen das Kind sich seiner Transidentität bewusst wird

Kindheit

> „Er war ein kleines Baby, ungefähr achtzehn Monate alt und seine ersten Worte waren: ‚Ich Bub, Mama'. Ich gab ihm eine Flasche in der Annahme, er hatte ‚Ich bubu, Mama' gesagt, aber er warf die Flasche fort und wiederholte sich. Ich dachte, ach, wie süß, wie er doch immer so verwirrt ist! Und doch ahnte ich, dass da etwas im Busch ist. Er wollte immer Jungen-Spielzeug und ich hatte schon das Gefühl, dass er anders als meine älteren drei Töchter war." (Elternteil eines 7-jährigen Transjungen/transidenten Jungen)

> „Er mag auf sich selbst als Junge Bezug nehmen, aber er sagt, dass er lieber ein Mädchen wäre. Er hat auch schon gefragt, wie alt er werden müsse, bevor er seinen ‚Pullermann' abschneiden lassen könne." (Tante eines geschlechtsvarianten 6-jährigen Jungen)

Da die Geschlechtsidentität um dieselbe Zeit entsteht, in der Kinder sprechen lernen, ist es auch für transidente Kinder üblich, ihren Eltern besonders früh mitzuteilen, dass sie transident sind. Es mag dann einige Jahre dauern, bis die Eltern tatsächlich begreifen, was ihnen ihre Kinder tatsächlich offenbart haben. Zuerst finden Eltern die Äußerungen niedlich. Dann glauben sie, ihr Kind sei verwirrt: „Nein, Herzchen", sagen sie, „Jungs haben einen Penis und Mädchen eine Scheide." Und so fahren sie fort, während ihr Kind ein tiefgreifendes Trauma in Bezug auf seine anatomische Beschaffenheit durchlebt. Und alle Eltern nehmen vernünftigerweise an, es handle sich bei der Verwirrung um eine vorübergehende Phase. Im Laufe der Zeit und nur allmählich, dringt die Erkenntnis bei den Eltern durch, dass diese Phase nicht vorübergeht.

Die Fähigkeit eines Kleinkindes seine Geschlechtsidentität auszudrücken, wird zuerst durch die Eltern ermöglicht, obwohl sie die tatsächlichen inneren Empfindungen ihres Kindes nicht kontrollieren können. Wenn ein

Kind sich dem anderen und nicht seinem biologischen Geschlecht zugehörig empfindet, wird es diese Geschlechtsidentität nicht deshalb ändern, weil sie von seinen Eltern nicht akzeptiert wird. Wohl aber werden ablehnende Äußerungen seitens der Eltern mit der Zeit dazu führen, dass sich das Kind zurückzieht und seine Schamgefühle, die dabei entstehen, unterdrückt.

Damit ein transidentes Kind fähig wird, eine positive Selbstwahrnehmung zu entwickeln, ist die elterliche Fürsorge und Unterstützung unbedingte Voraussetzung. So wie es für alle Babys und Kleinkinder in ihrer Entwicklungsphase üblich ist, ihre Geschlechtsidentität zu behaupten, so werden natürlich auch transidente Kinder ihre Geschlechtsidentität immer wieder bekräftigen. Zum Beispiel wird ein transidentes Kleinkind seine Geschlechtsidentität verbal zum Ausdruck bringen und alle korrigieren, die es mit dem falschen Personalpronomen ansprechen. Wenn es dann in die Vorschule kommt, wird es sich bei der Ausgabe der Schuluniformen diejenigen Kleider heraussuchen, die seine innere Geschlechtsidentität auch sozial zum Ausdruck bringen. Vielleicht wird es seinen Namen zu ändern versuchen. Beim Spielen wird es Verhaltensweisen zeigen und Rollen wählen, die seiner eigenen Geschlechtsidentität entsprechen. Vielleicht wird es sogar Mord und Zeter schreien und um sich schlagen, wenn es nicht die Kleider oder die Spielzeuge oder sonstige Requisiten bekommt, die seiner eigenen Geschlechtsidentität entsprechen.

„Zuerst dachten wir, Andis Verlangen, Frauenkleider zu tragen, sei nur eine vorübergehende Phase. Nach einer Weile aber erkannten wir, dass dies keine vorübergehende Entwicklungsphase ist, sondern dass ihr Verhalten ein Teil ihrer Identität ist. Als sie fast vier Jahre alt war, begann sie die Tatsache zu leugnen, dass sie als Junge geboren wurde. Zum Beispiel würde sie sicher auf uns wütend werden, wenn jemand vermutete, sie sei ein Mädchen, wir dies aber verneinten. In der Vorschule begann sie übergroße T-Shirts zu tragen und tat so, als wären es Kleider. Dann trug sie einen ‚Ballerina-Rock', den sie aus dem Unterhemd ihrer Mutter und einem Kinder-T-Shirt zusammenbastelte. Bald darauf war sie verzweifelt, weil ihr ‚Outfit' nicht das Richtige war. Eines Tages weinte sie ganz verzweifelt darüber. Sie war nicht mehr zu trösten. Dann endlich kauften wir ein passendes Kleid in ihrer Größe." (Elternteil eines 6-jährigen Transmädchens / transidenten Mädchens)

Kinder in diesem Alter können für ihre Eltern eine große Herausforderung darstellen, wenn es darum geht, festzustellen, ob das Kind geschlechtsvariant oder transident ist. Ein Junge kann durchaus weibliche Ausdrucksformen und Verhaltensweisen zeigen, ohne darauf zu bestehen, ein Mädchen zu sein. In diesem Fall ist es sehr wahrscheinlich, dass er sich lediglich geschlechtsvariant verhält. Jungen sind auf vielen Ebenen der Gesellschaft wesentlich mehr in ihrer persönlichen Ausdrucksweise eingeschränkt als Mädchen. Wenn ein Junge Frauenkleider bevorzugt, bedeutet dies also noch lange nicht, dass er transident oder schwul ist. In dieser Entwicklungsphase bedeutet es lediglich, dass der Junge Kleider mag. Man darf also nicht zu voreilig sein, das Kind auf Grund dieses Verhaltens als transident zu bezeichnen. Man muss sich stattdessen Zeit nehmen und die Äußerungen des Kindes genau studieren. Man braucht viel Geduld, um über die Transidentität seines Kindes Gewissheit zu erlangen; es kann mitunter einige Jahre dauern. Erzwingen kann man also eine Antwort auf die große Frage nicht. Aber wir werden dieses Thema im weiteren Verlauf unserer Erörterungen immer wieder aufgreifen.

Vorpubertät und frühe Adoleszenz

Der nächste typische Zeitpunkt, zu dem sich die transidente Geschlechtsidentität äußert, ist kurz vor oder während der Vorpubertät, d. h., je nach Entwicklungsgrad des Kindes, zwischen dem neunten und vierzehnten Lebensjahr. In diesem Alter erfahren Heranwachsende eine tiefgreifende hormonelle und körperliche Veränderung, die sie als alarmierend wahrnehmen. Wenn dies geschieht, äußern Heranwachsende ihre Beunruhigung auch ab und zu gegenüber ihren Eltern auf die eine oder andere Weise. Auch Eltern bemerken diese Veränderungen, und wenn ihnen dabei etwas Ungewöhnliches auffällt, gehen sie in der Regel mit ihrem Kind zu einem Therapeuten, wo es möglicherweise mit Verdacht auf verschiedene depressive Erkrankungen behandelt wird. Im Verlauf der Therapie kommt vielleicht dann auch die Geschlechtsidentität als Thema auf. Die meisten der betroffenen Eltern sagen rückblickend, dass sie den Verdacht hatten, ihr Kind würde schwul oder lesbisch werden, aber nie in Erwägung gezogen hatten, dass ihr Kind transident sei.

> „Meine neun Jahre alte Tochter hat eines Tages verkündet, sie sei in Wirklichkeit ein Junge und ihr Name sei Jack. Und sie tat dies in der Überzeugung, dass ich das einfach so akzeptieren würde. Ich konnte es gar nicht glauben. Zuerst dachte ich, es wäre ein Spaß und habe das einfach ignoriert. Aber am kommenden Wochenende wollte sie dann Jungenkleidung einkaufen gehen. Ich gab dem Ansinnen nach, denn wir hatten in unserer Familie erst kürzlich eine leidvolle Scheidung hinter uns gebracht, und ich dachte, dies wäre ihr Weg, Aufmerksamkeit zu erhaschen. Welchen Schaden hätte sie schon nehmen können, sich Jungenklamotten zu kaufen? Als ich sie dann mit Joanne ansprach, weinte sie jedes Mal. Eines Tages erhielt ich einen Anruf ihrer Lehrerin, die mir mitteilte, dass Joanne sich in der Schule Jack nannte und allen erzählte, sie sei transident und eigentlich ein Junge. Die Lehrerin wollte dann von mir wissen, wie sie

damit umgehen könne. Ich wusste nicht, was ich sagen sollte. Ich ging zu einer Selbsthilfegruppe für Eltern. Die waren alle sehr freundlich und fragten mich, ob ich meiner Tochter nachtrauern würde. Ich dachte, verdammt nein, ich habe sie noch nicht verloren. Und dann dachte ich, die sind allesamt verrückt.

Nun ist ein Jahr vergangen und Jack ist Jack. Ich bin immer noch häufig traurig und verwirrt. Aber ich liebe Jack und er ist glücklich. Ich bin noch nicht bereit, über Arzneimittel und Operationen zu sprechen; ich kann einfach noch nicht zu einem Spezialarzt gehen. Aber mein Hausarzt und die Selbsthilfegruppe – ja, ich bin da wieder hingegangen – haben mir gesagt, ich soll doch einmal darüber nachdenken. Es gäbe Möglichkeiten, die Jacks Leben einfacher machen würden und nicht unaufhebbar seien.

Ich habe durchaus begriffen, dass Jack sich als Junge fühlt. Manchmal packt es mich dennoch und ich rufe meine Mutter an und heule einfach los. Jeder sagt mir, ich sei nicht schuld, aber ich bin mir dessen nicht so sicher. Es muss doch einen Grund geben, dass meine Tochter fühlt, er sei ein Junge. Sie sehen schon, ich bringe die Pronomen total durcheinander. Ich habe immer gedacht, Joanne sei eine Lesbe, denn sie erscheint und verhält sich als Jack nicht wirklich anders. An manchen Tagen frage ich mich, na und? Worum geht es denn? Er meint, es passt zu ihm, ein Junge zu sein. Und ich weiß, dass ich mich schon bald mit diesen Medikamenten auseinandersetzen muss. Seine Brüste wachsen heran, wenn auch nur schwach, und mir ist klar, dass ich ihn, wenn ich ihn jetzt nicht voll unterstütze, vielleicht gänzlich verliere." (Elternteil eines 10-jährigen Transjungen/transidenten Jungen)

„Mein Sohn litt sehr unter Depressionen. Nachdem er uns erzählt hatte, dass er schwul sei, fiel ihm ein Stein vom Herzen. Zum ersten Mal seit einem Jahr fühlte er sich glücklich. Er verließ endlich einmal seinen Computer und nahm an einer Freizeitaktivität nach der Schule teil. Aber dann kamen die Depressionen zurück. Wir machten uns Sorgen, er würde in der Schule belästigt werden, aber er sagte, es sei nicht schlimmer als sonst auch. Er ist nämlich ständig belästigt worden, denn er trägt recht extravagante Kleidung und drückt sich sehr betont mit seinem Körper und seinen Händen aus. Er sagte, er wolle sterben, denn er konnte sich nicht vorstellen, sein ganzes Leben so zu verbringen wie bisher. Er hatte keinen Lebenswillen mehr.

Wir haben ihn daraufhin zu einem Therapeuten geschickt. Einige Monate nach Beginn der Therapie gab es den Tag, den ich für den Rest meines Lebens nicht vergessen werde. Er ging an jenem Tag als Russel zur Therapiestunde und kam zurück als Heather. Es war eine sehr lange Therapiesitzung, die ungefähr drei Stunden dauerte und bei der ich etwa die letzte Stunde dabei sein durfte. Während dieser Zeit half der Therapeut Russell wahrzunehmen, dass er sich wirklich wie ein Mädchen fühlte und davon überzeugt war, ein Mädchen zu sein.

Als sein Therapeut davon sprach, dass es Menschen gibt, die transident sind und dass das nichts Beängstigendes ist, kam Russell mit seinem Alter Ego, Heather, hervor. Er sagte, Heather hätte in ihm jahrelang gelebt und dass sie nun rauskommen müsse. Ich kann nicht behaupten, dass das einfach gewesen ist, das zu behaupten wäre gelogen. Meine Familie war dabei zu zerbrechen; mein Mann und die anderen Kinder konnten nicht akzeptieren, dass Russell transident ist. Unser Zuhause war ein Kriegsschauplatz. Das Ganze spitzte sich zu, als Heather in der Schule zusammengeschlagen wurde. Es war ziemlich schlimm. Sie wurde verletzt und erlitt Prellungen. Als ihr Vater abends nach Hause kam, sagte er: ‚Na, was hast du denn anderes erwartet?' Die Stille danach war tödlich. Endlich dann, in einem Flüsterton, sagte Heather, sie würde uns verlassen. Wenn sie hier nicht mehr geliebt würde, dann werde sie am nächsten Morgen gehen. Später, als wir im Bett lagen, eröffnete ich meinem Mann, dass ich auch gehen würde und dass ich unser Kind mit dem Gefühl, nicht geliebt zu werden, auf gar keinen Fall alleine gehen lassen würde.

Das war's dann. Es ist beschämend zuzugeben, dass die Situation außer Kontrolle geriet, aber es passierte. Und ehrlich, ich glaube nicht, dass wir die einzigen sind, bei denen das alles so eskaliert ist. Ich habe danach mit Eltern gesprochen, die ihre Kinder beinahe verloren hatten. Wir alle lieben Heather. Und Heather nahm sich den Rest des Jahres frei und arbeitete in einer ehrenamtlichen Tätigkeit, während sie mit der Östrogenbehandlung begann. Sie beginnt jetzt mit der zehnten Klasse an einer neuen Schule als Mädchen." (Elternteil eines 15-jährigen Transmädchens/transidenten Mädchens)

Späte Adoleszenz

Die dritte typische Zeitspanne, in der Transidentität während der Kindheit offenbar wird, fällt in die Endphase der Adoleszenz, wenn sich auch die anderen Dimensionen des Selbst weiter ausgeformt haben und die Geschlechtsidentität klar geworden ist. Vor dieser Zeit probieren viele Teenager unterschiedliche geschlechtsbezogenene Verhaltensweisen aus, um herauszufinden, was am besten zu ihnen passt. Sie werden sich dabei selten bewusst, dass die innere Nichtübereinstimmung mit diesen Versuchen nichts mit der sexuellen Orientierung zu tun hat, sondern sich in Wirklichkeit auf die Geschlechtsidentität bezieht.

„Im Sommer, kurz bevor sie an ihrer neuen Privatschule ihr drittes Jahr in der Sekundarstufe II beginnen sollte, teilte uns unsere Tochter mit, dass sie transident sei. Wir wussten nicht, wie wir reagieren sollten. Wir haben dann einfach spontan gehandelt. Das erste, was wir gesagt haben, war, dass wir sie lieben, egal was da kommen würde. Und ich war sehr froh darüber, dass wir so durchdacht reagiert hatten. Wir haben unseren Kindern immer gesagt, dass wir sie lieben, egal was sie getan haben, also war unsere Reaktion nichts Ungewöhnliches. Und dennoch machten wir uns Sorgen um unsere Tochter. Wir wollten nicht, dass sie all den Schikanen – oder Schlimmerem – in der Schule ausgesetzt sein sollte, die ihr bevorstanden, wenn sie sich in dieser Zeit zum Jungen ‚verwandelte'. Also haben wir ihr in vielen Gesprächen gesagt, dass wir sie durch diese Zeit hindurch begleiten würden. Allerdings haben wir darauf bestanden, dass sie einen Therapeuten aufsucht und dass sie andere transidente Erwachsene kennenlernt. Wenn sie sich danach immer noch transident fühlen würde, dann würden wir ihr zum bestandenen Schulabschluss die operative Entfernung der Brüste schenken, sie könnte den Sommer über die Testosteron-Behandlung durchmachen und schließlich als Junge aufs College gehen.

Wir hatten gedacht, wir seien so liberal und waren stolz auf unsere Reaktion. Unsere besten Freunde staunten über unsere entspannte Art, mit dieser Situation umzugehen. Aber unser ganzes Tun war offenbar nicht genug. Denn als das erste Schulzeugnis ins Haus flatterte, dachten wir, die Lehrer hätten einen Fehler gemacht. Wir haben sogar die Schule angerufen und denen gesagt, sie hätten uns das falsche Zeugnis geschickt. Dieses würde sich auf Bradley beziehen, unsere Tochter heiße aber Brandy. Da waren sie sehr verwirrt; sie sagten, Bradley hätte ihnen zu verstehen gegeben, dass sie ihren Namen schon auf dem Aufnahmeformular falsch geschrieben hätten und dass sein Name eigentlich Bradley, nicht Brandy, sei. Das war dann der Zeitpunkt an dem wir erfuhren, dass unsere Tochter außerhalb der Familie schon die ganze Zeit über als Junge lebte. Wir gingen dann zur Schule und sahen sie mit einem für jedermann sichtbaren Namensschild, auf dem ‚Bradley' stand. Sie trug wohl eine Brustbinde, sodass sie sich äußerlich als Junge darstellte. Jeder, der hinschaute, sah also ganz offensichtlich einen männlichen Teenager.

Wir fühlten uns ziemlich hintergangen. Wir waren doch so großzügig mit der Akzeptanz ihrer Geschlechtsidentität gewesen. Warum hat sie uns derart hintergangen? Als wir sie ansprachen, schaute Bradley uns an, als ob wir vom Mond kämen. Sie sagte zu uns: ‚Ihr habt mir immer gesagt, ich solle genau der sein, der ich bin. Ihr habt mir mein ganzes Leben lang gesagt, ich solle dem Gruppenzwang standhalten und dafür einstehen, was wahrhaftig und richtig ist. Und als es dann soweit war, dass ihr euch für mich hättet einsetzen sollen, wart ihr dazu nicht in der Lage. Das hat mich aber nicht davon abgehalten, für mich selber einzustehen. Wen glaubt ihr denn aufgezogen zu haben? Einen Feigling?' Was hätten wir darauf antworten sollen?" (Elternteil eines 17-jährigen Transjungen / transidenten Jungen)

Natürlich gibt es einige Menschen, die ihre Geschlechtsangleichung als Erwachsene beginnen. Eigentlich wussten sie schon immer, dass bei ihnen etwas anders war, auch schon als Kind, aber sie hatten nicht gewusst, dass es sich hierbei um ihre Geschlechtsidentität handelte. Sie hatten möglicherweise geglaubt, sie seien lesbisch oder schwul, dann aber erkannt, dass das nicht zutraf. Oder sie haben aus Angst vor der Ablehnung durch die eigene Familie oder durch die tatsächlich erfahrene Abwendung der eigenen Familie, alles getan, um sich selbst zu überzeugen, nicht transident zu sein.

Die Zeiten ändern sich. Daher gehen wir davon aus, dass die meisten transidenten Menschen ihr Bewusstsein und ihre inneren Kräfte derart entwickeln werden, dass sie ihre Geschlechtsangleichung vor Erreichen des Erwachsenenalters vollziehen können.

Transidentität kann man nicht wählen

Man sucht sich nicht aus, transident zu sein. Transident zu sein ist nicht „cool", ist nicht einfach, ist keine Marotte. Kinder und Teenager probieren es nicht aus, wie man ein paar Schuhe anprobiert, nur um zu prüfen, ob die Größe passt. Transident zu sein ist eine der schwierigsten Seinsformen, weil sie nicht verstanden wird und das binäre Geschlechtersystem so beherrschend und allumfassend ist.

Wenn ein Kind oder ein Teenager behauptet, transident zu sein, sollte man hellhörig werden; aber nicht gleich anfangen, Informationen zu sammeln, sondern wirklich genau hinhören, was das Kind mitzuteilen hat. Wenn das Kind seine Transidentität bereits offenbart hat und Eltern reagieren mit Verleugnung oder betrachten das Phänomen als vorübergehende Phase, dann ist es noch nicht zu spät. Eltern sollten mit offenen Armen und aufrichtigem Herzen auf ihr Kind zugehen und ein klärendes Gespräch suchen und vor allem die Kommunikation aufrechterhalten.

> Stephanie und andere bei Gender Spectrum halten Workshops zum Thema Geschlecht in Schulklassenzimmern. Sie erklären, dass die [körperliche] Anatomie und Geschlecht nicht dasselbe sind. Dass manchmal eine Person, der man gesagt hat, sie sei ein Junge, sich wie ein Mädchen fühlt oder umgekehrt. Dann bitten sie die Schulkinder, die sich als Junge empfinden, ihre Hand zu heben, dann die, die sich als Mädchen empfinden und schließlich die, die meinen, sie empfinden sich ein bisschen von beidem. Die Ergebnisse sind ziemlich verblüffend, insbesondere in den jüngeren Klassen. Je jünger die Kinder, desto mehr empfinden sie sich als ein bisschen von beidem. Wir können nicht umhin, den Schluss zu ziehen, dass viele Kinder über eine Geschlechtsidentität verfügen, die wesentlich fließender ist, als wir es uns vorzustellen vermögen.

Die Menschen sind wie sie sind. Wir können das nicht ändern. Aber Eltern haben die Fähigkeit, ihre Kinder bedingungslos zu lieben, zu akzeptieren und zu unterstützen. Es ist ihre Aufgabe, ihre wunderbaren Kinder zu lieben, zu erziehen und zu ernähren. Es ist dennoch nur allzu natürlich, dass Eltern zuweilen durch Ängste irregeleitet werden und das mit Liebe verwechseln. Im nächsten Kapitel werden wir uns eingehend damit auseinandersetzen, was Eltern tun können, um ihre nicht geschlechtskonformen und transidenten Kinder am besten zu unterstützen.

Verhaltensstile

Psychologen haben individuelle Verhaltensstile als eine besondere Dimension der Ich-Identität bezeichnet. Die individuellen Verhaltensstile eines Menschen spiegeln seine natürlichen Neigungen und Ausdrucksformen wider, und die Gesellschaft ordnet sie einem der beiden Geschlechter zu. Daher müssen die eigenen unverwechselbaren Verhaltensäußerungen als Ausdruck der Ich-Identität angesehen werden, aber auch zugleich als Bekundung und Darstellung unserer Geschlechtsidentität.

Merkmale der individuellen Verhaltensäußerungen sind Frisur, Körpersprache, Gangart und Bewegung im Raum, favorisierte Bekleidung und die Art zu spielen. Je größer der Hang zu den und die Vorlieben für die Verhaltensweisen sind, die dem anderen Geschlecht zugewiesen werden, desto größer sind die Variationen der Geschlechtsidentität.

> Zum Beispiel: Ein Junge mit langen Haaren, der es vorzieht, knallrosafarbene Hemden und weiche Baumwollhosen mit Blümchenmuster zu tragen, wird häufig als Mädchen wahrgenommen, alleine aufgrund der geschlechtsspezifischen Zuordnung des Verhaltens und der Kleidung. Die persönlichen Vorlieben der eigenen Darstellung markieren dieses Kind aber als eindeutig geschlechtsvariant bzw. als gesellschaftlich nicht geschlechtskonform.

Wenn ein Kind Vorlieben zum Ausdruck bringt, die als dem anderen Geschlecht zugehörig betrachtet werden, dann fallen mithin sowohl das Kind als auch seine Eltern der gesellschaftsstereotypen Beurteilung der Mitmenschen anheim. In einer Leitkultur trifft dies in besonderem Maße zu, wenn ein biologisch geborenes männliches Kind traditionell als weiblich geltende Interessen oder Verhaltensweisen zeigt. Andererseits sind Mädchen in vielen ethnischen und religiösen Kulturen in ihren Verhaltensäußerungen ähnlich eingeschränkt.

Dieser soziale Druck berührt nicht nur das Kind, sondern auch seine Eltern. Da die Verhaltensäußerungen, die als männlich gelten, derart rigide durch die Gesellschaft reglementiert sind, stellt die Akzeptanz geschlechtsvarianter Verhaltensäußerungen von Jungen für ihre Väter häufig eine große Herausforderung dar. Ferner sehen viele Mitbürger in den Kindern die Widerspiegelung ihrer Eltern; deswegen wird in der mehr femininen Erscheinungsweise eines Jungen mitunter eine Bedrohung der Männlichkeit seines Vaters gesehen. In Kulturen hingegen, in denen die

Ausdrucksformen der Weiblichkeit eng begrenzt sind, werden Mädchen mit geschlechtsvarianten Tendenzen häufig als eine große Schande für die Familie angesehen.

Die nicht festgelegte Geschlechtsidentität („gender fluidity")

Manche Kinder sind schlicht und ergreifend weder typisch Junge noch typisch Mädchen. Auch sind sie nicht transident. Sie mögen heute Dinge bevorzugen, die als männlich betrachtet werden, und morgen Dinge, die als weiblich gelten. Sie mögen an einem Tag Jungenkleidung tragen und an einem anderen Tag Kleider für Mädchen. Solche Kinder werden an einem Tag sagen, sie seien ein Junge, an einem anderen Tag, sie seien ein Mädchen. Einige Kinder sind eben in ihrer Geschlechtsidentität nicht festgelegt. Sie fühlen sich nicht wohl in den etablierten Schubladen der geschlechtsspezifischen Verhaltensweisen.

Wie geht man mit Kindern um, deren Geschlechtsidentität (noch) nicht festgelegt zu sein scheint?

Wenn man bei dem Kind bemerkt, dass seine Geschlechtsidentität nicht eindeutig festgelegt zu sein scheint, dann haben Eltern eine große Aufgabe zu bewältigen: nämlich dem Versuch zu widerstehen, ihr Kind vor die Wahl zu stellen, sich zu dem einen oder dem anderen Geschlecht zu bekennen. Die unerträgliche Qual, sein Kind nicht eindeutig einem der beiden Geschlechtergruppen zuordnen zu können, ruft bei einigen Eltern eine so große Verzweiflung hervor, dass sie eine Transidentität ihres Kindes bevorzugen würden. Gewiss, es mag leichter sein, mit einem transidenten Kind oder einem eindeutig geschlechtsspezifischen Kind umzugehen – aber das trifft in diesem Falle ja nicht zu. Eltern müssen also daran denken, der Versuchung zu widerstehen, ihr Kind vor diese Wahl zu stellen, nur damit sie als Eltern es leichter haben.

„Mein Kind hat sich immer mit Mädchen identifiziert und trägt zu Hause gerne Mädchenkleider, ist sich aber ganz sicher, ein Junge zu sein und will auch nicht als Mädchen angesehen werden. Als transident kann ich es zum gegenwärtigen Zeitpunkt auch nicht betrachten und ich habe zu mir selbst gesagt: ‚Sei offen und schau, wo er sich in Zukunft im Spektrum der Geschlechtsidentitäten und sexuellen Orientierungen wiederfindet.' Nun hat er mir vor langer Zeit gesagt, dass er einfach ‚er selbst' sein wolle und das hat mir seitdem für seine Erziehung den Weg gezeigt." (Elternteil eines geschlechtsvarianten halbwüchsigen Jungen)

„Mein Sohn ist geschlechtsvariant. Er weiß, dass er ein Junge ist und manchmal Dinge für Jungs mag, aber dann verkleidet er sich auch gerne als Mädchen und tut Dinge, die Mädchen tun. Bis jetzt zeigt er keine eindeutigen Anzeichen, ein Junge oder ein Mädchen sein zu wollen, oder für welches Geschlecht er sich entscheiden würde." (Elternteil eines 7-jährigen geschlechtsvarianten Jungen)

In diesen Fällen sollten Eltern versuchen, ihre nicht geklärten Gefühle auszuhalten und ihr Kind voll und ganz zu unterstützen. Auch sollten sie bedenken, dass diejenigen unter uns, die eine eindeutige geschlechtsspezifische Ausprägung zeigen, auch nicht jeden Tag die gleichen Kleidungsstücke tragen und nicht tagein und tagaus, das Gleiche tun wollen. Das trifft natürlich auch auf Kinder zu. Kinder mit einer noch nicht festgelegten Geschlechtsidentität bedürfen der Unterstützung, die Versuche ihrer Mitmenschen abzuwehren, sie in eine eindeutige Geschlechtsrolle zu drängen. Sie brauchen Liebe und Aufmunterung, damit sie sein können, wer sie sind. Kinder müssen mit Hilfe der Eltern lernen, jene Fähigkeiten zu erwerben, mit denen sie die Gemeinheiten der anderen erkennen und mit den Belästigungen effektiv umgehen können. Kinder brauchen Eltern, die sie vor der Schule und der Welt schützend vertreten. Eltern müssen eine Unterstützung für ihre Kinder sein.

Mit der Zeit wird das Kind seine Geschlechtszugehörigkeit oder seine geschlechtsspezifische Ausdrucksform wählen, was die Eltern beruhigen mag. Vielleicht stimmen sie mit den sozialen Rollenvorgaben überein, oder das Kind findet eine soziale Nische, wo es sich aufgehoben fühlt. Oder auch nicht, und das Kind bleibt für sein ganzes Leben geschlechtsvariant. Es ist unmöglich vorherzusagen, wie sich das Kind in Bezug auf seine Geschlechtsidentität in der nächsten Woche, im nächsten Jahr oder in zehn Jahren entwickeln wird. Das ist letztlich auch unerheblich, denn das Kind wird, wie auch immer, nur mit der elterlichen Bestärkung und Liebe entsprechend gedeihen.

Geschlechtsvariante Kinder, die sich im anderen Geschlecht wohler fühlen

Die meisten geschlechtsvarianten Kinder sind nicht transident. Sie zeigen wechselnde Zustände atypischer Ausdrucksformen und Selbstdarstellungen. Es ist meist ihr soziales Geschlechtsverhalten, das nicht konform erscheint, und weniger ihr inneres Empfinden von Geschlechtsidentität.

Geschlechtsvariante Kinder benötigen ein großes Maß an Unterstützung von ihrer Umwelt. Je größer die Geschlechtsvarianz, desto größer muss auch das Maß an benötigter Unterstützung sein.

Manchmal reicht die Unterstützung in der Familie nicht aus. Der gesellschaftliche Druck kann sehr schwer auf einem nicht geschlechtskonformen Kind lasten. Er kann für manches Kind unerträglich werden. Aber mit der zusätzlichen Unterstützung durch die Schule, die das Phänomen der Geschlechtsvarianz als Bestandteil ihres institutionellen Selbstverständnisses kennt und betroffenen Kindern entsprechende Unterstützung bietet, und mit der Akzeptanz durch den erweiterten Familien- und Freundeskreis können auch Kinder mit ausgeprägtem geschlechtsvarianten Verhalten Hilfe und Beistand erfahren, um mit dem Druck der Umwelt zurechtzukommen. Eltern, die sich von Ihrem Kind leiten lassen, können ihr Kind von vielfältigem Druck entlasten, indem sie falsche Wahrnehmungen nicht zu korrigieren versuchen, und so Schlimmeres vermeiden.

Auf der anderen Seite, kann der Mangel an Unterstützung, der einem geschlechtsvarianten Kind bei seiner Selbstverwirklichung zuteil wird, zur Entwicklung einer verworrenen Bewältigungsstrategie bei diesem Kind führen. Manche solcher Kinder finden es einfacher, transident zu sein, anstatt zu sein, was sie tatsächlich sind: geschlechtsvariant. Dies scheint in besonderem Maße auf biologisch männliche Personen zuzutreffen, die eindeutig feminine Vorlieben und Eigenschaften aufweisen. Es ist schwer vorstellbar, dass eine Gesellschaft Kindern eine Transidentität aufzwingt, wenn Transidentsein weder sozial akzeptiert noch überhaupt von dem Gros der Gesellschaft verstanden wird. Dieser Zusammenhang lässt sich meist leichter mithilfe von Fallstudien begreifen. An dieser Stelle möchten wir daher auf Stephanies Arbeit mit Marlows Familie eingehen.

Marlow hat schon immer eine Vorliebe für feminine Ausdrucksformen gehabt, aber seine Eltern haben bei ihm starke Schwankungen der Zufriedenheit mit seinem inneren Wesen bemerkt. Zum Beispiel durfte er seine Haare lang tragen, aber nur bis zu einer gewissen Länge. Seine Eltern erlaubten ihm, mit Spielfiguren aus der Zeichentrickserie Kim Possible zu spielen, nicht jedoch mit Barbiepuppen. Sie erlaubten ihm farbenfrohe Kleidung, aber keine Frauenkleider. Als er vier Jahre alt war, kauften seine Eltern ihm seine erste Babypuppe. Ihr Sohn war begeistert. Seine Eltern dachten sich nichts dabei – warum auch nicht? Es war doch nur eine Puppe und Kinder sollten spielen, womit auch immer sie wollen, nicht wahr? Also eröffneten sie ihrem Sohn weitere Möglichkeiten. Bald schon trug er Kleidungsstücke aus der Mädchenabteilung. Zwar noch immer keine Kleidchen, aber Hosen, Stoffe und Muster, die in unserer Kultur eindeutig Mädchen vorbehalten sind. Andere haben ihn natürlich auch als Mädchen wahrgenommen. Seine Eltern erlaubten ihm nun seine Haare so lang zu tragen, wie er wollte, woraufhin er dann Haarspangen trug.

Die ganze Zeit über hat Marlow nie gesagt, er fühle sich wie ein Mädchen. Tatsächlich hat er sogar jeden korrigiert, der ihn ein Mädchen nannte. Er fühlte sich in seiner männlichen Identität verankert. Er mochte schlicht und einfach die Darstellungs- und Erscheinungsweisen, die als typisch weiblich gelten. Mit der Zeit begann er, klare Anzeichen von Angst zu zeigen, wenn Personen sichtlich zurückwichen, als sie entdeckten, dass er eigentlich ein Junge war. Er zog sich daraufhin zurück und mied die Öffentlichkeit. Er schrie seine Familie an, warum er sich denn nicht so geben könne, wie er wäre und trotzdem ein Junge sein könne und warum jeder glaubte, er sei ein Mädchen oder wollte, dass er ein Mädchen wäre.

Er fühlte den gesellschaftlichen Druck, der Konformität zu entsprechen. Während die innere Gewissheit seiner männlichen Geschlechtsidentität bereits deutlich ausgeprägt war, drängten ihn die gesellschaftlichen Geschlechternormen, sich einem Jungen entsprechend zu verhalten und auszudrücken. Mit der Zeit fühlte Marlow sich wohler dabei, niemandem zu sagen, dass er ein Junge sei, um negative Reaktionen zu vermeiden. Scheinbar im Einklang hiermit, bat er seine Eltern, Fremde nicht mehr zu korrigieren, wenn sie ihn als weiblich wahrnahmen. Er wollte einfach nicht mehr auffallen, wo immer er hinging; er wollte einfach nur er selbst sein.

Schließlich, mitten in der ersten Klasse, wurde der Druck so groß, dass er sich entschied, sich der Konformität zu unterwerfen. Er bat seine Eltern, ihm die Haare zu schneiden, und sie wurden deutlich kurz geschnitten, so wie es für Jungen mit längeren Haaren üblich war. Er entschied, sich mit Klamotten aus der Jungenabteilung zu kleiden. Aber er entschied auch, sein bisheriges Spielzeug zu behalten, denn das war persönlich und niemand aus der Schule würde wissen, womit er spielte, wenn er nicht in der Schule war.

In der Folgezeit stellte sich eine progressive Depression ein. Der sechsjährige Marlow zog sich allmählich stark zurück und wurde so traurig, dass er kaum noch mit seiner Umwelt kommunizierte. Zunächst waren seine Lehrer sehr erleichtert, als sie von seiner Transformation erfahren hatten. Marlow war nämlich nicht länger Objekt des Spotts, und sie mussten ihn nicht länger auf dem Schulhof bewachen, um Übergriffe zu vermeiden. Aber mit der Zeit stellte Marlow seine Mitarbeit im Unterricht ein. Das Strahlen war aus seinen Augen verschwunden – auch vermied er jeglichen Augenkontakt. Er igelte sich ein und entzog sich jedem sozialen Kontakt. Hatte er bis vor Kurzem während der Schulpausen noch mit Mädchen und Jungen gespielt, saß er nun zurückgezogen auf der Bank und las ein Buch. Erst da stellten die Lehrer fest, dass sie ein wirklich ernst zu nehmendes Problem hatten.

Marlows Eltern hatten irgendwann ein paar seiner alten farbenfrohen Kleidungsstücke zusammen mit den Jungenklamotten in seine Schublade gelegt. Daraufhin kam Marlow schreiend aus seinem Zimmer gerannt: „Tut mir das nie wieder an. Es tut so weh, so weh. Die Leute lieben mich nicht, wenn ich diese Klamotten anziehe. Ich kann das nicht mehr machen. Ich will einfach nur sterben."

Vor lauter Verzweiflung, was sie denn jetzt tun sollten, da sie ganz offenbar ein potenziell selbstmordgefährdetes Kind hatten, haben sich Marlows Eltern mit einem Familientherapeuten verständigt. Sie gelangten gemeinsam zur Erkenntnis, dass Marlow weder typisch transident noch typisch spezifisch männlich oder weiblich sei. Daher entschieden sie sich, einen Sprung nach vorne zu machen und zu schauen, ob Marlow nicht lieber doch als Mädchen leben wollte denn als Junge. Nach vielen Gesprächen in der Familie und mit dem Therapeuten stimmten sie darin überein, dass Marlow er selbst sein solle, zumal er immer die gleichen Mädchendinge mochte, auch wenn er sich innerlich nicht als Mädchen fühlte. Sich aber immer wie ein Junge zu kleiden und zu verhalten, damit die Umwelt zufrieden war, machte ihn auch unglücklich. Es gab einige Leute, die ihm sagten, er müsse ein Mädchen sein, um sich so zu verhalten, wie er das wollte. Also war er bereit, ein Mädchen zu sein.

Als Marlow dann Marla wurde und in die nächstgelegene Schule im Kreisgebiet wechselte, änderte sich ihre Welt vollkommen. Ihre Eltern hatten wieder ihr lebhaftes Kind zurück. Sie hatten im Grunde ihren Sohn für eine Tochter eingetauscht, obwohl sich praktisch nichts außer dem Namen und dem Pronomen änderte. Ihr Kind war noch immer dasselbe, nur jetzt nicht mehr verängstigt, depressiv oder selbstmordgefährdet – dieses Kind war ganz und gar glücklich.

Marla lebt jetzt (als Cross-Gender) ein Leben entsprechend dem anderen Geschlecht. Sie findet es auch viel einfacher als Mädchen. Und mit ihren 8 Jahren kann sie sich kein Leben als Junge mehr vorstellen. Sie sagt: „Ich empfand nie, wie ein Junge fühlt, ich empfand immer, wie ein Mädchen fühlt. Endlich verstehen mich andere Menschen als die, die ich bin."

In einem Fall, wie der von Marlow / Marla, werden wir erst viel später im Leben wissen, ob sich dieses Kind immer so fühlen wird oder ob es sich damals um eine Bewältigungsstrategie gehandelt hat. Vielleicht werden wir es auch nie erfahren. Jedenfalls scheint es offensichtlich, dass, wenn es eine größere soziale Akzeptanz der Geschlechtsvarianz gegenüber gegeben hätte, Marlow einfach ein Junge wäre, der blümchengemusterte Kleidung und lange Haare bevorzugt. Seine individuellen Verhaltensäußerungen würden nicht sein Geschlecht festlegen, sondern lediglich seine geschlechtsspezifische Darstellung. Allerdings ist der soziale Druck sehr stark und tiefgreifend. Man begegnet ihm auf Schritt und Tritt an, in der Schule, im Einkaufsladen, in der Kirche. Er ist überall, wo man auch hingeht. In Marlows Fall war der einzige Weg, so zu sein, wie er das wollte, eben als Mädchen wahrgenommen zu werden. Wird Marla immer fühlen, dass sie ein Mädchen ist? Was wird passieren, wenn sie in die Pubertät kommt? Es ist unmöglich vorherzusehen, wie sich Marla entwickeln wird. Aber ihre Familie ist froh darüber, mit einem lebenskräftigen und glücklichen Kind zu leben.

Geschlechtsspezifische Ausdrucksformen oder Geschlechtsidentität?

Manche als transident identifizierte Teenager sind noch nie mit der natürlichen Geschlechtsvarianz in der Schwulenszene in Berührung gekommen. Deshalb werden sie auch nicht bei anderen ihres eigenen Geschlechts Neigungen und Ausdrucksformen wahrgenommen haben, die ihren eigenen entsprechen. Mit anderen Worten, ein Kind muss nicht per se transident sein, kann aber durchaus ein natürliches Verlangen danach haben, sein individuelles Geschlecht mehr mit den Ausdrucksformen des anderen Geschlechts auszudrücken. Seine innere Geschlechtsidentität kann in vollkommenem Einklang mit seinem biologischen Geschlecht bleiben, während seine geschlechtsbezogene Ausdrucksweise dies nicht ist.

> „Ich wusste gar nicht, dass Frauen wie Männer aussehen, und sich trotzdem wie Frauen fühlen können. Ich bin nach Seattle gegangen und habe dort zwei Schwule Hand in Hand gehen sehen. Ich war völlig überwältigt, denn ich hatte nie zuvor Schwule in der Öffentlichkeit gesehen. Kurz bevor ich dann aufhörte, sie anzustarren, drehten sie sich um, und ich sah, dass sie gar keine Männer waren, sondern zwei Frauen, die aussahen wie Männer, die Hand in Hand gingen. Sie waren Lesben. Es hat mich nicht so beeindruckt, dass sie Lesben waren; vielmehr schlug mein Herz höher und ich sagte mir: ‚Das bin ich!' Ich hatte schon mit mir gerungen, transident zu sein. Aber beim Anblick der Frauen, die Boxershorts, bequeme Jeans und Herrenhemden anhatten und ihre Haare kurz trugen und die Straße wie Männer entlang gingen, so wie ich glaubte, dass nur Männer gehen würden, wurde mir bewusst, dass ich gar nicht schwul war. Ich war eine von ihnen. An dem Tag änderte sich meine ganze Welt. Ich bin mir zwar nicht sicher, ob ich eine Lesbe bin oder nicht, aber ich weiß, dass ich so eine Frau bin wie die beiden." (Junge Frau, 16 Jahre alt)

Eine der ersten Fragen, die Stephanie den Eltern von gerade geouteten transidenten Teenagern stellt, wenn sie in ihrer Organisation Gender Spectrum anrufen, ist, ob ihr Kind schon einmal mit signifikant geschlechtsvarianten Erwachsenen des gleichen Geschlechts wie ihr Kind Umgang hatte. Mit anderen Worten, ob ihr männliches Kind schon einmal einem femininen Mann oder einem Transmann begegnet sei und mit ihm eine gewisse Zeit verbracht habe bzw. ob ihr weibliches Kind schon einmal mit einer eher maskulinen Frau oder einer Transfrau zusammengetroffen sei und mit ihr Zeit verbracht habe. Wenn dies nicht der Fall ist, empfiehlt sie den Eltern, schnellstmöglich ihr Kind mit Erwachsenen in Verbindung zu bringen, die geschlechtsvariant sind, sowie mit Menschen, die verschiedene Typen der schwulen und lesbischen Ausprägung darstellen. Lediglich eine geschlechtsvariante Person, eine Transperson oder einen Schwulen kennenzulernen, mag in diesem Fall nicht ausreichen. Denn eine Person alleine kann die Bandbreite der Erfahrungen, der Identitäten oder der Selbstdarstellungen nicht angemessen repräsentieren. Eltern und andere Bezugspersonen sollten sich daher auch nach anderen repräsentativen transidenten Teenagern umschauen. Diese Schritte können auch dazu führen, dass man sich mit der nächstgelegenen großstädtischen Schwulenszene in Verbindung setzt oder mit einem der LGBT-Zentren (Lesbian, Gay, Bisexual and Transgender) Kontakt aufnimmt, die häufig an Hochschulen zu finden sind. Es könnte auch bedeuten, eine lokale Anlaufstelle für Eltern, Freunde und Angehörige von Homosexuellen (z. B. BEFAH – Bundesverband der Eltern, Freunde und Angehörigen von Homosexuellen in Deutschland) oder eine sogenannte Gay-Straight Alliance aufzusuchen. Ebenso sinnvoll mag es sein, dass Familien an Versammlungen, wie beispielsweise der Gender Spectrum Youth and Family Conference (in Deutschland z. B. Trans* tagung – http://www.ejanssen.de/tagung/blog/) teilnehmen, um andere Teenager und Erwachsene innerhalb des weiten Geschlechterspektrums kennenzulernen.

Wenn ein Kind nämlich nur mit einer kleinen Bandbreite der geschlechterspezifischen Ausdrucksformen in Berührung kommt, wird es sich vielleicht nicht dem jeweiligen Geschlecht zugehörig fühlen. Es ist daher sehr wichtig für ein Kind, dass es verstehen lernt, in welchem Bereich seiner Geschlechtsidentität es sich nicht wohlfühlt. Das ist ein kniffliges Unterfangen. Denn es muss herausfinden, ob es sich dabei um seine Geschlechtsidentität, seine geschlechtsspezifische Ausdrucksform oder seine sexuelle Orientierung handelt oder ob es eine Kombination dieser Realisierungsformen ist. Man muss es daher Teenagern erlauben, geschlechtsvariante Erwachsene kennenzulernen und sich selbst in den anderen widergespiegelt zu sehen. Dies wird ihm / ihr bei der Klärung helfen, zu fühlen und / oder zu wissen, wer er / sie ist. Wenn man im eigenen Lebensumfeld keine geeigneten Personen finden kann (aber auch, wenn man dies kann), besteht die Möglichkeit, gemeinsam Filme anzuschauen, die unterschiedliche Aspekte des lesbischen, schwulen, bisexuellen und transidenten Spektrums widerspiegeln.

Wenn das Kind zum Ausdruck bringt, dass es transident ist, dann ist das wahrscheinlich auch der Fall. Es kann allerdings auch sein, dass das Kind noch unsicher ist, die Entwicklung der sexuellen Komponente seiner Ich-Identität richtig einzuschätzen. Dem Kind in jedem Fall diese Chance der Klärung zu ermöglichen und es zugleich weiterhin auf seinem Weg, sich selbst zu entdecken, voll und ganz zu unterstützen, ist das größte Geschenk, das Eltern ihrem Kind machen können. Dies wird eines der größten Geschenke sein, das Eltern ihrem Kind machen können. Auch werden die Eltern selbst entspannter sein können mit der Gewissheit, dass Ihr Kind seine Entscheidung nicht aufgrund einer augenblicklichen Empfindung oder als Reaktion auf eine negative Erfahrung getroffen hat. Wenn sich das Kind jedoch weiterhin transident fühlt, nachdem es verschiedene Formen der Geschlechtervarianz kennengelernt hat, dann ist es mit hoher Wahrscheinlichkeit auch transident.

Die Komplexität der Adoleszenz macht es oft schwierig, den Durchblick zu behalten. Wenn ein Kind nun glaubt, transident zu sein, ist es zunächst sehr wichtig, dass ihm eine vertrauensvolle und fachlich qualifizierte Bezugsperson zur Seite gestellt wird, die es bei der Unterscheidung, was für es selbst zutreffend und richtig ist, berät. Bedenken muss man dabei aber immer, dass sich nur wenige Therapeuten in Angelegenheiten der Geschlechtsidentität auskennen und dazu neigen werden, das Kind zu veranlassen, sich als schwul statt transident zu identifizieren, da diese Ausdrucksform der Sexualität gesellschaftlich eher akzeptiert wird. Man sollte also nach Therapeuten suchen, die den komplexen Entwicklungen der Geschlechtsidentität gegenüber aufgeschlossen und entsprechend qualifiziert sind.

Zwingen Sie Ihr Kind nicht, eine bestimmte Geschlechtsidentität anzunehmen

Immer häufiger erscheinen derzeit biologisch männliche Kinder, die aufgrund ihrer nicht konformen Geschlechtsrolle ein transidentes Leben führen. Bis zum heutigen Tag sind uns aber keine Fälle bekannt, in denen biologisch weibliche Kinder ihrer geschlechtlichen Selbstdarstellung wegen genötigt werden, ein transidentes Leben zu führen. Es ist weitaus verbreiteter, Mädchen mit kurzen Haaren anzutreffen oder Mädchen, die besonders gerne härtere Sportarten, wie z.B. Fußball, spielen oder die das Tragen von weiten Hosen anstelle von Röcken bevorzugen. Diese Mädchen werden sozial als jungenhaft akzeptiert und toleriert und werden auch nicht als besonders geschlechtsvariant betrachtet. Allerdings besteht diese Freiheit der geschlechtlichen Ausdrucksweise für Mädchen nicht in allen Gemeinschaften. Eltern mit geschlechtsvarianten Kindern, die in einem sozialen Umfeld mit engen sozialen Normen leben, sind hier besonders herausgefordert.

In keinem Fall ist es angemessen, die Geschlechtsidentität des Kindes dem eigenen Wohlergehen und Ansehen zu opfern. Hier benötigen Eltern dringend Beratung, um mit ihrem persönlichen Unbehagen über die nicht eindeutige geschlechtliche Selbstdarstellung oder die bevorzugten Neigungen ihres Kindes umgehen zu lernen. Ein transidentes Leben zu leben ist nichts, zu dem Eltern ihr Kind jemals zwingen sollten. Es ist aber auch nichts, wovor man sich fürchten müsste, wenn es der richtige Lebensweg für das Kind ist. Ein transidentes Leben ist allerdings ein anderes

Leben, als das von einem Jungen, dessen Geschlechtsidentität noch nicht festgelegt ist und der es liebt, seine „Unmännlichkeit“ zum Ausdruck zu bringen oder das eines Mädchens, dessen Selbstdarstellung ausgeprägt „männlich“ ist.

Handelt es sich um eine vorübergehende Phase?

Bei manchen Kindern handelt es sich bei der geschlechtsvarianten Ausdrucksform um eine vorübergehende Phase, bei anderen nicht. Je länger sich ein Kind mit dem anderen Geschlecht identifiziert hat, desto einfacher werden Eltern dies beantworten können. Unabhängig davon wie die Sache letztlich ausgeht, eines steht fest: Das Selbstwertgefühl, das geistige Wohl sowie die allgemeine Gesundheit eines geschlechtsvarianten Kindes hängen entscheidend von dem Maß der erfahrenen Liebe, der Unterstützung und der Empathie seiner Eltern ab.

Bei Kindern, deren geschlechtsvariante Identität stabil und unverändert geblieben ist, können Eltern davon ausgehen, dass dies mit hoher Wahrscheinlichkeit auch so bleibt und dass sich diese im Verauf des Lebens immer weiter ausprägen wird. Zum Beispiel wird ein zwölfjähriger Junge, der schon im Alter von drei Jahren behauptet hat, er sei ein Mädchen, vermutlich sein ganzes Leben lang auch transident bleiben.

Auf der anderen Seite kann ein sehr junges Kind, das sich dem anderen Geschlecht entsprechend fühlt, seine Gesinnung später ändern. Dies geschieht selten, aber im Allgemeinen vor der Pubertät; in der Regel mit neun oder zehn Jahren. Noch gibt es keine ausreichenden Studien, die zeigen, ob sich diese Kinder später als geschlechtsvariante oder transidente Erwachsene definieren. Somit bleibt unklar, ob diese Veränderung die Folge einer Sublimation ist oder ob der andersgeschlechtliche Ausdruck des Kindes nur eine vorübergehende Phase war.

Sexuelle Orientierungen und Geschlechtsvarianz

Das geschlechtsvariante Verhalten kann, muss aber nicht, ein Hinweis für die spätere sexuelle Orientierung des Kindes sein. Geschlechtsvariantes Verhalten und sexuelle Orientierung sind verschiedene Elemente, die häufig miteinander verwoben sind. Sexuelle Orientierung ist der dritte Aspekt der Ich-Identität und bezieht sich auf jene Personen, von denen man sich romantisch oder sexuell angezogen fühlt. Geschlechtsvarianz bezieht sich auf geschlechtsspezifische Verhaltensweisen oder Interessen, die jenseits dessen liegen, was für das biologische Geschlecht eines Menschen als normal erachtet wird.

Im Gegensatz zu den nicht geschlechtsvarianten Kindern wird von den geschlechtsvarianten Kindern ein höherer Prozentsatz schwul. Allerdings ist die Geschlechtsvarianz kein Hinweis auf eine bestimmte sexuelle Orientierung: Es gibt genügend geschlechtsvariante Kinder, die sich nicht zu Schwulen entwickeln; auch gibt es hinreichend viele Kinder, die nicht geschlechtsvariant sind und doch schwul werden.

Studienergebnisse zeigen mit Nachdruck, dass die sexuelle Orientierung keine Frage der Entscheidung ist. Absolut nichts, was Eltern oder andere Menschen tun, wird ein Kind schwul werden lassen oder verhindern, dass es schwul wird. Die sexuelle Orientierung ist eine angeborene Eigenschaft der Ich-Identität einer Person. Leider begreifen das viele Menschen nicht. Die Fehlinformationen über sexuelle Orientierung sind eben weit verbreitet. So wenden z.B. Betreuungspersonen Praktiken an, die, obwohl sie gut gemeint sind, bei Kindern und Jugendlichen, die schwul sind oder mit ihrer sexuellen Identität ringen, zu einem schwachen Selbstwertgefühl führen. Untersuchungen von Family Acceptance Project weisen darauf hin, dass eine positive Familienbetreuung die negativen Auswirkungen von solchen gut gemeinten Betreuungen in Bezug auf die Selbstmordgefährdung von schwulen, lesbischen und bisexuellen jungen Menschen vermindern kann. Dieselben Untersuchungen belegen auch, dass selbst eine geringfügige Steigerung der Akzeptanz und der Unterstützung durch die Familie eine sichtbare Auswirkung auf die Gesundheit und das Wohlergehen eines Kindes mit lesbischer, schwuler oder bisexueller Identität haben kann.

Erziehungspraktiken, die das Selbstwertgefühl des Kindes stärken, müssen also im Mittelpunkt einer guten Erziehung stehen. Dies ist besonders dann entscheidend, wenn sich ein Kind nicht geschlechtskonform verhält. Im Laufe dieses Buches werden wir konkrete Erziehungshilfen und -techniken besprechen, die man anwenden kann, um ein geschlechtsvariantes oder transidentes Kind zu unterstützen. Wie durch Untersuchungen von Family Acceptance Project nachgewiesen worden ist, haben die elterlichen Reaktionen auf ihre Kinder und die Unterstützung, die Eltern ihren Kindern zukommen lassen – oder auch nicht –, eine größere Auswirkung auf das zukünftige Leben des Kindes als irgendein anderer Faktor.

Im Allgemeinen wird angenommen, dass die sexuelle Orientierung in der Kindheit entwickelt wird und dass die meisten Kinder sich der gleichgeschlechtlichen Zuneigung mit ungefähr zehn Jahren bewusst werden. Allerdings teilen sie diese Entdeckung in den folgenden ein oder zwei Jahren niemandem mit, denn sie sind damit beschäftigt herauszufinden, was diese Entdeckung zu bedeuten hat. Auch werden sie zunächst mit der Offenlegung ihrer Entdeckung ihren Eltern gegenüber warten, bis sie einschätzen können, was ihre Familie dazu sagt.

Mit der Vielfalt sexueller Orientierungen und Geschlechtsvarianz leben lernen

Die sexuelle Orientierung ist ein Kernstück der Ich-Identität eines jeden Menschen und zugleich ein wesentlicher Bestandteil der Geschlechtsvarianz. Dies gilt es zu akzeptieren. Wenn dies nicht der Fall ist, werden geschlechtsvariante Kinder in der Regel als schwul angesehen, obwohl dies nicht stimmt. Diese Fehlinterpretation beruht auf dem Phänomen der Homophobie, d.h. auf der irrationalen Angst vor schwulen Menschen und ihren Lebensweisen, die die Wahrnehmung prägt. Diese Art von Wahrnehmung bezieht sich auf Verhalten, Ausdrucksformen oder Vorlieben des Kindes, die nicht als typisch für das anatomische Geschlecht des Kindes angesehen werden. Infolgedessen sind die meisten Kinder und Jugendlichen oft Opfer der Homophobie, ungeachtet ihrer gegenwärtigen oder zukünftigen sexuellen Orientierung.

Bereits geschlechtsvariante Kinder mit drei Jahren haben zum Teil täglich unter der Homophobie zu leiden. Die Ablehnung, die Schikanen und der Druck, sich den erwarteten Geschlechternormen unterzuordnen, verstärken sich mit dem Älterwerden der Kinder. Die Botschaft, die den geschlechtsvarianten Kindern dabei mitgeteilt wird, hat viele Ausdrucksformen, lässt sich aber wie folgt auf den Punkt bringen: So wie sie sind und was sie sind, sind sie ungenügend.

Eine der Vorgehensweisen, nicht geschlechtskonforme Kinder am effektivsten zu unterstützen, ist die, dass Eltern gegen die Homophobie der Mitmenschen Widerstand leisten. Dabei akzeptieren sie die Möglichkeit, dass ihr Kind schwul sein könnte und helfen ihm zugleich, sich in seiner Haut wohlzufühlen. Indem man aber die Bloßstellung des Kindes verhindert und die Homophobie direkt als solche enttarnt, leistet man einen Beitrag, dass geschlechtsvariante Kinder in einer Umwelt aufwachsen, die eine Diskriminierung nicht toleriert.

Eine der konkretesten Vorgehensweisen, mit denen man Raum für geschlechtsvariante Kinder, Jugendliche und Erwachsene, die sie einmal sein werden, schaffen kann, besteht darin, zunächst Äußerungen über Homophobie gegenüber unseren Kindern sehr genau zu studieren, um sie dann abschaffen zu können. Dies ist ein wichtiges Anliegen der Anti-Diskriminierung und der Anti-Bigotterie. Gewiss, Verbrechen und Volksverhetzung werden strafrechtlich verfolgt. Aber in unseren eigenen vier Wänden, in unseren Kirchen und unseren Gemeinden ist die Homophobie weit verbreitet. Indem wir der Homophobie ein Ende setzen, können wir die natürlichen Ausdrucksformen geschlechtsvarianter Kinder fördern, gleichgültig ob sie lesbisch oder schwul sind. Dies ist eine Aufgabe, die Leben retten kann – vielleicht das Leben des eigenen Kindes.

Die eigene Homophobie unter die Lupe nehmen

Viele Menschen mögen ihre eigenen Einstellungen erforscht und für sich die Entscheidung getroffen haben: leben und leben lassen. Doch wir alle sind in dem je eigenen Geschlechtssystem erzogen worden, und unsere Reaktion auf scheinbar „schwule“ Ausdrucksformen bei unserem eigenen Kind kann in uns unerwartete Reaktionen hervorrufen. Es kann sehr schmerzhaft sein, bei sich oder anderen Eltern die tief sitzenden Ängste und die damit einhergehende Ablehnung des eigenen Kindes zu erleben. Diese an sich unerwartete Reaktion trifft auch solche Eltern, die sich selbst niemals als homophob einschätzen würden. Dies ist nicht ihre Schuld. Es ist die Geschlechtererziehung, der wir alle von unserer Geburt an unterworfen sind. Sie beinhaltet nicht nur die Präferenz der Heterosexualität, sondern auch die Verknüpfung des idealen Mannes mit der Heterosexualität. Deswegen ist die Botschaft, die uns allen mitgeteilt worden ist, insbesondere den Männern, die, dass die wahrgenommene oder die tatsächliche Homosexualität ein Affront gegen die wahre Männlichkeit darstellt. Diese Botschaft wird häufig in bestimmten ethnischen und religiösen Gemeinschaften sehr ernst genommen.

Die Idee, dass die wahrgenommene oder die tatsächliche Homosexualität ein Affront gegen die wahre Männlichkeit darstellt, ist so manifest, dass ein Sohn, der ausgesprochen geschlechtsvariant erscheint, einem Vater das Gefühl gibt, es in der Nähe seines Sohnes nicht mehr aushalten zu können. Manche Väter sind regelrecht angewidert, wenn sie von den natürlichen Interessen ihres Sohnes erfahren; wie er sich kleidet, wie er sich öffentlich verhält. Es kann erschreckend sein, wenn man erlebt, wie man auf sein eigenes Kind reagiert. Man muss Mitgefühl mit sich selbst haben, wenn die erste Reaktion dem geschlechtsvarianten Kind gegenüber Abstoßung ist. Wir werden diese Reaktion und mögliche Formen damit umzugehen in den folgenden Kapiteln besprechen. Die betroffenen Eltern sind nicht die einzigen, die so reagieren, das sollten sie immer bedenken, egal wie unerwartet, ungewollt und überraschend diese Reaktion ihnen auch vorkommen mag.

Es ist ein beobachtbares Phänomen, dass Eltern unterbewusst ihre Kinder als Spiegelung ihrer selbst betrachten. Im Rahmen dieser Arbeitshypothese bedroht ein männliches geschlechtsvariantes Kind, das als schwul wahrgenommen wird, die Männlichkeit seines Vaters. Häufig kommt es daher auch vor, dass der Vater die Mutter dafür verantwortlich macht. Hier zeigt sich, dass der Stachel der Homophobie innerhalb des gesellschaftlich verankerten Geschlechtersystems in die ganze Familie eindringt.

Für manche Menschen ist die Heterosexualität sogar ein Wert und damit wesentlicher Bestandteil ihrer religiösen und kulturellen Überzeugungen. Insofern läuft die Akzeptanz von Menschen, die schwul oder lesbisch sind, auch gegen die Grundfesten ihrer religiösen Überzeugungen. Viele von uns werden mit diesem Thema konfrontiert, wenn sie ihr transidentes oder homosexuelles Kind akzeptieren, ohne dabei ihre Beziehung zur religiösen Gemeinschaft aufzugeben. Da man aber keine religiöse Begründung oder eine Diskussion über bestimmte religiöse Praktiken zulässt, muss man den Kontakt abbrechen. Viele Familien, die wir kennen, haben sich dazu entschlossen, eine aufgeschlossene Kirchengemeinde aufzusuchen (manche nannten die United Church of Christ, die Unitarian Church und die Metropolitan Community Church), oder eine progressive jüdische Gemeinde, oder aber sie haben ihr religiöses Leben verändert und sich dabei erleichtert gefühlt. Wenn man sich also Sorgen macht, wie man die eigenen religiösen Überzeugungen mit der unverbrüchlichen Liebe zum eigenen Kind in Einklang bringen kann, dann steht eine große Entscheidung ins Haus. Wir werden dies in Kapitel 4 noch vertiefen. Weitere Informationen zu diesem Thema findet man auch online unter: www.religioustolerance.org.

Ist Homosexuellsein überhaupt eine vorübergehende Phase?

Für die meisten Menschen ist schwul oder lesbisch zu sein keine vorübergehende Phase, handelt es sich dabei doch um einen Kernbestandteil unseres Selbst. Allerdings sind manche Jugendliche sehr verwirrt, während sie ihre Geschlechtsidentität entdecken und versuchen, ihre sexuelle Orientierung zu verstehen. Vorpubertierende Kinder und Jugendliche mögen durchaus für eine Weile annehmen, dass sie schwul sind, um dann mit der Zeit zu realisieren, dass sie in Wirklichkeit transident sind. So gesehen ist schwul zu sein für manche Jugendliche in der Tat eine vorübergehende Phase. Mit dem weiteren Heranreifen des Jugendlichen wird sich zeigen, welcher Weg sich abzeichnet.

Manche vorpubertären Kinder und Jugendliche glauben fälschlicherweise, sie seien transident

Manche Kinder sind unter einer so großen Homophobie und einer derart strikten Geschlechtererziehung aufgewachsen, dass sie, anstatt ihre romantische Zuneigung zum gleichen Geschlecht anzuerkennen, annehmen, sie seien transident. Sie glauben nicht daran, schwul sein zu können. Wären sie jedoch wirklich transident, dann würde dies schon Sinn machen. Anstatt schwul zu sein und eine Zuneigung zum gleichen Geschlecht zu empfinden, würde sich die Zuneigung auf das „andere" Geschlecht beziehen. So abgehoben sich diese Darstellung auch anhören mag, sie kann dennoch im Kopf eines Kindes entstehen, das weiterhin von seiner Familie und seiner

Gemeinschaft geliebt und akzeptiert werden will. Einen Therapeuten oder eine Therapeutin aufzusuchen, der oder die mit Fragen zur sexuellen Orientierung und Geschlechtsidentität vertraut ist, kann in diesem Fall dem Kind helfen, für sich selbst zu klären, welcher Teil seiner Identität zur Entfaltung kommen soll. Ähnlich kann die Begegnung mit Menschen, die die Bandbreite des Geschlechterspektrums repräsentieren, in diesem Selbstfindungsprozess eine Hilfe sein.

Wenn mein Kind transident ist, kann es auch homosexuell sein?

Die Bandbreite der sexuellen Orientierung bei transidenten Menschen ist ebenso vielseitig wie bei allen Menschen. Manche Transmenschen sind hetero-, manche sind homo- und manche sind bisexuell. Das kann verwirren, denn wir haben gelernt, wie Menschen, basierend auf ihrem anatomischen Geschlecht, miteinander interagieren.

> „Ich akzeptiere, dass mein Sohn fühlt, er sei ein Mädchen. Es hat zwar eine ganze Weile gedauert, aber ich glaube, ich habe es jetzt begriffen. Aber wenn er dann einen Mann heiratet, können Sie mir nicht weiß machen, er sei nicht schwul. Ich kapier's einfach nicht. Ich meine, wenn er sich einer chirurgischen Geschlechtsangleichung unterzieht, dann ist er ja offensichtlich nicht mehr schwul, aber wenn nicht, dann ist er doch schwul. Natürlich, wenn er sich in ein Mädchen verliebt, dann wird doch jeder glauben, er sei doch lesbisch, denn er wäre ja die ganze Zeit eine Frau gewesen." (Elternteil einer 20-jährigen Transfrau)

> „Ich habe mit drei Jahren begriffen, dass ich transident war. Alles in mir drinnen ist männlich und ich habe wie ein Mann gedacht und gefühlt, seit ich denken kann. Jetzt identifiziere ich mich als einen Transheteromann." (16-jähriger Transjunge)

Natürlich, wenn eine Person transident ist, sind Gespräche und Vermittlungen notwendig, um Treffen zu arrangieren und sexuelle Beziehungen herzustellen. Das ist eine separate Angelegenheit, die wir kurz im Zusammenhang mit den Jugendjahren im dritten Kapitel streifen werden.

Wenn mein Kind wirklich transident ist, was soll ich tun?

Erstens: tief Luft holen und sich Zeit nehmen, dem Kind aufmerksam zuzuhören. Zweitens: Beistand und Beratung für sich selbst und die Familie suchen. Drittens: Man kann dieses Buch und andere Quellen, die zu finden sind, studieren. Da es sich bei diesem Thema um ein sehr junges Wissensgebiet handelt, ist es sehr wahrscheinlich, dass man in der nächsten Umgebung keine professionell ausgebildeten Ärzte oder Therapeuten finden wird. Die besten Informationen wird man bestimmt im Internet finden.

Geschlechtsvariante und transidente Kinder benötigen sehr viel Unterstützung, aber auch die Eltern, die Geschwister und die anderen Familienmitglieder. Wir werden in den nachfolgenden Kapiteln auf die verschiedenen Phasen der Akzeptanz aller Betroffenen eingehen und wichtige Erziehungspraktiken aufzeigen.

2 Von der Familie akzeptiert: Gestärkt aus der Krise gehen

Es kann bei vielen Eltern eine große und oftmals lang andauernde Krise auslösen, sich mit der Geschlechtsidentität und der daraus resultierenden Geschlechtsidentifikation (also der auch nach außen demonstrierten, für jedermann ersichtlichen Assoziation mit einer bestimmten Geschlechterrolle) seines Kindes zu arrangieren – gleichgültig ob es eines Tages ankündigt, es sei transident, oder ob Eltern das offensichtlich geschlechtsvariante Verhalten ihres Kindes bereits bemerkt haben.

Die emotionalen Reaktionen der Eltern, die sich der Transidentität ihres Kindes bewusst werden, sind dabei von Fall zu Fall verschieden. Anfangs haben Eltern das Gefühl, dass eine Welt für sie zusammenbricht und sie reagieren mit Niedergeschlagenheit, Verlustangst, Schock, Verwirrung, Wut, genereller Angst, Scham und Trauer. Manche Eltern benötigen zur Bewältigung dieser inneren, persönlichen Krise viele Jahre. Wir werden im nachfolgenden Abschnitt einige Beispiele von Reaktionen betroffener Eltern wiedergeben, die zur Bewältigung der eigenen Krise hilfreich sein können.

Die ersten emotionalen Reaktionen sind typischerweise durch den mühsamen Versuch gekennzeichnet, den Wandel seines Kindes verstehen zu wollen und darüber nachzudenken, wie man die Veränderung des Kindes nach außen hin vermittelt. Die meisten Familien durchlaufen zuerst eine Phase des Schweigens, bevor sie sich zur Akzeptanz der neuen Situation überwinden können. In dieser Phase suchen die meisten Eltern bereits nach Informationen, die ihnen helfen, die Erfahrungen ihres Kindes zu begreifen und die ihnen aufzeigen, wie man damit am besten umgeht. Dabei müssen sie immer noch mit sich selbst kämpfen. Im günstigsten Fall versuchen die Eltern alle Probleme unter einen Hut zu bekommen: die Unterstützung ihres Kindes, die Unterdrückung des eigenen inneren Aufruhrs sowie die Bewältigung des Anpassungsprozesses an die neue Situation.

Durch harte Arbeit an der eigenen Emotionalität einerseits und der uneingeschränkten Solidarität mit ihren Kindern andererseits können Eltern mit der Zeit eine neue Sichtweise der Geschlechtsidentität gewinnen und sich auf natürliche Weise für die Akzeptanz ihres Kindes öffnen. Manche erleben das Akzeptanzgefühl auch als eine Art innere Kehrtwende, für andere Eltern ist es ein natürlicher Prozess, der sich über eine bestimmte Zeit erstreckt und in dem oftmals auch ein Bewusstsein entsteht, dass alles, was sie unterlassen, um ihre Akzeptanz zu zeigen, für ihr Kind ein Mehr an

Stress und Qual mit sich bringt. Sein geschlechtsvariantes oder transidentes Kind vollständig zu akzeptieren, bedarf in der Regel einige Jahre.

Reaktionen des Vaters

Häufig fällt es den Vätern am schwersten, ihr geschlechtsvariantes oder transidentes Kind zu akzeptieren. Viele Väter nötigen dann ihre Kinder, sich der Konformität zu unterwerfen, indem sie mit der Anwendung von Gewalt oder Beschämung drohen. Nicht selten misshandeln sie ihr Kind auch körperlich. Väter berichten, dass sie sich ihres Kindes wegen verlegen und in seiner Nähe unwohl fühlen. Häufig geben sie dafür den Müttern die Schuld.

Natürlich reagieren nicht alle Väter auf diese Weise. Aber die Mehrheit der Väter, die wir kennengelernt haben, reagiert zunächst auf diese Art und Weise auf die abweichende Geschlechtsidentifikation ihres Kindes. Mit der Zeit und dem besseren Verständnis aber, kann es allen Eltern gelingen, ihr Kind zu respektieren und zu unterstützen. Mit ihren ersten Reaktionen beabsichtigen viele Väter ja nicht, ihre Kinder zu verletzen; sie sind lediglich der Meinung, dass sie ihre Kinder in ihrem abweichenden Verhalten nicht „ermuntern" wollen.

Wir werden einige Forschungsergebnisse über die Erziehung und das geschlechtsvariante Verhalten im vierten Kapitel vorstellen. Dort wird dargelegt, dass oft sogenannte gut gemeinte Erziehungspraktiken die Risiken erhöhen können, denen geschlechtsvariante oder transidente Kinder im Jugendalter begegnen können.

Konflikte innerhalb der Familie

Häufig wirft ein Elternteil dem anderen vor, schuld an der Geschlechtsvarianz ihres Kindes zu sein. In einigen Fällen wird die Rolle jenes Elternteils, der die Transidentität des Kindes eher akzeptiert oder in dieser Angelegenheit eher zurückhaltend ist, als rigide wahrgenommen, in anderen Fällen alternieren die Rollen zwischen den Elternteilen. Dies scheint unabhängig davon zu sein, ob die Elternteile zusammen oder getrennt leben. Die meisten Eltern, die realisiert haben, dass sie ein geschlechtsvariantes oder transidentes Kind haben, entwickeln das Gefühl, ihr Leben würde ihnen aus der Hand gleiten. Mit ihren emotionalen Krisen können Eltern den Zusammenhalt der Familie gerade dann ernsthaft gefährden, wenn ihr geschlechtsvariantes oder transidentes Kind ihre Unterstützung am meisten benötigt.

Vor dem Hintergrund der über Jahrhunderte gesellschaftlich etablierten Überzeugungen, wie sich die Geschlechtsidentifikation zu bilden und darzustellen hat, sowie unter Berücksichtigung des mitunter enormen gesellschaftlichen Drucks, ist es einfach nachzuvollziehen, warum Konflikte gerade in Familien häufig dann vorkommen, wenn diese ein Kind oder einen Jugendlichen haben, das oder der ein signifikant abweichendes Geschlechtsverhalten aufweist oder tatsächlich transident ist. Eltern können daher ihr Verständnis für die Geschlechtsvarianz ihres Kindes oder deren Akzeptanz nicht über Nacht entwickeln. Und es kann nicht ausgeschlossen werden, dass sie in ihren Anstrengungen großem Stress ausgesetzt sind, sich mit der Geschlechtsidentität und der daraus resultierenden äußeren Geschlechtsidentifikation ihres Kindes zu arrangieren. Jeder Elternteil muss sich somit jene Zeit nehmen, die er benötigt, um die Transidentität seines Kindes zu akzeptieren. Uneinigkeit zwischen den Elternteilen erhöht in der Regel den Stresspegel innerhalb der Familie. Sich unwohl, beschämt, verlegen, wütend, nervös und am Boden zerstört oder ängstlich zu fühlen, sind daher völlig normale Empfindungen während dieser Zeit. Auch ist es völlig normal, voller Verzweiflung nach „gesicherten" Antworten zu suchen und an ihnen festzuhalten. Doch das Unbehagen der Eltern überträgt sich auf die ganze Familie. Manchmal verursacht dies sogar eine ernsthafte Erschütterung des Familienzusammenhalts; alles gerät sozusagen aus dem Gleichgewicht. Je nachdem, um welche Familie es sich handelt und wie die Situation beschaffen ist, kann es Jahre dauern, bis sich der Gleichgewichtszustand wieder eingestellt hat.

Wir hoffen natürlich, dass Eltern, unabhängig davon, wie sehr sie sich gebeutelt fühlen, ihre Aufgabe als gute Eltern wahrnehmen. Mit anderen Worten: Es ist völlig in Ordnung, sich verwirrt, wütend, traurig und entmutigt zu fühlen. Diese Emotionen werden mit der Zeit nachlassen, aber es ist wichtig, sie auszuleben. Eltern sollten sich auch stets darüber im Klaren sein, dass sie die Eltern sind und dass die Erziehung ihres Kindes nicht aufgeschoben werden kann, bis sie selbst ihre eigene Gefühlswelt wieder in Ordnung gebracht haben. Es bleibt – trotz allem – die Aufgabe der Eltern, ihrem Kind ein Zuhause voller Liebe, Unterstützung, Geborgenheit und Pflege zu bieten.

Wir hoffen, dass die Forschungsergebnisse in den weiteren Kapiteln für Eltern eine nützliche Orientierungshilfe sein werden und dass diese sie bei ihren Erziehungsentscheidungen und dabei, sich emotional wieder ins Gleichgewicht zu bringen, unterstützen können.

Akzeptanz benötigt Zeit

„Ich denke, ich sehe mein Kind jetzt klarer. Ich glaube, ich habe eine unverwechselbare und außergewöhnliche Person, die mich derart verändert, wie keine andere es je tun wird. Ich liebe alle meine Kinder sehr und ich bin sehr beeindruckt von der gegenseitigen Liebe und den Banden, die genüpft wurden, weil es da diese eine Sache gibt, die wir alle teilen und an der wir alle teilhaben." (Elternteil eines 7-jährigen Transjungen)

Es ist unabdingbar für Eltern und alle anderen Familienangehörigen, sich darüber im Klaren zu sein, dass die Entwicklung der Akzeptanz kein geradliniger Prozess ist, sondern sehr langsam fortschreitet und daher viel Zeit beansprucht. Dieser Prozess erfordert auch Hingabe, Entschlossenheit und Anstrengung. Für die Zukunft der Beziehung zu dem Kind ist es sehr wichtig für Eltern, dass sie ihren Entwicklungsprozess nicht auf halbem Wege abbrechen. Eltern sollten offen bleiben für ein weiteres inneres Wachstum; Schritt für Schritt, bis sie die Akzeptanz ihres Kindes vollständig ausgebildet haben. Denn nur dann werden sich Eltern wieder harmonisch und ausgeglichen fühlen. Die Ausgeglichenheit wird sich nämlich einstellen, wenn das biologische Geschlecht des Kindes nicht mehr die Gedanken der Eltern beherrscht, sondern nur einen Teil der Identität ihres Kindes unter anderen Teilen ausmacht.

Akzeptanz bedeutet also Fortschritt und vollzieht sich graduell. Sie hängt natürlich auch von den persönlichen Ansichten, politischen Überzeugungen und religiösen Grundsätzen der Eltern ab. Die Entwicklung von Akzeptanz fällt jenen Eltern leichter, die die Vielfalt im Leben schätzen. Für diejenigen, die die Konformität schätzen, ist dies deutlich schwieriger. Nichtsdestoweniger ist jeder Schritt in Richtung Akzeptanz lebenswichtig und daher sollte man keinen Versuch unterlassen. Auch wenn es für Eltern keinen Fahrplan für das Erlangen von Akzeptanz ihres Kindes gibt, bleiben Beharrlichkeit und persönliche Hingabe die effektivsten Mittel für Eltern, ans Ziel zu gelangen.

Wenn man schon über Geschlechtsvarianz Bescheid weiß

Einige Eltern sind mit der Vorstellung der Geschlechtsvarianz vertraut und sind diesem Phänomen gegenüber aufgeschlossen. Vielleicht, weil sie eine transidente Kollegin oder einen transidenten Kollegen haben, oder weil sie selber schwule oder lesbische Eltern sind, oder in einer liberaleren Gemeinschaft leben, in der vielfältige Lebensformen, z. B. für Lesben, Schwule, Bisexuelle oder Transidente möglich sind, oder sie leben in einer Gruppe geschlechtsvarianter Freunde. Solche Eltern werden es einfacher haben, mit der Tatsache umzugehen, dass ihr Kind geschlechtsvariant oder transident ist. Diese Eltern werden auch die eine oder andere Phase, die für die meisten eine persönliche Krise darstellt, überspringen können. Stattdessen werden sie sich mehr um die gegenwärtige und zukünftige Sicherheit ihres Kindes sorgen.

Obwohl ein besserer Umgang mit der Geschlechtsvarianz oder persönliche Erfahrung mit diesem Thema das Ausmaß der Krise abschwächen können, muss dennoch eine natürliche Phase der Anpassung durchlaufen werden, in der sich auch Eltern mit Vorkenntnissen auf diesem Gebiet viele Fragen stellen und neue Erfahrungen machen werden. Schließlich soll nicht verschwiegen werden, dass lesbische oder schwule Eltern es nicht notwendigerweise einfacher haben, geschlechtsvariante oder transidente Kinder zu erziehen. Tatsächlich können lesbische oder schwule Eltern, die oftmals unter dem selbst auferlegten Druck leiden, „perfekt" sein zu wollen, entsetzt darüber sein, dass sie ihre Reaktionen über die Geschlechtsidentität ihres Kindes nicht mehr kontrollieren können. Darüber hinaus werden lesbische oder schwule Eltern häufig bezichtigt, die Ursache für ihre geschlechtsvarianten oder transidenten Kinder zu sein. Diese Eltern müssen sich besonders vorbereiten, um mit solchen Reaktionen fertig zu werden.

Die Angst um Sicherheit und Wohlergehen des Kindes

> „Ich beschütze heute mein Kind mehr als früher. Ich zögere, andere Kinder zu uns einzuladen, es sei denn, ich kenne sie sehr gut; denn einige haben sich über meinen Sohn lustig gemacht, als sie seine Mädchensachen gesehen haben. Ich mache mir auch über seine Zukunft Sorgen, denn ich weiß, wie grausam Menschen sein können, und ich mache mir auch Sorgen um seine Sicherheit." (Elternteil eines 6-jährigen geschlechtsvarianten Jungen)

> „Als Elternteil macht man sich Sorgen um die Sicherheit seines Kindes; ich versuche natürlich nicht zu oft daran zu denken. Aber da gab es diese Horrorgeschichten über die Verletzung von Menschen oder noch Schlimmeres, das bigotte Menschen ihren Mitmenschen da draußen antun. Ich bete dafür, dass diese Welt eines Tages in diesen Punkten aufgeklärter sein wird; je mehr ich allerdings darüber erfahre, umso mehr werden sich meine Ängste auflösen." (Elternteil einer 24-jährigen Transfrau)

Alle Eltern mit geschlechtsvarianten Kindern äußern diese Ängste, immer und immer wieder: Wird mein Kind je Freundschaften schließen? Wer wird mein Kind lieben? Wird mein Kind Opfer von Verbrechen aus Hass? Wird mein Kind physische Gewalt erleiden? Wird mein Kind sexueller Gewalt ausgesetzt werden? Wird mein Kind sich selbst umbringen? Wird mein Kind ermordet werden? Wird mein Kind als Erwachsener bei der Jobsuche oder der Wohnungssuche diskriminiert werden?

Diese Ängste können häufig lähmend wirken. Sie zählen zu den grundsätzlichen Ursachen, warum Eltern ihre geschlechtsvarianten oder transidenten Kinder ändern möchten. Eltern haben natürlicherweise Angst um ihre Kinder. Im Laufe der Zeit kann diese Angst jedoch in Wut umschlagen und diese Wut kann durchaus für eine Veränderung der Welt nutzbar gemacht werden. Eltern müssen daher nach draußen gehen und für das Recht auf Sicherheit ihrer eigenen und auch aller anderen Kinder kämpfen.

„Ich möchte den Mitmenschen, die dies nicht kapieren, sagen: ‚Passt auf, ich werde mein Kind verteidigen.'" (Elternteil eines 7-jährigen Transjungen)

Angst vor Verurteilung

Eltern von geschlechtsvarianten oder transidenten Kindern wollen nicht mit prüfendem Blick betrachtet werden. Sie erziehen doch lediglich ein geschlechtsvariantes oder transidentes Kind. Und dennoch fürchten viele Eltern die Reaktionen von anderen, wenn ihre Erziehungspraktiken in Bezug auf ihre geschlechtsvarianten oder transidenten Kinder entdeckt werden. Mitmenschen, die von den wahren Umständen nichts wissen, können sehr voreingenommen sein. Und es kann einen auch in Angst und Schrecken versetzen, wenn man nicht genau weiß, ob man deswegen aus Gemeinschaften, die einem viel bedeuten, ausgeschlossen wird. Häufig führen solche Ängste zur Verinnerlichung von Scham – ein Gefühl, das einem vermittelt, man habe als Eltern schon dadurch etwas falsch gemacht, dass man von der Allgemeinheit praktizierte Normen überschritten bzw. einen Verhaltenskodex gebrochen hat.

„Wir hatten große Angst davor, dass unsere Nachbarn die Jugendschutzpolizei rufen, wenn wir unserem Kind die Änderung der Pronomen erlauben würden. Wir hatten große Angst davor, dass jemand uns unser Kind wegnehmen würde, alleine deswegen, weil wir es unterstützt haben. Schließlich haben wir, um seinem Wunsch nachzukommen und die Pronomen zu ändern, entschieden, einen angesehenen Therapeuten aufzusuchen, der uns bei der Wahl unserer Handlungsweisen unterstützen würde, falls notwendig. Und wir leben in Berkeley. Ich möchte mir nicht vorstellen, welchen Mut man aufbringen müsste, wenn man in Iowa leben würde." (Elternteil eines 5-jährigen Transjungen)

Diese Angst vor Verurteilung durch andere kann zu einem unangenehmen und beunruhigenden Gefühl führen, sich für sein eigenes Kind zu schämen, vor allem in der Öffentlichkeit. Diese Scham- und Verlegenheitsgefühle verschmelzen oft zu einer „Ich-schütze-mein-Kind"-Haltung. Mit anderen Worten: viele Eltern wollen nicht zugeben, dass sie ihres Kindes wegen in der Öffentlichkeit verlegen sind. Sie wollen nicht zugeben, dass sie sich mit ihrem Kind vor den Wahrnehmungen der anderen fürchten. Also sagen sie zu sich selbst: „Ich denke, er wäre viel sicherer, wenn er das Kleid nicht tragen würde." Aber vielleicht ist die Wahrheit vielmehr diese:

„Ich denke, ich selbst würde mich viel wohler fühlen, wenn er das Kleid nicht tragen würde."

Um sich mit seinen Scham- und Verlegenheitsgefühlen zu arrangieren, ist es wichtig, sie zunächst als das zu verstehen, was sie wirklich sind.

Gefühle der Trauer

Eltern, die geschlechtsvariante oder transidente Kinder erziehen, empfinden zwei klar von einander unterschiedene Formen der Trauer. Die erste Form fällt in die Kategorie der verlorenen Wunschvorstellungen von ihren Kindern. Die zweite Kategorie umfasst die Trauer, die sie empfinden, wenn das eine Kind im Kind verschwindet, um dem neuen Kind Platz zu machen. Eltern von geschlechtsvarianten Kindern erfahren den Verlust ihrer Träume; zusätzlich durchleben sie den Schmerz, das Kind zu verlieren, das sie so sehr lieben.

> „Aber was ist mit meinen Träumen für mein Kind? Ich habe irgendwie den Eindruck, die Kindheit meiner Tochter, die ich nie mit ihr teilen konnte, verloren zu haben, und ein großes Loch klafft dort, wo ich einst dachte, dies wäre mein kleiner Junge." (Elternteil einer 20-jährigen Transfrau)

Vielleicht der schmerzhafteste Teil im Prozess der Akzeptanz ist, wenn Eltern sich von ihren Träumen und Wunschvorstellungen lösen müssen. Das Gleiche gilt für ihre Fantasien, was sie in der Zukunft alles mit ihren Kindern hätten machen wollen. Unzählige Mütter von transidenten Söhnen haben Stephanie Brill gegenüber ihre Trauer zum Ausdruck gebracht, dass sie ihre einstigen Vorstellungen loslassen mussten, die sie von der Hochzeit ihrer Tochter und der ersten Geburt ihres Kindes hatten. Sie waren alle so traurig, dass das alles nicht mehr Wirklichkeit werden konnte, jetzt wo sie statt einer Tochter einen Sohn hatten. Eltern sehen sich also vor die Notwendigkeit gestellt, ihre Träume und Wunschvorstellungen zu überarbeiten. Dennoch mag es hilfreich erscheinen, sich daran zu erinnern, dass alle Eltern diesen Prozess in irgendeiner Weise durchmachen müssen, denn alle Kinder entwickeln sich weiter und weiter und werden oft andere Wege einschlagen, als die, die ihre Eltern für sie vorgesehen hatten. Häufig hoffen Eltern auch, dass ihre Kinder jene Träume verwirklichen können, die sie selbst nicht verwirklichen konnten.

> „Ich habe mir in der High School mein Knie kaputt gemacht. Ich war Footballspieler. Und ich wusste, dass einer meiner Söhne ein großer Footballspieler werden würde. Als mir dann mein Sohn sagte, er sei ein Mädchen, war dies eine der härtesten Erfahrungen, die ich je gemacht habe. Alle meine Träume zerplatzten vor meinen Augen. Doch ich wollte nicht von ihnen lassen. Ich war so wütend auf ihn, weil er Football nicht mochte.

Eines Tages bemerkte ich, dass ich ihn dafür bestrafte, weil er nicht wie ich war. Ich schaute ihm in die Augen und sah, dass er Angst vor mir hatte. Er war nahe dran, mich zu hassen. Er war erst 6, aber ich wusste, an jenem Tag musste ich eine Entscheidung treffen: mich von meinen Träumen lösen, die meine Beziehung zu meinem Sohn vergifteten oder meinen Sohn für immer zu verlieren.

Ich bin noch nicht ganz dazu bereit, meinen Sohn tatsächlich meine Tochter sein zu lassen. Da wird ziemlich viel von mir verlangt. Aber ich bin durchaus bereit, meine Wut auf ihn hinter meine Liebe für ihn zu stellen. Ich bete jeden Tag, so stark zu sein, dass meine Liebe für meinen Sohn so groß ist, dass er der sein kann, der er ist. Auch wenn das bedeutet, dass er in Wirklichkeit ein Mädchen ist.“ (Elternteil eines 8-jährigen geschlechtsvarianten Kindes)

Niemand kann die persönlichen Vorlieben oder die Selbstidentifikation von Kindern für sie auswählen. Niemand kann für Kinder entscheiden, wer sie sind oder wer sie sein werden. Wenn Eltern ihre eigenen vorgefertigten Träume von ihren Kindern verabschieden, dann wird ihnen häufig bewusst, dass die eigentlichen Hoffnungen und Träume, die sich alle Eltern von ihren Kindern machen, doch die gleichen sind: Eltern wollen glückliche Kinder, sie wollen, dass ihre Kinder geliebt werden und selbst lieben können, sie wollen für ihre Kinder die Freuden der eigenen Familie und die der Kinder. Diese Träume bleiben dieselben, gleichviel ob es sich um geschlechtsvariante, transidente oder geschlechtstypische Kinder handelt.

Das Kind im Übergangsstadium

Der Begriff des Übergangs bezieht sich sowohl auf den Zeitraum, in dem Kinder ihre eigentliche Geschlechtsidentität annehmen, als auch auf den Zeitpunkt, zu dem sie ihre Geschlechtsidentifikation nach außen zeigen. Ab dem Zeitpunkt, ab dem Familien ihren Kindern erlauben, in Übereinstimmung mit ihrer eigentlichen Geschlechtsidentität zu leben, stehen viele Änderungen ins Haus. Häufig sind es Vornamen, Pronomen und die äußere Erscheinung, die geändert werden müssen. In wenigen Fällen gelingt dieser Änderungsprozess über Nacht, für die meisten aber dauert er mehrere Monate.

Bei Kindern, die kurz vor der Pubertät stehen oder bei Jugendlichen, die bereits Teenager sind, stehen auch Entscheidungen über medizinische Maßnahmen an, wie die Verabreichung von Hormonpräparaten zur Verzögerung der Pubertät oder die Behandlung mit sogenannten „cross-sex-hormones“ und in manchen Fällen sogar chirurgische Eingriffe. Bei sehr jungen Kindern findet dieser Prozess über mehrere Jahre statt. Er wird weniger bewusst als Wandlung erlebt, wenn Eltern z. B. ihrem Kind früh erlaubt haben, jene Frisur oder Kleidung zu tragen, die seiner inneren Geschlechtsidentität entspricht. Die Wandlung kann dann als abgeschlossen betrachtet werden, wenn das Geschlecht angenommen und die Pronomen angepasst worden sind.

Emotionale Reaktionen der Eltern auf die Wandlung des Kindes

Wenn Kinder ihre Geschlechtsidentität wandeln, gleichviel ob mit vier oder siebzehn Jahren, werden alle in ihren Familien, also die Eltern und die Geschwister, gleichermaßen ein Gefühl der Trauer über den Verlust des Sohnes, der Tochter, des Bruders oder der Schwester empfinden. Auch wenn es dem Kind gut geht und es wohlauf ist, kann die Geschlechtswandlung starke Gefühle des Verlustes hervorrufen. Tatsächlich vergleichen dies die meisten Eltern sogar mit dem Tod ihres Kindes. Obgleich ihr Kind in einem gewissen Sinne neu ersteht, bleiben die Erinnerungen und Erfahrungen mit ihrem vorherigen Kind doch noch bei den Eltern haften.

Trauerarbeit der Eltern

Viele Publikationen zum Thema der Trauer dokumentieren die verschiedenen Phasen, die man bei der Bewältigung von Verlust durchläuft. Familien, deren Kind eine Geschlechtswandlung vollzieht, berichten von sehr ähnlichen Phasen emotionaler Reaktionen. Die Entwicklung der Akzeptanz gegenüber der neuen Identität des Kindes geht einher mit intensiven Phasen, in denen sich Gefühle der Verleugnung, Traurigkeit, Wut und Trauer abwechseln. Fachleuten zufolge, die sich mit Verlust- und Trauerarbeit befassen, sollen Angehörige den tiefgreifenden Verlust eines geliebten Menschen ein Jahr lang intensiv betrauern. Für Eltern transidenter Kinder ist die Überwindung des Schmerzes jedoch viel schwieriger, denn das Objekt ihrer Trauer – das Kind, das sie verloren haben – gleicht eher einem Phantom, denn in Wirklichkeit existiert dieses Kind ja noch und es benötigt mehr denn je die Unterstützung seiner Eltern. Das Kind ist ja nicht gestorben. Im Gegenteil, es blüht jetzt zum ersten Mal wirklich auf und findet zu sich selbst.

Die Trauerarbeit, die Eltern von geschlechtsvarianten oder transidenten Kindern in Bezug auf ihre Geschlechtswandlung zu bewältigen haben, gleicht keiner anderen gesellschaftlich anerkannten und akzeptierten Form der Trauer, denn der von diesen Eltern empfundene Verlust ist gesellschaftlich noch nicht voll akzeptiert. Nicht nur für andere ist es kaum nachvollziehbar, sondern auch die Eltern selbst, sind häufig über diese Trauerform verwirrt. Viele Eltern fragen sich deshalb auch, ob sie das Recht haben, sich so zu fühlen, als sei ihr Kind gestorben, da es doch lebendig vor ihnen steht.

Die Trauer, die Eltern empfinden, setzt sich aus den oben schon erwähnten Ausdrucksformen zusammen. Auch Scham kann empfunden werden. Eltern, die das geschlechtsvariante Verhalten oder die Transidentität ihres Kindes zu verheimlichen versuchen und sich für ihr Kind schämen, werden sich höchstwahrscheinlich so fühlen, als seien sie mit ihrer Trauerarbeit vollkommen alleingelassen worden. Die damit einhergehende Selbstisolation kann sehr schnell zu einer Depression führen.

Bedauern und eigene Schuldzuweisung

> „Es bricht mir das Herz, wenn ich an die vielen dunklen und einsamen Nächte denke, die er damit verbracht hat, darüber nachzudenken und sich Sorgen zu machen, wie er mit all dem fertig werden soll. Fast zehn Jahre lang war mein Kind mutterseelenallein auf dieser emotional schmerzhaften Reise. Und ich, seine Mutter, habe das nicht gemerkt!" (Elternteil einer 23-jährigen Transfrau)

Irgendwann im Verlaufe des Prozesses, in dem Eltern die bedingungslose Akzeptanz für ihr Kind zu entwickeln beginnen, bedauern sie rückblickend einige ihrer Erziehungspraktiken. Das ist sehr natürlich. Das rückblickende Bedauern über Erziehungspraktiken betrifft aber alle Eltern. Eltern sollten nicht zu hart mit sich ins Gericht gehen; sie tun als Eltern stets ihr Bestes. Die meisten betroffenen Eltern fühlen sich schuldig, weil sie die Zeichen ihrer Kinder nicht wahrgenommen haben. Rückblickend erkennen sie, dass es viele Anzeichen im Laufe der vergangenen Zeit gegeben hat. Einige Eltern erinnern sich sogar daran, ihre Kinder einfach abgewiesen zu haben, als sie über ihre Geschlechtsidentität sprechen wollten. Andere Eltern fühlen sich schuldig, ihre Kinder anfangs mehr in die jeweils typische Geschlechtsrolle gezwungen zu haben. Eine neue und einzigartige Form des Bedauerns erfasst heutzutage die Eltern, die ihre Kinder dazu gezwungen haben, sich vor allen zu offenbaren, statt es ihnen zu überlassen, wem sie sich von Fall zu Fall gegenüber öffnen wollen.

Die bedingungslose Liebe

Im Leben von Eltern gibt es keine größere Quelle der Liebe als ihre Kinder. Und Kinder entwickeln ihr Urvertrauen in die Welt anhand der Liebe und der Akzeptanz, die sie von ihren Eltern erfahren. Bedingungslose Liebe kann Eltern auch helfen, in ihrer neuen Situation zu bestehen. Diese Liebe wird zum Leitmotiv der elterlichen Erziehung. Sie wird Fragen aufwerfen wie diese: Wie muss ich mich verändern, um mein Kind bedingungslos zu lieben, auch wenn mein Kind nicht so ist, wie ich mir das vorgestellt habe? Was muss sich in mir verändern, damit ich den Weg für mein Kind ebnen kann, um das Trauma, das es durchlebt, zu mildern und um das Leben mit ihm wieder so erfreulich und so angenehm wie möglich zu machen?

Helfen, die persönliche Krise erträglich zu gestalten

Auch in der Erziehung den eigenen Überzeugungen treu bleiben

Wenn Eltern sich großen Herausforderungen in der Erziehung ihrer Kinder gegenübergestellt sehen, ist es hilfreich, wenn sie sich auf ihre grundlegenden Überzeugungen als Erziehungspersonen zurückbesinnen. Die Bewältigung der vielen Angelegenheiten, die die Wandlung des Kindes mit sich bringt, gelingt einfacher, wenn sich Eltern daran erinnern, dass Liebe, Unterstützung, Leidenschaft, Empathie und Schutz ihren Kindern gegenüber, der ureigensten Verantwortung der Eltern entspringen. Natürlich kann eine Rückbesinnung nicht die persönliche Krise stoppen, aber sich seiner fundamentalen Grundsätze stets aufs Neue zu versichern, wird Eltern helfen, auch in der Krise handlungsfähig zu bleiben, statt sich an alte Ansichten zu klammern, die ihrer Annäherung an ihr Kind im Wege stehen. Die Emotionen müssen sicherlich durchlebt, aber ebenso auch bewältigt werden. Manchmal ist es sogar hilfreich, sein Erziehungscredo aufzuschreiben und es von Mal zu Mal, wenn der Leidensdruck besonders groß ist, hervorzuholen und sich wieder vor Augen zu halten.

Die Liebe steht über der gesellschaftlichen Moral und den sozialen Erwartungen

Studien über Eltern von transidenten Kindern aller Jahrgänge haben gezeigt, dass die Eltern, die die Liebe über alles stellen, auch am ehesten Akzeptanz für ihr geschlechtsvariantes Kind entwickeln. Man muss sich immer wieder der Liebe als Wegweiser vergewissern. Sie kann wirklich dazu beitragen, die richtigen Entscheidungen zu treffen. Eltern verlangen gerne von ihren Kindern, sich dem Gruppenzwang zu entziehen; nun liegt es an ihnen, das Gleiche zu tun. Eltern von geschlechtsvarianten oder transidenten Kindern erhalten unaufhörlich Gelegenheiten, sich für die Liebe zu entscheiden.

Natürlich ist es für Eltern schwer, sich den gesellschaftlichen Vorurteilen auszusetzen, nur weil sie ihr Kind lieben. Auch wenn dies ein schwieriger Schritt ist, sollte er gegangen werden. Viele Familien mit geschlechtsvarianten oder transidenten Kindern sind aus ländlichen Gegenden in die eher fortschrittlichen Stadtgebiete gezogen, um mehr Mitmenschen zu finden, mit denen sie ein erfüllendes Leben teilen können. Andere wiederum haben beschlossen, in ihren Gemeinden zu bleiben, um mit all jenen, die für sie von Bedeutung sind, gemeinsam für Aufklärung, Akzeptanz und Verständnis zu sorgen. Im sechsten Kapitel werden wir diesen Aspekt weiter diskutieren.

Im Zentrum steht das Wohl des Kindes

Viele Eltern von überall her haben „Gender Spectrum" berichtet, dass für sie erstaunlicherweise vieles leichter wurde, als sie ihren Kindern oder Teenagern erlaubten, sich so zu verhalten, dass sie im Einklang mit ihrer Geschlechtsidentität leben konnten. Bis dahin depressive, ängstliche, feindselige oder zurückgezogene Kinder, wurden mit einem Mal sichtlich glücklicher und strahlten einen inneren Frieden aus.

> „Ich wusste nicht, was ich tun sollte. Unser Sohn hatte uns immer wieder aufgefordert, ihn als Mädchen anzusprechen. Ich konnte mich nicht dazu entschließen, dem nachzukommen. Schließlich stellte unser Familientherapeut die Frage, ob es ihn glücklicher machen würde, wenn wir darauf bestünden, ihn als Jungen anzusprechen. Natürlich war die Antwort ‚Nein'. Aber als er mich fragte, ob es meinen Sohn glücklicher machen würde, wenn ich ihn als Mädchen anspräche, war die Antwort ein klares ‚Ja'. Dann fragte er mich, was mir wichtiger sei als das Glück meines Kindes. Das war für mich harter Tobak. Ich weinte. Mir wurde bewusst, dass meine Furcht vor dem Spott der anderen sich mit der Furcht vor dem Spott, dem sich mein Sohn ausgesetzt sehen würde, verband und dazu führte, dass ich meinem Sohn sein Recht auf Glück verleugnete." (Elternteil eines 12-jährigen Transmädchens)

Ungebrochene Nähe und Verbundenheit zum Kind

Auch in Zeiten der Wut, der Verwirrung und der Trauer, sollten Eltern stets die Nähe zu ihren Kindern suchen. Denn Eltern und ihre Kinder verfügen über das Potenzial, harmonische Beziehungen zu unterhalten. Gleichwohl erfordern diese Beziehungen Anstrengung und Hingabe. Man muss sein Kind im Auge behalten, ihm in die Augen schauen, mutig sein und sich stets auf die elterliche Liebe besinnen sowie ihm mit Bewunderung und Wissbegierde begegnen. Wenn man sich fragt: „Was gibt mir diese Person in meinem Leben?", oder „Worin besteht denn das Geschenk?", dann sollte man dankbar sein für das, was man hat.

Auch wenn man sich vorübergehend von seinem Kind entfremdet fühlt, darf man die Hoffnung nicht aufgeben. Kinder sind immer bereit, ihre Eltern wieder in ihr Leben zu integrieren, denn sie suchen die Liebe ihrer Eltern, mehr als alles andere. Man sollte also auf seine Kinder zugehen. Was hat man schon zu verlieren? Vielleicht mag das im einen oder anderen Fall als demütigend empfunden werden, aber es wird in jedem Fall mehr Freude und Sinn ins gemeinsame Leben zurückbringen.

Andere Familien mit geschlechtsvarianten Kindern aufsuchen

Es ist immer ein schwerer Weg, sich mit der Tatsache der Transidentität seines Kindes abzufinden. Aber dieser Weg muss nicht zwangsläufig alleine beschritten werden. Unterstützung ist genauso unverzichtbar für Eltern wie für Kinder. Sich mit anderen Eltern, die ebenfalls geschlechtsvariante Kinder haben, zusammenzutun, kann wesentlich dazu beitragen, das Erleiden von Isolation und Scham zu verringern. Dabei können sich Eltern auch Hilfe in ihrer nächstgelegenen Kinderklinik holen und dort gemeinsam mit anderen Eltern eine Selbsthilfegruppe ins Leben rufen oder bei den niedergelassenen Kinderärzten Flugblätter auslegen und für Unterstützung werben. Natürlich sind auch Kontaktdaten, z. B. aus LISTSERV®, eine große Hilfe. Dies ist aber nichts im Vergleich zum persönlichen Kennenlernen anderer Kinder mit abweichenden Geschlechtsidentitäten, gleich welcher Art.

Auch die Teilnahme an Veranstaltungen einschlägiger Verbände, Vereine und Selbsthilfegruppen, wo sich Eltern mit anderen Eltern geschlechtsvarianter oder transidenter Kinder und Jugendlicher treffen und über die neuesten Forschungsergebnisse und sonstige relevanten Veröffentlichungen informieren können, kann dazu beitragen, dass sich Eltern gemeinsam für die Sache ihrer Kinder stark machen. Auch einschlägige Konferenzen zählen mit zu den wichtigsten Formen der Unterstützung, die Eltern wahrnehmen können. Dort können Eltern und Familien auch erfahren, dass sie nicht alleine sind, sondern dass es auch in ihrem Umfeld Familien gibt, die das gleiche Problem haben. Es ist daher sehr wichtig, dass Eltern zusammen mit ihren Kindern möglichst viele geschlechtsvariante und transidente Kinder kennenlernen. Viele transidente Menschen haben auf ihrem Weg, ihre wahre Ich-Identität zu realisieren, ihre ganze Familie zurücklassen müssen. Andere erfreuen sich weiterhin der Liebe und Unterstützung ihrer Eltern. Manche transidenten Menschen erfahren nur zum Teil Unterstützung und Akzeptanz durch ihre Familien. Einige transidente Erwachsene passen sich der Gesellschaft an und erleiden Diskriminierungen daher nur in geringem Maße, während andere, die ihre Geschlechtsidentifikation offen zeigen, tagtäglich Opfer von Diskriminierungen werden.

Selbsthilfegruppen und Zusammenkünfte transidenter Menschen gibt es sicher in jedem Land. Viele Colleges und Universitäten in den USA feiern jedes Jahr im November den „Transgender Day of Remembrance“ (Tag der Erinnerung an transidente Menschen – in Deutschland: http://www.ejanssen.de/tagung/blog/); manche bieten eine Woche lang (sogenannte „Transwoche“) ein öffentliches Veranstaltungsprogramm an. Auf solchen Veranstaltungen können Eltern und Familien transidente Menschen verschiedenster Art und unterschiedlichen Alters kennenlernen. Natürlich ist das nicht nur für Eltern tatsächlich transidenter Kinder wichtig, sondern auch für solche Eltern, die derzeit nur annehmen, dass ihr Kind geschlechtsvariant sein könnte und für solche, die sich dessen mittlerweile sicher sind. Ungeachtet dessen, wie ungewöhnlich das auch sein mag, sollten sich Eltern die Mühe machen und an diesen Veranstaltungen und Zusammenkünften teilnehmen. Wenn Eltern das nicht alleine schaffen sollten, hilft es, eine gute Freundin oder einen guten Freund mitzunehmen.

Manche Eltern sind anfangs besorgt, dass die Treffen mit anderen geschlechtsvarianten oder transidenten Menschen in irgendeiner Weise modellbildend wirken könnten und ihre eigenen Kinder „ermutigen“ würden, transident zu werden. Aber bitte, Transidentität ist doch keine ansteckende Krankheit. Wenn überhaupt, werden Kinder sich in einer solchen Situation eher zurückhaltend und scheu verhalten und nicht glauben können, dass es andere Menschen gibt, die so fühlen, wie sie selbst. Mit der Zeit dann werden sich diese Kinder wohler fühlen. Denn sie werden erleben, dass es andere Jungen gibt, die ein Kleid tragen, andere Mädchen, die wissen, dass sie ein Junge sind oder andere Kinder, die sich weder als Junge noch als Mädchen fühlen. Diese Erfahrung wird die Kinder aber nicht zu jemandem machen, der sie in Wahrheit nicht schon sind.

Es gibt aber auch Eltern, die den Umgang ihres transidenten Kindes mit anderen transidenten Personen nicht notwendigerweise befürworten. Deswegen sollten Eltern zunächst alleine, ohne ihre Kinder, andere transidente Erwachsene kennenlernen. Wenn Eltern dann Personen kennengelernt haben, denen sie den Umgang mit ihren Kindern zutrauen, können sie die Begegnung ihrer Kinder mit diesen Menschen in die Wege leiten.

Informieren Sie sich selbst

Eltern, die sich mit ihrem geschlechtsvarianten Kind zu arrangieren bemühen, beginnen ihre Aufklärung häufig mit der Suche nach Grundinformationen. Im Zuge ihrer Nachforschungen finden erfahrene Eltern auch neue Informationsquellen.

Am Ende des Buches finden Sie aktuelle Informationsquellen und Institutionen für den deutschsprachigen Raum, bei denen Eltern transidenter Kinder und Jugendlicher Unterstützung finden können.

Dieser Prozess der Selbstinformation, den viele engagierte Eltern durchlaufen, ist zugleich ein Selbstbildungsprozess, der durch die eigene Aufklärung einerseits und die Integration der eigenen Erfahrungen andererseits zustande kommt, und der das Leben der Eltern transidenter Kinder und Jugendlicher bereichert und die Ehrfurcht vor der Vielfalt im Leben erhöht.

Dieser Gesamtprozess kann dabei unterschiedliche Formen annehmen. Einige Eltern wehren sich gegen die Auseinandersetzung mit der Geschlechtsrolle und der Geschlechterpolitik, andere dagegen finden ihre persönliche Beruhigung darin, dass sie alles lesen, was es zu diesem Thema gibt. Die Balance zu finden, ist hierbei das Wesentliche.

Die Geschwister

Weil Eltern sich mit ihren geschlechtsvarianten Kindern unbehaglich fühlen, neigen sie mitunter unbewusst dazu, ihren anderen Kindern tiefere Gefühle entgegenzubringen. Indem sie sich so verhalten, drängen Eltern ihre nicht geschlechtsvarianten Kinder unbeabsichtigterweise in einen Loyalitätskonflikt. Diese sehen sich nämlich genötigt, sich emotional zwischen ihren Eltern und ihrem transidenten Geschwisterteil entscheiden zu müssen.

> „Mein Vater wollte immerzu mit mir spielen. Es hat Spaß gemacht, aber es hat mich auch bedrückt, weil er nie meinen Bruder aufgefordert hat, mit uns mitzuspielen. Auch sagte mein Vater nie ‚Ja' zu den Spielen, die mein Bruder gerne spielen wollte. Die ganze Zeit über war das für mich schwer. Ich bin so froh darüber, dass er sich wandelt." (Terrek, 10-jähriger Bruder eines geschlechtsvarianten Geschwisterteils)

Sich immer zweitrangig fühlen

Der umgekehrte Fall ist ebenfalls nicht selten: Eltern widmen sich weitaus mehr ihrem nicht geschlechtskonformen Kind und vernachlässigen in der Folge ihre anderen Kinder. Es ist leicht, in den ersten Lebensjahren so viel Zeit mit seinem geschlechtsvarianten Kind zu verbringen, alles über die Rolle des Geschlechts zu erfahren, diese Eindrücke mit anderen zu verarbeiten und nach relevanten Informationen zu forschen, dass sich die anderen Kinder weniger beachtet fühlen können.

Hier kann es auch hilfreich sein, Publikationen über Geschwister von behinderten Kindern zu lesen. In Büchereien findet sich entsprechende Literatur für Geschwister und auch Erziehungsliteratur zu diesem Thema für Erwachsene. Hier finden Eltern wertvolle Tipps, wie sie dafür sorgen können, dass ihre anderen Kinder aufwachsen, ohne sich immer zweitrangig vorzukommen.

Stress

> „Unsere 14-Jährige war zunächst ablehnend; jetzt aber ist sie glücklich, dass sie einen tollen kleinen Bruder hat." (Elternteil eines 7-jährigen Transjungen)

Einige Familien mit geschlechtsvarianten oder transidenten Kindern stecken viele Jahre lang in einer nicht enden wollenden Krise. Der damit einhergehende Stress befällt jeden in der Familie. Dabei ist es sehr wichtig, dass Eltern die Anzeichen von Stress bei allen Mitgliedern der Familie nicht übersehen und therapeutische Hilfe aufsuchen, wenn der Stress zur persönlichen Bedrohung wird.

Manche Familien haben „transfreie Zeiten" vereinbart. Das sind Zeiten, in denen das Thema Geschlecht einen Tag lang oder beim Essen oder wenn man außer Haus ist, nicht angesprochen wird. Es mag einem komisch vorkommen, solche Zeiten zu vereinbaren, aber die Geschwister werden dankbar sein. Man kann das auch unter den Erwachsenen ausmachen, die Kinder müssen das nicht mitbekommen. Wenn Eltern sich für diese Vorgehensweise entscheiden, aber feststellen, dass sich die Umsetzung als zu schwierig erweist, dann wird klar, dass sie bisher viel zu viel Zeit darauf verwendet haben, darüber immer wieder in der Familie zu sprechen.

Was sich neckt, das liebt sich – Geschwister unter sich

Geschlechtsvariante Kinder neigen häufig dazu, ungewollt andere aufzufordern, sie zu ärgern oder zu mobben. Das schließt die Geschwister mit ein. Gerade wenn sich Geschwister von anderen Gleichaltrigen unter Druck gesetzt fühlen, werden sie ihren nicht geschlechtskonformen Geschwisterteil ausschließen oder ihm gegenüber besonders kritisch sein. Während Eltern den Geschwistern durchaus die Freiheit lassen müssen, ihre Gefühle auszudrücken, müssen sie auch zugleich dafür Sorge tragen, dass das Verspotten ihres nicht geschlechtskonformen Kindes in der Familie keine Chance hat. Jedes Familienmitglied hat zu Hause ein Recht auf einen spottfreien Raum. Eltern sollten grundsätzlich keine Hänselei und keinen Spott in Bezug auf die Geschlechtsidentität oder die Geschlechtsidentifikation des nicht geschlechtskonformen Kindes tolerieren; weder bei seinen Geschwistern, noch bei seinen Freunden.

Im Gegenteil sollten Eltern ihre Kinder anhalten, für einander einzustehen und sich zu unterstützen. Dazu ist es wichtig, den Kindern auch die entsprechenden sprachlichen Ausdrucksmöglichkeiten zu vermitteln. Wenn Spielkameraden den nicht geschlechtskonformen Geschwisterteil ärgern und hänseln, dann sollen Geschwister beispielsweise sagen: „Ich will nicht mit dir spielen, wenn du meine Schwester dauernd ärgerst", und vielleicht noch, „Sie ist wer sie ist und ich liebe sie", nachtragen.

Manchmal werden Kinder deshalb gehänselt, weil sie einen nicht geschlechtskonformen Geschwisterteil haben. In Bezug auf die Wirkung, die die abweichende Geschlechtsidentität eines Kindes auf seine Geschwister haben kann, sollten Eltern mit der entsprechenden Sensibilität reagieren. Sie müssen bereit sein, ihre Kinder dabei zu unterstützen, sich gegen die Schikanen der anderen zu wehren. Wenn nötig, muss auch mit der Schulleitung gesprochen werden.

Die Trauerarbeit der Geschwister

Auch Geschwister von transidenten Kindern durchleben eine ähnliche Phase der Trauer wie ihre Eltern. Für manche Geschwister ist die Trauer sogar noch größer als die der Eltern. Die Trauer kann für das betroffene Kind verwirrend und lang andauernd sein und mitunter in eine Depression ausarten. Erhöhte Aufmerksamkeit seitens der Eltern ist hier geboten. Sie müssen in dieser Phase ihre Kinder gut im Auge behalten. Insgesamt gesehen sollte auf professionelle Hilfe in der Phase der Wandlung des transidenten Kindes nicht verzichtet werden.

Wie an anderer Stelle bereits erwähnt, entwickeln sich Kinder, denen man gestattet, ihre Geschlechtsidentität anzunehmen und sich ihrer Geschlechtsidentifikation entsprechend zu verhalten, wesentlich offener und extrovertierter als erwartet. Dieser Umstand kann neue soziale Chancen eröffnen, die bei den geschlechtskonformen Geschwistern unter Umständen aber zu Gefühlen der Vernachlässigung oder Ablehnung führen können.

> „Meine Schwester war drei, als sie uns sagte, dass sie ein Junge sei. Ich war damals elf. Ich war so traurig. Ich war wütend auf sie – warum musste sie ein Junge sein? Warum konnte sie nicht einfach weiter meine Schwester sein? Ich hatte so lange auf eine Schwester gewartet und nicht einmal jetzt würde ich eine haben. Ich habe mich lange Zeit geweigert, ihn bei seinem neuen Namen zu rufen. Jetzt, natürlich, kann ich ihn mir nicht als Mädchen vorstellen. Das ist lange her. Ich denke nicht mehr so viel an die Schwester, die ich einst hatte. Aber wenn ich mir Bilder von ihm anschaue, als er noch ein Mädchen war, fühle ich mich traurig." (ältere Schwester eines Transjungen)

Wie Geschwister anderen mitteilen, dass ein Geschwisterteil geschlechtsvariant ist

> „Die Nachricht hatte sich herumgesprochen und viele Freunde meines Jüngsten haben ihn nach seinem Geschwister gefragt. Er sagt, dass es ihm auf die Nerven geht, weil er nicht gerne so häufig darüber sprechen möchte." (Elternteil einer 20-jährigen Transtochter)

Manche Geschwister neigen dazu, die Aufmerksamkeit auf sich zu ziehen, und sie tun dies auf eine Art und Weise, die dem geschlechtsvarianten Kind nicht zuträglich ist. Dies kann beispielsweise dadurch geschehen, dass Geschwister das geschlechtsvariante Kind in der Öffentlichkeit „outen" oder zu unpassenden Zeiten oder in einer verletzenden Weise persönliche Daten über das geschlechtsvariante Kind preisgeben. Obwohl es sich dabei um ein verständliches Bemühen der Geschwister um Aufmerksamkeit handelt, kann dieses Verhalten negative Folgen haben, die sich beispielsweise in Bestrafungsaktionen, Standpauken oder durch Entfremdung äußern können. Wenn diese Form des Umgangs zwischen den Geschwistern anhält, muss man den Ursachen auf den Grund gehen. Wahrscheinlich möchte sich auch das geschlechtskonforme Kind seinen Eltern mitteilen und hat das Gefühl, nicht angemessen Gehör zu finden. Eltern sollten daher allen ihren Kindern in gleicher Weise Aufmerksamkeit schenken, Zeit mit ihnen verbringen und sie täglich spüren lassen, dass sie geliebt sind. Dies vermittelt den geschlechtskonformen Kindern das Gefühl, dass auch sie so akzeptiert werden, wie sie sind.

Gleichzeitig muss geklärt werden, dass Familienmitglieder Familienangelegenheiten und persönliche Informationen, die Familienmitglieder betreffen, nicht öffentlich machen, sondern dass sie vertraulich zu behandeln sind.

In manchen Familien bevorzugen transidente Kinder bestimmte Aspekte ihrer Geschlechtsidentifikation oder ihrer Ich-Identität für sich zu behalten. Je nachdem, wie alt die Geschwister eines transidenten Kindes sind, kann dessen Bedürfnis nach Privatsphäre bei dem einen oder anderen der Geschwister noch auf Unverständnis stoßen. Da Kinder sich gerne anderen mitteilen, also auch ihren Freunden über sich erzählen, sollten Eltern ihnen helfen, den Unterschied zwischen Privatem und Öffentlichem zu verstehen. So lassen sich unangenehme Situationen für alle vermeiden.

Natürlich sind geschlechtskonforme Kinder interessiert, alles über ihr transidentes Geschwister zu erfahren. Deswegen ist es für Eltern wichtig, ihren Kindern jede Gelegenheit zu geben, darüber zu sprechen und Fragen zu stellen. So lernen Kinder auch, die angemessenen und korrekten Begriffe für die Transidentität ihres Geschwisters anzuwenden.

In Familien, in denen sich das transidente Kind noch nicht öffentlich „geoutet" hat, sollte gemeinsam überlegt werden, wie mit dieser Situation umzugehen ist, also wie sich die geschlechtskonforme Tochter etwa zu verhalten hat, wenn sie gefragt wird, was mit ihrer „transidenten" Schwester denn geschehen sei. Oder, warum sie so oder so gekleidet ist; wer denn der Bruder sei, den sie vorher nicht kannten, etc.; auch wie sich Geschwister auf das transidente Kind zu beziehen haben, ohne frühere Anreden oder Pronomen zu verwenden, die auf die neue Geschlechtsidentität nicht mehr passen. Dies ist ohne Zweifel eine schwierige Angelegenheit, die die Eltern meistern müssen; sie kann für die Kinder jedoch eine noch größere Herausforderung darstellen.

Familien, die ein geschlechtsunspezifisches oder mehrgeschlechtliches oder geschlechtsvariantes, aber nicht transidentes Kind haben, sollten auf jeden Fall in der Familie abklären, welche Aspekte des abweichenden Geschlechtsverhaltens dieses Kindes, wenn überhaupt, zu seiner Privatsphäre erklärt werden soll. In dieser Hinsicht ist das Bedürfnis nach Privatsphäre nicht anders zu regeln wie für alle anderen Geschwister auch.

Die kompetenten Eltern

Irgendwann im Laufe des Akzeptanzprozesses kommt der Zeitpunkt, an dem Eltern sich mit der Geschlechtsidentität ihres Kindes einerseits und seiner Geschlechtsidentifikation andererseits arrangiert haben. Die Krise ist überstanden. Eltern fühlen sich nun befähigt, die kommenden Herausforderungen zu meistern und ihr Kind adäquat zu erziehen. Für manche Eltern zählt dieses Ereignis zu den unvergesslichen Momenten in ihrem Leben. Aber für die meisten sinkt dieser Abschnitt in das Alltagsbewusstsein ab. Sie fühlen, dass ihr Leben wieder in normalen Bahnen zu laufen begonnen hat. Allen Eltern aber ist gemeinsam, dass sie jetzt ihren inneren Frieden gefunden haben.

Das Leben in der Schnittstelle zwischen Transidentität und Geschlechtskonformität

Sowohl für Eltern als auch für Kinder gibt es kein Entrinnen aus der vorgegebenen gesellschaftlichen Geschlechterkultur. Die bipolare Geschlechterdefinition ist allgegenwärtig. Aus diesem Grund sehen sich manche Eltern, die um die vollständige Akzeptanz ihrer „abweichenden" Kinder bemüht sind, veranlasst, auch ihre persönliche Umwelt umzustellen. Umso größer erscheint der Verlust des Persönlichen, wenn Eltern erhebliche Anstrengungen unternehmen müssen, um Freunde und Gemeinschaften zu finden, die ihre Kinder und ihre besondere Erziehung mit Offenheit, Freundlichkeit und Respekt aufnehmen. Die Eltern von Kindern mit abweichendem Geschlechtsverhalten sind mitunter gezwungen, nach der kleinen Gruppe von Menschen zu suchen, die ihre Kinder und ihre Erziehungsentscheidungen verstehen, und dies vor dem Hintergrund einer Mainstream-Kultur, die dieses Phänomen immer noch ignoriert.

Vollständige Akzeptanz

> „Als Mutter werde ich meinen Teil dazu beitragen, meiner Tochter und allen anderen Kindern, die so sind wie sie, den Weg in eine bessere Welt zu ebnen. Das bedeutet, mit anderen offen zu sprechen und unser Kind nicht zu verstecken. Es bedeutet, politisch aktiv zu werden und dafür Sorge zu tragen, dass in meinem Heimatland die Geschlechterdiskriminierung per Gesetz abgeschafft wird. Es bedeutet, Foren zu finden, in denen man öffentlich sprechen und Aufklärung betreiben kann. Meine Tochter weiß, dass sie sich auf mich verlassen kann, wenn es darum geht, die Wahrheit zu verkünden, andere aufzuklären und daran mitzuarbeiten, diese Welt zu verbessern, Schritt für Schritt. Das erkenne ich jetzt klar." (Mutter einer 19-jährigen Transfrau)

Die vollständige Akzeptanz eines transidenten oder geschlechtsvarianten Kindes zeigt sich in einer Vielfalt von Qualitäten, die zusammen genommen, in der Familie für ein Gefühl der Ausgeglichenheit und ein wiederhergestelltes Gleichgewicht sorgen. Sie zeigt sich auch in der Zufriedenheit der Eltern, soziale Institutionen wie Internetforen, Selbsthilfegruppen, Netzwerke mit hilfsbereiten medizinischen und psychologischen Experten und Fachkräften eingerichtet zu haben, die sich der Aufgabe widmen, Eltern und ihre Kinder bei ihren Anliegen und ihrer Erziehung engagiert und mit Achtung zu unterstützen.

Vollständige Akzeptanz zeigt sich auch in der Unterscheidung zwischen Privatem und Geheimem; wann und wem vertrauliche Informationen über das Kind mit abweichendem Geschlechtsverhalten mitzuteilen sind und wann dies unangebracht ist. Auf diesen Aspekt kommen wir in den nachfolgenden Kapiteln nochmals zurück.

Die vollständige Akzeptanz findet auch durch das tiefere Verständnis der Komplexität der Geschlechterproblematik ihren Ausdruck. Dieses Verständnis stellt die Erfahrungen der Eltern und Familien geschlechtsvarianter oder transidenter Kinder in einen größeren Zusammenhang, nämlich in die Schnittstelle zwischen der Welt der Transidentität und der Welt der vorgeschriebenen Geschlechtskonformität unserer Gesellschaft.

Vollständige Akzeptanz umfasst darüber hinaus die Sensibilisierung der Eltern für die Ungerechtigkeiten sowohl der Homophobie als auch der Transphobie, d. h. der zwanghaft feindlichen Einstellung mit entsprechenden Verhaltensweisen von Personen und Institutionen gegenüber dem Phänomen der Transsexualität.

Mit ihrer neu erwobenen Kompetenz gelingt Eltern nicht nur eine neue Sichtweise der Bedeutsamkeit des Geschlechts bei der Identitätsbildung ihres Kindes, sondern auch eine neue Wahrnehmung der Welt insgesamt.

Als Folge beschließen viele Eltern, sich für die Interessenvertretung ihrer Kinder und damit auch aller geschlechtsvarianter oder transidenter Kinder, Jugendlicher und Erwachsener einzusetzen. Eltern nehmen die Interessenvertretung natürlich mit sehr unterschiedlichen Mitteln wahr. Einige schreiben, einige kommunizieren anders mit Freunden und Familie oder stellen die überwiegend in männlicher Geschlechtsform abgefassten Formblätter in Unternehmen und Behörden in Frage. Andere engagieren sich im Bildungswesen an entsprechenden Reformprogrammen, wieder andere widmen ihr ganzes Leben der transidenten Interessenvertretung. Mit ihrer neuen Wahrnehmung und ihrer neuen Rolle als Interessenvertreter erkennen Eltern auch, dass nichts falsch ist an ihrem Kind. Wenn sie sehen, dass die Ursachen für die Geschlechtsdiskriminierung im gesellschaftlichen System zu finden sind und nicht bei ihren Kindern, dann setzen sie sich auch dafür ein, das System zu verändern und die Diskriminierung abzuschaffen.

Schließlich, und das ist das Wichtigste, ist vollständige Akzeptanz dann erreicht, wenn Eltern mit Zuversicht in die Zukunft ihrer Kinder schauen können und Angst und Furcht nicht länger ihren Blick verdunkeln. Wenn sich Eltern ihr Kind als glücklichen und geliebten Erwachsenen vorstellen können, wissen sie, dass sie als Eltern nicht versagen werden.

3 Über Entwicklungsstadien des transidenten Kindes

Eltern oder Personen, die sich um ein geschlechtsvariantes oder transidentes Kind kümmern, werden ohne Zweifel und mit einiger Frustration immer wieder feststellen, dass es zu wenig Literatur mit guten Informationen über die Entwicklung der Geschlechtsidentität von Kindern und Jugendlichen gibt. Im folgenden Kapitel widmen wir uns daher sowohl den altersspezifischen Merkmalen, die sich speziell auf die Entwicklung der Geschlechtsidentität beziehen, als auch den typischen Altersabschnitten, in denen Kinder ihr Selbstbewusstsein entwickeln. Natürlich formt jedes Kind die Entwicklungsstufen individuell aus. Wir hoffen damit einen Beitrag zu leisten, der dort weiterführt, wo andere Publikationen aufhören.

Altersgruppen und Entwicklungsstufen

Das Alter zwischen zwei und drei Jahren

Die Geschlechtsidentität bei einem Kind taucht zum ersten Mal mit ungefähr zwei bis drei Jahren auf und wird durch biologische und soziale Faktoren beeinflusst. Säuglinge können aber schon früher das Geschlecht der Personen in ihrem Umfeld anhand des geschlechtsspezifischen Verhaltens und der Stimme erkennen. Kleinkinder lernen sehr schnell durch Erwachsene und Gleichaltrige, welches Spielzeug und welche Kleidungsstücke einem spezifischen „Geschlecht“ zugeordnet sind, und sie können sich von anderen Spielgefährten abwenden oder zuschlagen, wenn sie sich über die Geschlechteraufteilung hinwegsetzen. Nachdem ein Kind ein inneres Gespür für Geschlechtlichkeit entwickelt hat, sucht es bewusst nach gleichgeschlechtlichen Vorbildern und anderen Hinweisen, wie es sich zu verhalten hat. Das trifft in gleichem Maße auf Kinder zu, deren Geschlechtsidentität nicht mit ihren Geschlechtsorganen übereinstimmt. Sie trachten danach, sich mit anderen Menschen auszutauschen, die ihrem eigenen inneren Geschlechtsempfinden entsprechen.

Zwei- bis Dreijährige wollen ihre jeweiligen Welten ordnen. In diesem Alter können Kinder bereits Männer und Frauen, Jungen und Mädchen aufgrund deren jeweiliger Verhaltensweisen identifizieren. Häufig jedoch sind sie durch geschlechtsvariantes Verhalten der Erwachsenen verwirrt und werden deshalb dazu neigen, sie ausschließlich aufgrund von äußeren Merkmalen, wie beispielsweise wegen langem Haar, als Männer oder Frauen zu etikettieren. In diesem Alter haben manche Kinder auch bereits damit begonnen, ihre Eltern und die sie betreuenden Personen darüber zu informieren, dass sie zwischen dem Geschlecht, das ihnen zugeschrieben wird und dem, was sie selber empfinden, einen großen Unterschied spüren. Es ist erstaunlich, dass ein transidentes Kind seine Ich-Identität bereits in diesem Alter schon so klar äußern kann.

Das Alter zwischen drei und vier Jahren

Im Alter zwischen drei und vier Jahren haben Kinder bereits ein eigenes Bewusstsein ihrer Geschlechtsidentität. Auch werden sie sich der anatomischen Unterschiede bewusst. Da sich ihre persönliche grundlegende Geschlechtsidentität bereits entwickelt hat, sind sie sehr neugierig, mehr über die Geschlechter zu erfahren und diese Erfahrungen zu sogenannten Geschlechtermustern zu verarbeiten; das heißt, sie organisieren diese Informationen zu Glaubenssätzen und Erwartungen über männliche und weibliche Geschlechtsrollen. In diesem Alter werden nämlich die Geschlechtsrollen durch Interaktionen mit der personalen Umwelt verfeinert, und es bilden sich Stereotype aus. Diese Stereotypen werden vom Kind selbstständig konstruiert und gründen auf Beeinflussungen, die es durch Medien, Familienwerte und soziale Interaktionen erfährt. Die Geschlechtertrennung beginnt ebenfalls in diesem Alter und wird bis zum zwölften Lebensjahr immer wieder verstärkt.

Viele geschlechtsvariante und transidente Kinder im jungen Alter zwischen drei und vier Jahren ringen bereits um eine Sprache, mit der sie ihre geschlechtliche Verschiedenheit zum Ausdruck bringen können: „Ich fühle mich wie ein Junge"; „Ich möchte ein Mädchen sein, wenn ich groß werde"; „Ich bin ein Mädchen"; „Ich wünschte, ich wäre ein Mädchen"; „Ich wünschte, ich wäre ein Junge"; „Bei mir hat Gott einen Fehler gemacht"; „Ich bin halb Mädchen, halb Junge"; „Im Herzen bin ich ein Junge, aber mein Körper ist ein Mädchen". Dies ist ein Alter, in dem einige Eltern geschlechtsvarianter Kinder versuchen festzustellen, ob es sich bei ihren Kindern um eine Geschlechtsvarianz oder wirklich um eine transidente Identität handelt. Andere Eltern hingegen sind sich der Geschlechtsvarianz ihrer Kinder noch nicht bewusst.

Das Alter zwischen vier und sechs Jahren

Die Vier- bis Sechsjährigen verbinden das Geschlecht mit spezifischen Verhaltensweisen. Sie verwenden dabei ein sogenanntes Geschlechter-Drehbuch. Mädchen tragen Make-up: also sind alle, die Make-up tragen,

Mädchen (weiblich). Jungen stemmen Gewichte und spielen mit Lastwagen: also sind alle, die Gewichte stemmen und mit Lastwagen spielen Jungs (männlich). Auch wenn Kinder in dieser Altersphase Menschen des anderen Geschlechts bei diesen Aktivitäten beobachten, betrachten sie diese Aktivitäten dennoch als dem einen oder anderen Geschlecht zugehörig. Selbst wenn die Mutter eine Ärztin ist, wird ihre vierjährige Tochter behaupten, dass alle Ärzte Männer sind. Allerdings haben Untersuchungen bei vier- bis sechsjährigen Kindern gezeigt, dass sie ihre Konstruktionen über die Geschlechter anpassen können, wenn man ihnen ausreichend viele Beispiele durch Bücher und Geschichtenerzählen zur Verfügung stellt, oder wenn sie wiederholten und intensiven Umgang mit realen Personen haben. Auch die Schule hat einen großen Einfluss auf Kinder in diesem Alter. Folglich ist es unentbehrlich, dass Vor- und Grundschulen die Geschlechterunterschiede und die Toleranz gegenüber diesen Unterschieden in ihr Programm aufnehmen und umsetzen. In diesem Alter treten bei vielen Kindern erste Anzeichen für ihre Geschlechtsvarianz auf: Jungs verkleiden sich vielfach und basteln sich Gewänder aus allem, was sie auffinden können (Tischdecken, Handtücher, Mutters T-Shirt) und Mädchen beginnen eher feminine Kleidung abzulehnen, inklusive feminine Unterwäsche und Badeanzüge.

Es ist daher auch normal für Vier- bis Sechsjährige, wenn sie glauben, dass sie sich ins gegenteilige Geschlecht, in einen Igel oder eine Meerjungfrau verwandeln können. Während manche Kinder sich ihrer Geschlechtsstabilität mit fünf Jahren bereits bewusst werden, dauert das bei anderen bis sie ungefähr sieben Jahre alt sind. In diesem Alter sind viele der geschlechtsvarianten Kinder folglich schon einige Jahre mit ihrer transidenten Eigenschaft fest verwachsen. Dann wird es auch unübersehbar, dass es sich nicht um eine vorübergehende Phase handelt.

Das Alter zwischen fünf und sieben Jahren

Mit fünf bis sieben Jahren haben Kinder ein Bewusstsein von der Geschlechterkonsistenz und Geschlechterstabilität. Sie verstehen, dass das Geschlecht eines Menschen sich nicht einfach verändert: Ein Mann ist ein Mann, auch dann, wenn er sich wie eine Frau kleidet. Mit der Verfestigung dieser Erkenntnis schwindet das Festhalten an stereotypen Verhaltensweisen; umfassendere Möglichkeiten der Selbstdarstellung und der geschlechtlichen Ausdrucksformen tun sich auf. Beispielsweise können sich Mädchen in diesem Alter, auch Mädchen, die nicht geschlechtsvariant sind, hartnäckig gegen das Tragen von Kleidern wehren, oder sie wollen überhaupt keine rosafarbenen Sachen mehr anziehen und tendieren mehr zu farbiger, grüner oder marineblauer Bekleidung. Hat sich die Geschlechtsidentität jedoch erst einmal herausgebildet, ist sie zwar fürs ganze Leben festgelegt, aber je nachdem, in welcher Umwelt Kinder leben, entscheiden sich manche, ihre wahre Geschlechtsidentität erst zu einem späteren Zeitpunkt zum Ausdruck zu bringen.

Junge Kinder glauben, sie können alles sein und alles schaffen. Die Geschlechter-Stereotypen und -rollen aber schränken ihre Träume und Erfahrungen ein. Wenn ein Kind gerne etwas macht, das aber nicht der Norm entspricht, kann es sich dafür schämen oder unbehaglich fühlen, weil andere ihm zu verstehen geben, dass das falsch ist. Wenn das geschlechtsvariante oder transidente Verhalten bei einem Kind besonders ausgeprägt ist, es jedoch in seiner individuellen Ausdrucksweise in der Schule oder an anderen Orten eingeschränkt wird, ist es typisch für solche Kinder, dass sie in der Schule Verhaltensprobleme entwickeln und sogar damit beginnen, Selbstmordgedanken zu äußern.

Pubertäre Veränderungen

Das Alter zwischen neun und zwölf Jahren

Zwischen neun und zwölf Jahren stabilisiert sich die Geschlechtsidentität weiter. In diesen „Zwischenjahren" ist es nicht ungewöhnlich, dass ein Teil der Kinder, die während ihrer Kindheit hindurch geschlechtsvariantes Verhalten gezeigt haben, jetzt diese Form der Selbstdarstellung ablehnt. Viele Eltern berichten, dass die Geschlechtsvarianz bei ihren Kindern in diesen Altersjahrgängen kein Thema mehr ist. Geschlechtsvariante Jungen schneiden sich auf einmal die Haare und tragen typisch männliche Kleidung. Sie geben ihre Puppen weg und verschenken ihre Nähsachen. Sie widmen sich mehr männlichen Interessen. Ähnlich werden Mädchen mit bisher ausgeprägtem geschlechtsvariantem Verhalten einen Teil ihrer mehr maskulinen Kleider ausmustern und ihre Haare lang wachsen lassen. Und sie beginnen mehr stereotype weibliche Verhaltensweisen an den Tag zu legen, von denen sie ein Jahr zuvor noch nichts wissen wollten.

Während aber die pubertären Veränderungen allmählich einsetzen, kann bei einigen Kindern die unterschwellig vorhandene sogenannte Geschlechtsidentitätsstörung (gender dysphoria) noch stärker zum Vorschein kommen. Und das ist oftmals der Zeitpunkt, an dem sich Familien vollends darüber bewusst werden müssen, dass ihr Kind tatsächlich transident ist.

Es ist natürlich, dass Kinder sich den körperlichen Veränderungen in der Pubertät erwehren, bedeutet es doch für manche das Ende ihrer Kindheit. Für andere wiederum ist es einfach nur seltsam, die Veränderungen ihres eigenen Körpers zu spüren. Wiederum andere empfinden Unbehagen gegenüber der aufkeimenden Sexualität, auf die sie sich noch nicht genügend vorbereitet fühlen. Für ein transidentes Kind können diese Veränderungen jedoch Vorboten für Depressionen, Selbstverleugnung und selbstzerstörerische Verhaltensweisen sein. Solche Reaktionen können darauf hinweisen, dass das betreffende Kind gerade eine Krise durchmacht, die mit seiner Geschlechtsidentität zusammenhängt, und dass es fühlt, tatsächlich transident zu sein.

Manche Kinder in diesem Alter werden sich von alleine bewusst, dass sie transident sind, während andere therapeutische Hilfe benötigen, um den Grund oder die Gründe für ihre innere Unruhe zu verstehen.

„Unsere Tochter hat es gehasst, Brüste zu bekommen. Sie begann sie eng zu schnüren und mehrere Unterhemden übereinander unter schlotterigen Oberteilen zu tragen. Sie schnitt ihr Haar sehr kurz. Und sie zog schlabberige Hosen an. Jeder glaubte, sie sei ein Junge. Wir glaubten schlicht, sie sei ein jungenhaftes Mädchen. Als sie dann ihre Periode bekam, passierten zwei Dinge, die uns zeigten, dass da etwas sehr im Argen lag. Erstens: Sie verfiel in Depressionen. Sie blieb die ganze Zeit in ihrem Zimmer und sprach nicht mit uns. Es war sehr beängstigend. Zweitens: Uns beunruhigte, dass sie so tat, als hätte sie ihre Tage nicht, obwohl sie ihre Regel hatte. Sie gebrauchte keine weiblichen Hygieneartikel. Das war dann so schräg, das wir mit ihr zum Arzt gingen. Zunächst wussten wir nicht, was da vor sich ging. Im Laufe der nächsten sechs Monate jedoch, wurde uns allen klar, dass sie transident war. Es war eine schmerzhafte Art meine Tochter zu verlieren. Aber der Sohn, den wir haben, ist nicht depressiv." (Elternteil eines 15-jährigen Transjungen)

Das Alter zwischen zwölf und achtzehn Jahren

Während der Pubertät und dem frühen Erwachsenenalter, hat sich die Geschlechtsidentität vollends entwickelt. Tatsächlich zählt die Adoleszenz (nach der Kleinkind- und der vorpubertären Phase) zum dritthäufigsten Zeitpunkt, zu dem sich Kinder ihrer Transidentität bewusst werden. Denn in dieser Zeit lassen die hormonellen und die damit einhergehenden Veränderungen den Heranwachsenden spüren, dass er gerade eine „verkehrte" Pubertät durchläuft. Bei Jugendlichen kann sich das zunächst darin äußern, dass sie sich nachhaltig aus der Gemeinschaft zurückziehen, in Depressionen verfallen und später die Entwicklung der transidenten Identität herbeiführen. Die Not sich in diesem Alter mitzuteilen, ist weniger mit Effekthascherei oder Dramatik verbunden, sie ist vielmehr Ausdruck der Furcht vor dem sich schnell verändernden eigenen Körper, der sich von seiner eigentlichen Bestimmung jeden Tag ein bisschen weiter zu entfernen droht.

„Zunehmend fühlte ich, dass irgendetwas mit mir nicht stimmte. Ich habe nicht verstanden, was es war. Es schien immer schlimmer zu werden, wenn ich mich für den Sportunterricht umzog. Irgendwie fühlte ich mich unter all den Mädchen unglaublich schlecht über mich selbst. So wurde mir der Sportunterricht allmählich leid, obwohl ich eigentlich eine gute Athletin bin. Dann begann ich den Sportunterricht zu schwänzen. Schließlich sagte mir mein Trainer, ich würde nicht mehr beim Basketball mitspielen können, wenn ich weiterhin nicht zum Training käme. Daraufhin ging ich nicht mehr zur Schule. Meine Eltern wussten davon nichts. Als sie es aber herausbekamen, waren sie sehr verärgert. Ich war ja mein ganzes Leben eine ausgezeichnete Athletin gewesen.

Sie schickten mich zur Therapie. In den folgenden Monaten begannen mein Therapeut und ich zu glauben, ich sei lesbisch. Irgendwie passte das aber auch nicht, obwohl es einige Zeit lang half. Aber dann kamen die Depressionen zurück. Endlich begannen wir uns mit meinem Geschlecht eingehender zu befassen. Ich war völlig verrückt. Ich dachte tatsächlich, ich sei schwul. Ich hatte mich immer schwul gefühlt. Auf gar keinen Fall aber würde ich jemals so sein, wie diese sonderbaren transidenten Menschen.

Mein Therapeut half mir dann zu verstehen, dass ich nicht sonderbar war. Er erklärte mir, dass es die anderen Menschen sind, die das nicht verstehen. Er erklärte mir, dass einige Menschen einfach transident sind und dass das normal sei. Er sagte mir auch, dass es schon immer transidente Menschen gegeben habe. Er sagte mir auch, dass sie nicht pervers seien. Ich hatte richtig Angst mit meinen Eltern darüber zu sprechen. Endlich dann haben mein Therapeut und ich es gemeinsam gemacht.

Ich bin so viel glücklicher, heute als Junge zu leben. Ich weiß, dass die Probleme einfach daher rühren, dass die wenigsten verstehen, worum es geht. Ich wünschte, jeder könnte über alle Ausformungen der Geschlechtsidentität aufgeklärt werden, statt nur gesagt zu bekommen: du bist ein Mädchen oder du bist ein Junge. Ich hätte beinahe mein gesamtes Leben weggeschmissen – einfach nur deshalb, weil mir nie jemand gesagt hat, dass transident sein, eine normale Ausdrucksform der Geschlechtsidentität ist.

Wenn ich eine einzige Sache in der Welt ändern könnte, dann wäre das, der Welt verständlich zu machen, dass es mehr als zwei Geschlechtskategorien gibt. Dann würden andere Kinder nicht so leiden müssen wie ich." (17-jähriger Transjunge)

Angst vor der Gemeinschaft

Viel zu viele transidente Jugendliche fürchten sich, überhaupt mit Freunden auszugehen, geschweige denn, sich mit anderen zu verabreden. Das muss nicht so sein. Dieses Verhalten beruht im Allgemeinen auf einem verinnerlichten Schamgefühl über die eigene Identität und auf einem Mangel an voller Unterstützung durch die Eltern. Wenn ein Teenager sich also eingeigelt hat, dann ist es höchste Zeit, dass Sie einen kompetenten Therapeuten aufsuchen. Genauso wichtig ist es, dass dem heranwachsenden Teenager der Umgang mit anderen transidenten Jugendlichen ermöglicht wird, damit er oder sie sieht, dass er oder sie nicht alleine dasteht. Das Internet ist der primäre Kommunikationsweg, auf dem sich Jugendliche untereinander austauschen – wertvolle persönliche Beziehungen jedoch kann es nicht ersetzen.

Verliebtsein und Partnersuche

> „Ich habe kein Problem damit, einen Partner zu suchen. Ich habe schon viele Freundinnen gehabt. Aber ich suche sie NIEMALS in meiner Schule." (15-jähriger Transjunge)

> „Verabreden? Klar verabrede ich mich. Aber ich bin sehr vorsichtig. Zuerst lerne ich jemanden richtig kennen. Dann sage ich es gleich als Erstes. Jetzt wissen es alle an meiner Schule; aber ich sage es ihnen trotzdem, einfach um zu sehen, wie sie auf mich reagieren. Manche der Typen, mit denen ich mich verabrede, sind schwul. Sie fühlen sich nämlich wohler, wenn sie mit mir zusammen sind, weil ich ein Mädchen bin, das männliche Körperteile hat. Ich bin nicht schwul. Aber ich bekomme am Ende immer irgendwelche schwulen Typen ab." (17-jähriges Transmädchen)

> „Ich kann mir nicht vorstellen, mich jemals zu verabreden. An meiner Schule weiß niemand Bescheid. Was wäre, wenn das Mädchen, mit dem ich mich verabreden wollte, nicht verstehen und einfach gehen würde, um es allen zu sagen? Das ist es nicht wert. Ich werde noch warten." (16-jähriger Transjunge)

Viele Eltern werden bei der Aussicht sehr nervös, dass ihre geschlechtsvarianten oder transidenten Teenager sich verlieben oder auf Partnersuche gehen. Einige Eltern gehen sogar so weit, dass sie es ihren Kindern verbieten. Obwohl diese Reaktion verständlich erscheinen mag, gründet sie in Angst. Den natürlichen und altersgemäßen Bedürfnissen und Entwicklungen seines Kindes, nämlich sich nach Romantik zu sehnen, sich zu verabreden, sexuelle Gefühle zu empfinden und auf Partnersuche zu gehen, mit Angst zu begegnen, ist keine gesunde Reaktion. Wir ermutigen alle Eltern daher mit Nachdruck, ihren Kindern zu erlauben, sich mit anderen Jugendlichen zu verabreden, aber auch, dass sie ihre Teenager über einen verantwortungsbewussten Umgang miteinander und über Safer Sex aufklären.

Die meisten geschlechtsvarianten Kinder sind nervös, wenn es ums Verabreden geht. Wenn sie nicht offen mit ihrer transidenten Identität umgehen können, sehen sie nur schwer eine Möglichkeit, sich mit anderen zu verabreden. Sie haben vor zwei Momenten Angst: zurückgewiesen und geoutet zu werden. Und das sind sehr ernst zu nehmende Ängste. Sich zu verabreden und sexuelle Erfahrungen machen zu wollen, ist ein normales Verlangen transidenter Teenager. Wie mit allem in der Erziehung ist es auch hier sehr hilfreich, wenn Eltern proaktiv vorgehen und sich Gedanken machen, wie Sie ihr Kind am besten in dieser Lebensphase unterstützen können.

Eltern und Kinder werden erstaunt sein über die positiven Reaktionen von Teenagern, sich mit transidenten Jugendlichen zu verabreden. Die häufigste Reaktion kann am Beispiel einer achtjährigen Schülerin so zusammengefasst werden: „Wenn du heiß bist, dann bist du heiß! Und wen kümmert's dann, was du in der Hose hast!"

Wenn fremde Teenager sich ganz offenkundig mit einem transidenten Teenager verabreden wollen, raten wir dringendst davon ab; denn dieser Teenager kann in eine Situation geraten, in der der Partner oder die Partnerin seine Transidentität überraschenderweise entdecken könnte. Beispielsweise kann dies leicht während sexueller Intimitäten der Fall sein. Die Gefahr liegt darin, dass der jeweilige Partner oder die jeweilige Partnerin für solche Entdeckungen völlig unvorbereitet ist und möglicherweise in einer heftigen oder physisch bedrohenden Art und Weise reagiert. Der Teenager sollte sich also auf gar keinen Fall auf irgendwelche sexuellen Aktivitäten mit jemandem einlassen, der oder die nicht darüber Bescheid weiß, dass er transident ist. Er sollte dies schon allein aus Gründen des Selbstschutzes tun.

Dies sollten Eltern auf jeden Fall eingehend mit ihrem Jugendlichen besprechen. Sexuell unerfahrene transidente Teenager sind sich der Vielfalt der intimen Handlungen, bei denen sich ihre Eigenschaft offenbaren kann, nicht bewusst. Sie glauben daher, sie seien vor Unvorhersehbarem gefeit, wenn sie nur Küsse austauschen – dabei vergessen diese sexuell unerfahrenen Heranwachsenden, dass das Küssen auch mit Streicheln einhergeht. Sie meinen, die Dunkelheit wird ihre Anatomie schon verhüllen. Für eine erwachsene Person sind dies offensichtliche Trugschlüsse, aber sie sind es nicht für unerfahrene Teenager. Darüber hinaus realisieren viele Transjungen – also anatomisch weibliche Teenager, die ihr Geschlecht als männlich identifizieren – nicht, dass sie beim Geschlechtsverkehr schwanger werden können, weil sie sich nicht als weiblich empfinden.

Da die Wahrscheinlichkeit der Selbstironie, der körperlichen Scham und der Neigung, den eigenen Körper zu hassen, bei transidenten Jugendlichen höher ist, sind sensible Gespräche zwischen Eltern und ihrem Teenager über Liebe und Sex unabdingbar. Bei transidenten Teenagern, die von ihren Eltern oder von Betreuungspersonen Ablehnung erfahren haben, liegt eine deutlich höhere Wahrscheinlichkeit vor, in risikobehaftete sexuelle Handlungen verwickelt zu werden, als bei solchen Teenagern, die aus Familien stammen, in denen sie nie oder nur sehr selten abgelehnt worden sind. Transidente Teenager müssen daher unbedingt über Safer Sex und über vorsorgende Maßnahmen aufgeklärt werden. Dies kann für einen Teenager, der oder die die eigene anatomische Beschaffenheit ablehnt, weil sie nicht die passende ist, eine emotional sehr aufgeladene Diskussion werden. Eltern müssen sich hierfür also Zeit nehmen. Auch muss das Kind über die gebotene Notwendigkeit aufgeklärt werden, sich selbst und andere zu schützen. Eltern können dies am effektivsten dadurch erreichen, dass sie möglichst geschlechtsneutrale Begriffe und Worte für die Beschreibung der anatomischen Beschaffenheit ihres Kindes verwenden. Beispielsweise könnten Sie sagen: „Wenn du vorhaben solltest, auf irgendeine Art und Weise mit deinem Partner oder deiner Partnerin sexuell zu verkehren, dann benutze ein Kondom, um euch zu schützen." „Krankheiten können durch analen und genitalen Kontakt übertragen werden, deswegen bitte immer daran denken, dass du einen Mundschutz oder ein Kondom benutzt, für den Fall, dass dein Körper durch andere penetriert werden soll oder du deine Partnerin oder deinen Partner oral zu befriedigen beabsichtigst."

Sollten Eltern es nicht schaffen, solche Gespräche zu führen, dann ist das durchaus verständlich. Auch wollen viele Teenager diese Gespräche nicht gerade mit ihren Eltern führen. Wenn dies der Fall ist, dann müssen die Eltern andere Personen finden, die sich für diese Informationsgespräche zur Verfügung stellen. Das ist eine wichtige konkrete Maßnahme, Gesundheit und Sicherheit des Kindes zu sichern. Eltern können sich auch die Zeit nehmen und das nächstgelegene Begegnungszentrum von Schwulen, Lesben, Bisexuellen und Transidenten kontaktieren, oder die nächste Transidenten-Organisation, oder eine Stelle für Aufklärung und sexuelle Beratung suchen, um Empfehlungen von Personen zu bekommen, an die man sich wenden kann. Man muss solange suchen, bis man eine geeignete Person für diese Aufgabe gefunden hat. Manche Einrichtungen, Beratungsstellen, Vereine oder Selbsthilfegruppen haben oft sehr kompetente Personen, aber die Eltern sollten sich dennoch vergewissern, ob die ausgewählte Person auch über fundierte Informationen und Erfahrungen im Bereich der sexuellen Gesundheit von Transidenten verfügen. Manche Organisationen bieten auch Mentoren für Teenager an, die es verstehen, über Sex und Sexualität mit Jugendlichen zu sprechen, wenn Eltern dies nicht können.

Die sexuelle Orientierung des transidenten Teenagers

Transidente Teenager und Eltern transidenter Jugendlicher können gleichermaßen über die Unterschiede und Überschneidungen zwischen der sexuellen Orientierung und der Geschlechtsidentität im Unklaren sein.

Eine transidente Person kann jede Form der sexuellen Orientierung haben. Wenn der Teenager sich als männlich identifiziert und sich von Frauen angezogen fühlt, dann ist er heterosexuell. Das trifft auch dann zu, wenn die anatomische Beschaffenheit dieses Kindes weiblich ist. Wenn aber der Sohn sich bevorzugt mit Jungen zum „Date“ verabredet, so ist er auch dann schwul, wenn sein Körper der einer Frau gleicht. Wenn man sich also nur auf die körperlichen Eigenschaften konzentriert, dann kann das für alle verwirrend sein. Man muss eben immer daran denken, dass es hier nicht um anatomische Gesichtspunkte geht, sondern um die Geschlechtsidentität des Kindes. Ein wachsender Teil der geschlechtsvarianten und transidenten Jugendlichen identifizieren sich als „genderqueer“. Dieser Begriff kann soviel wie „geschlechtsvariant“ bedeuten: Eine Person fühlt sich sowohl als Mann und als Frau oder als weder das eine noch als das andere Geschlecht oder als jenseits von der binären Geschlechtlichkeit. Sie treffen sich mit anderen Gruppen Jugendlicher, die vom Geschlecht und der sexuellen Orientierung ebenfalls diese breite Auffassung von Geschlechtsein teilen. Daraus folgt: Auch wenn das Kind sich nicht als schwul, lesbisch oder genderqueer begreift, der sicherste Ort, Partner zu suchen und ein Unterstützungsnetzwerk zu finden, ist bei den lokalen Homo- oder Hetero-Gruppen. Jugendliche, die mit diesen Gruppierungen in Kontakt stehen, sind in der Regel besser informiert und offener, die Geschlechtervielfalt zu akzeptieren.

Wenn also in der Gemeinde Gruppierungen für Schwule und Lesben existieren, aber noch keine für geschlechtsvariante, genderqueer oder transidente Jugendliche, dann können die Jugendlichen durchaus in diesen Gruppen Anschluss und Empathie finden.

Für einen Notfall gesrüstet sein

Teenager geraten in viele unerwartete Situationen. Einige werden lediglich von einfacher, andere hingegen von ernster Natur sein. Ein transidenter Teenager geht ein wesentlich höheres Risiko ein, dass er es mit der Polizei zu tun bekommt, als ein gewöhnlicher Teenager. Wir empfehlen daher, dass jeder transidente Teenager jederzeit eine notariell beglaubigte Bescheinigung eines Arztes oder eines Therapeuten mit sich trägt, aus der hervorgeht, dass es sich bei der Person um einen Transidenten handelt. Das Dokument sollte besonders auf die Notwendigkeit hinweisen, dass mit gebotenem Einfühlungsvermögen und entsprechender Geheimhaltung vorzugehen ist. Dieses Dokument kann der Polizei helfen, von der transidenten Eigenschaft als Ursache für Verfehlungen oder Straftaten abzusehen oder davon, dass diese Tatsache auf ungebührliche Weise breitgetreten wird. Wir wissen, dass Teenager mit hoher Wahrscheinlichkeit nicht auf so etwas vorbereitet sind, wenn man sie nicht vorwarnt. Es kann daher auch sinnvoll sein, das Dokument wie einen Ausweis laminieren zu lassen, sodass er in eine Jackentasche passt. Es ist auch darauf zu achten, dass der Ausweis diskret aufgemacht ist und gegebenenfalls durch Falten, verdeckt werden kann. Eltern können ihren Teenager dann auch eine passende Geldbörse kaufen, in der ihr Kind den Ausweis aufbewahren kann, bis er gebraucht wird. Ein Beispiel ist im Anhang 2 am Ende dieses Buches zu finden.

In einer Reihe von Situationen quer durch die USA haben Polizeibeamte das Leben von transidenten Jugendlichen aufs Spiel gesetzt, weil sie deren Identität bloßgestellt haben. Obwohl wir sehr hoffen, dass kein Teenager in die Situation kommt, diesen Ausweis je vorzeigen zu müssen, ist es für alle Beteiligten doch beruhigend, dass er vorhanden ist. Um die Sicherheit des Kindes weiter zu erhöhen, sollte man ihm ein Handy kaufen, damit es die Eltern jederzeit erreichen kann. Eltern sollten auch ein vertrauliches Gespräch mit Ihrem Kind führen, in dem sie ihrem Kind versichern, dass es sich in Notfällen oder in Situationen, die es möglicherweise nicht glaubt bewältigen zu können, auf sie verlassen kann und dass sie in jedem Fall, egal zu welcher Uhrzeit, kommen werden, um es ohne wenn und aber abzuholen.

Kurz bevor dieses Buch in den USA veröffentlicht wurde, haben sich verschiedene Tragödien mit nicht geschlechtskonformen Jugendlichen als Opfer ereignet. Wir sind uns daher dessen sehr bewusst, dass die Welt immer noch kein sicherer Ort für transidente, nicht geschlechtskonforme, lesbische und schwule junge Menschen ist. Obgleich niemand eine gewaltsame Reaktion von anderen wirklich vorhersehen kann, fordern wir Eltern dazu auf, mit ihren Kindern über deren persönliche Sicherheit ein offenes und ehrliches Gespräch zu führen. Wir hoffen inständig, dass durch Aufklärung und Bildung aller gesellschaftlichen Gruppen, gewaltsame Akte bald der Vergangenheit angehören werden.

4 Mein Kind abholen, wo es steht: Erziehung als Hilfe zur Identitätsentwicklung

Dieses Kapitel bezieht sich auf Untersuchungen des Family Acceptance Projects (FAP) (http://familyproject.sfsu.edu/home), die von Frau Dr. Caitlin Ryan und ihrem Forschungsteam am César E. Chávez Institute an der San Francisco State University (SFSU) durchgeführt worden sind. Für die wertvolle Arbeit, die dieses Forschungsteam für das von uns in diesem Kapitel behandelte Thema geleistet hat, möchten wir an dieser Stelle aufmerksam machen und natürlich auch unseren besonderen Dank aussprechen. Die Forschung der FAP hat wesentlich dazu beigetragen, spezifische Verhaltensweisen von Eltern und Betreuungspersonen zu identifizieren, die sich positiv auf lesbische, schwule, bisexuelle und transidente sowie auf geschlechtsvariante Kinder auswirken und die Kinder und Jugendliche vor Risiken und Gefahren schützen oder die einen negativen Einfluss auf die körperliche, geistige und seelische Entwicklung haben könnten.

Abschnitte, die sich auf Forschungsergebnisse des FAP beziehen, sind mit einem Asterisk (*) gekennzeichnet. Die Forschungsergebnisse dieses Projekts wurden in Pediatrics, Journal of the American Academy of Pediatrics unter dem Titel „Groundbreaking Research on Family Rejection of Lesbian, Gay and Bisexual Adolescents Establishes Predictive Link to Negative Health Outcomes“ im Januar 2009 veröffentlicht (http://www.pediatrics.org/cgi/content/full/123/1/346).

Caitlin Ryan und das Family Acceptance Project

Caitlin Ryan ist klinische Sozialarbeiterin und Direktorin des Family Acceptance Project, das ein bedeutendes gemeinschaftliches Forschungsprojekt, eine Interventions- und Trainingsinitiative darstellt. Dieses Projekt untersucht den Einfluss der familiären Akzeptanz bzw. der Ablehnung auf die körperliche, geistige und seelische Gesundheit von lesbischen, schwulen, bisexuellen und transidenten Jugendlichen.

Sie hat kürzlich ein paar Minuten gefunden, um mit uns über ihre Forschung über nicht geschlechtskonforme und transidente junge Menschen und ihre Familien zu sprechen. Im Folgenden unsere Fragen und ihre Antworten:

Inwieweit hat sich die Forschung der Geschlechtsidentität geändert?

Ich glaube, dass die wichtigste Grundlagenarbeit durch Wissenschaftlerinnen wie Anne Fausto-Sterling erbracht worden ist, die damit begonnen haben, unsere Sprache und unser Verständnis der Geschlechtsidentität und Geschlechtsidentifikation zu öffnen. Geschlechtsvariante Erwachsene, Jugendliche und Kinder haben seit je her ihre Gemeinden, Schulen, Familien, Gesundheitswesen und Arbeitgeber herausgefordert, ihre ureigene Geschlechtsidentifikation zu respektieren, was Menschen dazu gebracht hat, ihre Vorstellungen von männlich und weiblich nochmals zu überdenken und neu zu fassen.

Qualitative Forschung zu betreiben ist essentiell für die Gestaltung von Richtlinien, um die ganze Bandbreite der Geschlechtsidentifikation einer allgemeinen Akzeptanz zugänglich zu machen.

Was haben Ihre Forschungen über transidente Kinder zutage gebracht?

Unsere Forschung für das Family Acceptance Project hat gezeigt, dass bestimmte Verhaltensweisen, mit denen Eltern ihren transidenten Kindern zu helfen beabsichtigen, tatsächlich sehr abträglich sind, wie beispielsweise der Versuch, die Geschlechtsidentifikation ihrer Kinder zu ändern, sie zu zwingen, sich entgegen ihrer Veranlagung zu verhalten, auszudrücken oder zu kleiden, um den kulturellen Erwartungen des typischen Geschlechtsverhaltens zu entsprechen. Anstatt ihren Kindern eine Hilfe zu sein, bringen diese Eltern ihren Kindern bei, sich selbst nicht zu respektieren – dass etwas mit ihnen nicht in Ordnung sei, dass das, was sie sind, schlecht und unnatürlich ist.

Wir sollten daher nicht überrascht sein, dass so viele Kinder, die von ihren Familien abgelehnt werden, sich in hoch-riskante Verhaltensweisen einlassen und zu Alkohol und Drogen greifen, um mit alledem fertig zu werden.

Wie können Eltern ihre transidenten und geschlechtsvarianten Kinder denn am besten unterstützen?

Das Wichtigste, was Eltern tun können, um ihre transidenten Kinder zu unterstützen, ist ihre Geschlechtsidentifikation zu fördern, nicht zu versuchen sie zu ändern, sie klein zu machen oder sie in ihrer Geschlechtsidentifikation einzuschränken. Eltern sollten ihre Kinder spüren lassen, dass sie sie lieben.

Es ist eine so wundervolle Sache, diese Kinder bei ihrer Selbstentfaltung und Selbstfindung zu beobachten. Viele Eltern in unserer Studie haben darüber berichtet, wie sehr sie selbst gewachsen sind, als Folge der Erziehung ihres Kindes.

In den meisten, ihre Kinder unterstützenden Familien haben die Eltern von ihren Kindern gelernt, menschlich über sich hinaus zu wachsen und ihre Fähigkeiten des Mitgefühls, der Akzeptanz und der Liebe zu erweitern.

Für mehr Information über Geschlechtsidentifikation, siehe http://familyproject.sfsu.edu/

Alle Eltern lieben ihre Kinder. Und alle Eltern wollen natürlich nur das Beste für sie. Manchmal aber braucht man etwas Zeit um herauszufinden, was für das eigene Kind das Beste ist. Das ist vollkommen in Ordnung. Beginnen muss man einfach da, wo man steht. Wir erwarten nicht, dass die Eltern perfekt sind. Aber die kleinen Schritte, die Eltern unternehmen, um ihr Kind zu akzeptieren, sind von entscheidender Bedeutung für die Zukunft des Kindes. Und man muss daran denken, dass das Kind jeden dieser Schritte bemerken und dafür sehr dankbar sein wird.

Eltern müssen den Mut aufbringen, sich durch ihre gemischten Gefühle hindurch zu arbeiten. Dabei wird es ihnen auch immer wieder aufs Neue ermöglicht, mit wiedererweckter Hingabe ihr wunderbares Kind voll und ganz zu unterstützen und zu lieben. Tatsächlich entdecken die meisten Eltern geschlechtsvarianter Kinder und Jugendlicher, dass sie mit ihren eigenen Ängsten und Erwartungen umgehen lernen müssen und weniger damit, dass bei ihren Kindern vermeintlich etwas nicht stimmt.

Während Eltern nur das Beste für ihre Kinder beabsichtigen, findet die Erziehung dieser Kinder aber nicht in einem Vakuum statt. Wir sind peinlich berührt von der gesellschaftlichen Intoleranz gegenüber abweichendem Geschlechterverhalten. Eltern geschlechtsvarianter Kinder und Jugendlicher wollen natürlich die Unwegsamkeiten, die diese im Verlauf ihrer Entwicklung erfahren, minimieren und sie im Prozess unterstützen, zu zuversichtlichen und kompetenten Erwachsenen zu werden. Wie aber sollen Eltern das schaffen bei dem gegenwärtigen Mangel an Informationen über das sogenannte abweichende Geschlechterverhalten bei Kindern und Jugendlichen und dem gänzlich fehlenden Verständnis für dieses Phänomen in der Öffentlichkeit?

Manchmal ist es schwer vorstellbar, dass Eltern tatsächlich einen erheblichen Einfluss auf die Entwicklung der inneren Welt ihrer Kinder haben können. Es ist eine beängstigende Verantwortung. Und doch sind die Reaktionen der Eltern auf das abweichende Geschlechterverhalten ihrer Kinder und Jugendlichen gravierender als jedes andere Ereignis im Leben der Heranwachsenden. Indem Eltern positive Erziehungsstrategien anwenden, können sie in erheblichem Maße dem negativen Verhalten Dritter entgegenwirken. Natürlich sind Eltern auch in der Lage, mit ungeeigneten, zerstörerischen Erziehungspraktiken dem Selbstwertgefühl und der seelischen Gesundheit ihres Kindes den größten Schaden zuzufügen, egal wie gut gemeint diese auch sind.

Demnach ist unsere Botschaft an die Eltern im Grunde ganz einfach: Unterstützen Sie Ihr Kind dabei so viel Sie können, sein Selbstwertgefühl und seine Selbstachtung zu entwickeln. Vielleicht wird es nicht gelingen, das Kind zu verändern, aber Eltern können in jedem Falle dazu beitragen, dass sich ihr Kind zufrieden mit sich selbst empfindet. Eltern können ihr Kind auch mit Fertigkeiten ausstatten und ihm helfen, Fähigkeiten zu entwickeln, mit zukünftigen Widrigkeiten und Belastungen besser umzugehen und sie besser verarbeiten zu können. Jede Person, die einen signifikanten Einfluss auf das Kind ausübt, ist Teil des Netzwerks, das Eltern mitgestalten müssen, damit das Kind die Akzeptanz findet, die es benötigt, um sich selbst zu verwirklichen, glücklich zu werden und sich geborgen zu fühlen.

Zerstörerische Erziehungspraktiken

Die Untersuchungen des FAP-Projektes zeigen, dass Verhaltensweisen von Eltern und Betreuungspersonen, die von Kindern als Ausdruck der Ablehnung erlebt werden, bei Kindern ein signifikantes Risiko für die körperliche, geistige und seelische Gesundheit darstellen. Auch ablehnende Äußerungen unterminieren das Selbstwertgefühl und die Selbstachtung des Kindes. Daher erstaunt es nicht wenig, dass eine große Zahl von Heim- und Pflegekindern oder von Kindern, die von zu Hause weglaufen oder obdachlos sind, Kinder mit abweichendem Geschlechterverhalten oder transidente Kinder sind.

Negative Erziehungspraktiken wirken sich auf die Entwicklung des Kindes verheerend aus. Die elterlichen Verhaltensweisen, die am deutlichsten Ablehnung ausdrücken, zeigen sich in der Weigerung, ihr Kind so zu akzeptieren, wie es ist, und sich ihm gegenüber unwirsch, strafend und unfreundlich zu verhalten. Kinder erwarten bedingungslose Liebe, Güte und Unterstützung, und sie haben ein Recht darauf.

Unterstützende Erziehung ist wirkungsvolle Erziehung. So einfach ist das. Aber welche negativen Verhaltensweisen haben Eltern bei sich entdeckt? Welche sind die nachhaltigsten Ausdrucksformen der Ablehnung? Die meisten Eltern, wenn nicht sogar alle Eltern, haben irgendwann einmal negative Erziehungspraktiken angewendet. Das ist so. Im Bezug auf unser Thema müssen Eltern ihrem Kind alle Unterstützung zukommen und Liebe zuteil werden lassen. Eltern sollten immer daran denken, immer da anzufangen, wo sie mit ihren Kindern stehen.

Der Mythos der Trotzreaktion

Wir möchten gerne mit einer Fehlwahrnehmung aufräumen, die bislang für Verwirrung gesorgt hat. Häufig nehmen Eltern das abweichende Geschlechtsverhalten ihres Kindes, mit dem es seine geschlechtsvariante oder transidente Eigenschaft behauptet, als emotionalen Ausbruch oder als rebellisches Verhalten wahr. Eltern haben das Gefühl, dass das ihnen gegenüber demonstrierte abweichende Geschlechtsverhalten ihres Kindes eine Trotzhaltung sei. Wenn Eltern in dem rebellischen Verhalten eine Herausforderung ihrer Autorität sehen, neigen sie häufig dazu, ihr Kind zu strafen. Mehr noch, diese Art der elterlichen Reaktion veranlasst dieses Kind, größere Risiken einzugehen.

Wenn Eltern z. B. sagen: „Geh und zieh sofort diese Klamotten aus. Du weißt ganz genau, dass du mit den Sachen nicht aus dem Haus gehen kannst! Für wen hältst du dich eigentlich, dass du dich so aufspielst?“, dann signalisieren die Eltern ihrem Kind, dass Sie das Verhalten als Trotzreaktion auffassen. Das war aber von dem Kind gar nicht beabsichtigt.

Wenn Eltern einmal begriffen haben, dass das Verhalten ihres Kindes nichts mit einer Herausforderung gegenüber ihrer elterlichen Autorität zu tun hat, dann ändern sie ihre Reaktionen. Geschlechtsvariante und transidente Kinder können nichts dafür, dass sie so sind, wie sie sind. Diese Kinder wollen ihre Eltern nicht mit ihrer Selbstdarstellung verletzen, ganz im Gegenteil. Kinder streben stets danach, von ihren Eltern geliebt zu werden. Mit einem besseren Verständnis können Eltern Empathie entwickeln und dieses Einfühlungsvermögen ermöglicht ihnen dann eine angemessene Reaktion auf das Verhalten des Kindes. Auch gibt es keinen Grund sein Kind zu strafen, wenn es nichts Schlimmes getan hat. Das veränderte Bewusstsein wird Familien dazu befähigen, so auf die Verhaltensweisen ihres Kindes zu reagieren, dass es ein gesundes und starkes Ich-Bewusstsein ausbilden kann.

Körperlicher und verbaler Missbrauch*

> „Ich war wirklich gemein zu meinem Kind. Wir haben ihm eine Tracht Prügel gegeben. Wir werden ihm nicht die Spielzeuge oder die Kleidung besorgen, um die er bettelt. Wir bestrafen ihn, wenn er sich wie ein Mädchen verhält. Wenn er die Kleider seiner Schwester anzieht, schicken wir ihn auf sein Zimmer. Niemand hat uns erklärt, wie wir so ein Kind zu erziehen haben. Ich bin gewiss nicht stolz darauf, was ich ihm angetan habe. Wir dachten aber es würde wirken, und er würde damit einfach aufhören. Jetzt haben wir begriffen, dass er damit nicht aufhören kann. Er ist einfach so. Wissen Sie, wie schlecht ich mich fühle, mein Kind für etwas gestraft zu haben, wofür es nichts kann?" (Elternteil eines 7-jährigen geschlechtsvarianten Jungen)

Auch wenn es der Neigung einiger Eltern entspricht, das abweichende Geschlechtsverhalten Ihres Kindes aus ihm herauszuprügeln oder es dafür bestrafen zu wollen – sie stehen hier nicht alleine – so ist dies doch einer der schwerwiegendsten Fehler, den Eltern ihrem Kind gegenüber machen können. Die Veränderung eines Kindes durch Anwendung physischer Gewalt herbeizuführen ist nicht nur vollkommen wirkungslos, sondern erhöht die Selbstmordgefährdung des Kindes um ein Vielfaches.

Verletzende Äußerungen, wie z. B. „Du ekelst mich an" oder „Mir wird übel, wenn du in meiner Nähe bist" oder „Wie konnte ich nur ein Kind wie dich zur Welt bringen?" sind wesentlich schädlicher als Eltern manchmal meinen. Auch wenn Eltern diese Dinge denken sollten, sie sollten sie für sich behalten; dies wird viel weniger Schaden anrichten, als sie auszusprechen. Eltern müssen lernen, ihre äußeren Reaktionen zu mäßigen, auch wenn Sie innerlich mit sich selbst kämpfen. Dieser Kampf sollte nicht auf dem Rücken des Kindes ausgetragen werden. Es ist unrealistisch, von Eltern zu erwarten, solche Gefühle nicht zu haben; denn um eine Akzeptanz zu entwickeln, brauchen auch Eltern entsprechend Zeit. Eltern sollten immer daran denken, dort zu beginnen, wo sie stehen, aber sie sollten in dieser Hinsicht einen Anfang machen.

Ausschluss des Kindes aus dem Familienleben*

Wenn Eltern sich mit Schamgefühlen herumplagen, die sie in Bezug auf das abweichende Geschlechtsverhalten ihres Kindes empfinden, reagieren sie häufig mit Ausschluss ihres Kindes aus dem Familienleben, um sich der Peinlichkeit in der Öffentlichkeit zu entziehen. Auch wenn es nicht offensichtlich erscheinen mag, wird dem Kind hierdurch mitgeteilt, dass es sich ändern muss, wenn es in seiner Familie ein willkommenes Mitglied sein möchte.

Hier sind einige Beispiele dafür, wie man die Kinder in dieser Hinsicht lenken kann. Manche sind bestimmt aus früheren Auseinandersetzungen bekannt.

> „Auf keinen Fall wirst du mit den Klamotten am Osteressen teilnehmen. Du hast zwei Möglichkeiten: Zieh dir sofort was Entsprechendes an oder bleib zu Hause. Und versuch so was bei mir nie wieder."
>
> „Großmutter hat nächste Woche Geburtstag. Wir wollen dich mitnehmen. Aber wenn du mit willst, dann bring dich mal in Ordnung, damit du normal aussiehst. Wir haben keine Tunte in unserer Familie."
>
> „Du erinnerst dich, wir wollen ein Foto für unsere Weihnachtskarte machen lassen. Bitte zieh die Kombination an, die ich dir gekauft habe und zieh endlich diese verrückten Klamotten, mit denen du dich verkleidest, aus, sonst schmeiß ich sie weg."

Eine andere Verhaltensweise, mit der Eltern ihre geschlechtsvarianten, transidenten, schwulen oder lesbischen Kinder auszugrenzen versuchen, zeigt sich darin, dass sie einige Schritte vor ihrem Kind laufen. Sie distanzieren sich auf diese Weise unbewusst von ihrem Kind.

Ein Kind ist ein Teil der Familie und nicht etwas, das versteckt werden müsste. Doch es bleibt eine Herausforderung für die Eltern, wie sie mit solchen Situationen umgehen können. Zunächst sind vielleicht Kompromisse die beste Lösung. Beispielsweise könnten Eltern sagen: „Ich weiß, wir sind in ein paar Wochen bei Großmutter zu einem festlichen Essen eingeladen. Vielleicht sollten wir zusammen einkaufen gehen und dir was kaufen, in dem du dich wohl fühlst." Wenn Mutter und Kind dann gemeinsam beim Einkaufen sind, können sie schauen, wie weit für die Mutter die Grenze des Erträglichen geht, um den Vorlieben ihres Kindes entgegenzukommen, und sie beide das Gefühl haben, eine gemeinsame Lösung zustande gebracht zu haben.

Die Unterbindung des Umgangs mit geschlechtsvarianten Freunden, Lesben und Schwulen*

Viele Eltern glauben, ihre Kinder würden sich wieder „normalisieren", wenn sie sie dem Einfluss von anderen geschlechtsvarianten Kindern und Jugendlichen entziehen. Das erinnert an die alte Leier: Zeig mir deine Freunde und ich sag dir, wer du bist. Das Problem, den Umgang mit anderen Kindern zu unterbinden, zu denen das eigene Kind eine Beziehung entwickeln oder unterhalten könnte, liegt darin, dass sich das Kind von seinen Eltern isoliert. Es wird sich dann möglicherweise einigeln, denn es findet keinen freien Raum mehr, um sich ungezwungen zu bewegen, geschweige denn, eine Zukunft für sich aufzubauen. Den Umgang mit gleichartigen Gruppen und Freunden zu unterbinden, kann aber auch die Risiken erhöhen, die auf das Kind zukommen.

In diesem Zusammenhang sind die nachfolgenden Aussagen betroffenen Eltern durchaus vertraut:

> „Wenn du dich mehr mit deinen Schulaufgaben befassen würdest statt mit deinen verrückten Freunden, würdest du mit einem Mal sehen, dass diese Sache mit der Transidentität vorübergeht. Du machst das alles nur, um Teil der Gruppe zu sein."
>
> „Ich verbiete dir, dich mit Leuten aus dieser Schwulengruppe an deiner Schule zu treffen, mit ihnen zu sprechen oder mit ihnen übers Internet Verbindung aufzunehmen. Wenn ich dich dabei erwische, schicke ich dich auf ein strenges Internat. Und die gehen mit Jungs wie dir nicht gerade behutsam um."
>
> „Wenn du dieses Haus einmal verlassen wirst, kannst du mit dieser Art von Leuten machen was du willst. Solange du deine Füße aber unter meinen Tisch streckst, werde ich das nicht dulden."

Wenn andere Personen so wie dieses Kind stigmatisiert würden oder wenn ihnen die Möglichkeiten verwehrt würden, sich mit ihresgleichen zu treffen, um ihre Veranlagung besser verstehen zu können, dann würde diesen wie auch dem Kind ein Mangel an Respekt für die eigene Person vermittelt werden. Bei dem Kind kommt das elterliche Verhalten dann als der Versuch an, es mit ihrer Realitätsauffassung zu vereinnahmen, die ihm jedoch keinen Raum zur persönlichen Entfaltung lässt. Transidente oder geschlechtsvariante Kinder und Jugendliche können sich dann fühlen, als würde man ihnen die Luft zum Atmen und ihre zukünftige Selbstverwirklichung rauben. Wenn Eltern nicht an eine positive Zukunft ihres Kindes glauben, und wenn sie ihrem Kind nicht erlauben, sich mit Rollen zu identifizieren, die Vorbildcharakter für es haben, dann kann es für dieses Kind sehr schwer werden, seinen Lebenswillen zu behalten.

Dem Kind die Schuld geben*

Eine der zerstörendsten Erziehungsmaßnahmen, die Eltern anwenden können, ist, ihrem Kind die Schuld daran zu geben, dass es Diskriminierungen ausgesetzt ist. Aussagen, wie die nachfolgenden, können daher rühren, dass die Eltern frustriert sind und paradoxerweise noch in der Absicht handeln, ihr Kind damit zu schützen. Das Kind aber, wird dies als Liebesentzug empfinden.

> „Komm nicht zu mir gerannt, wenn man dich verprügelt. Du provozierst das selbst. Nimm es wie ein Mann, wenn man sich davon überzeugen will, ob du ein Mann oder eine Frau bist."
>
> „Schätzchen, du weißt, dass du nicht so gehänselt werden würdest, wenn du dich nicht so bewegen würdest."
>
> „Was zum Teufel hast du erwartet, wenn du so gekleidet aus dem Haus gehst?"

Das Kind wird lediglich wahrnehmen, dass etwas mit ihm nicht stimmt und dass das wohl seine eigene Schuld ist. Es wird glauben, dass es selbst die Schuld trägt und dass es also verdient, hart behandelt zu werden. Manche Menschen werden diese Ungerechtigkeit besser verstehen, wenn sie daran erinnert werden, dass der gleiche Mechanismus der Selbstzuweisung der Schuld bei Frauen zu beobachten ist, die vergewaltigt worden sind. Das Kind „tobt sich nicht aus" und „provoziert" auch nicht, sondern drückt mit seinem Verhalten lediglich seine natürlichen Empfindungen aus. Würde man einem farbigen Kind sagen, es solle seine Hautfarbe weiß streichen, damit es nicht diskriminiert wird? Natürlich nicht. Man würde ihm stattdessen Fertigkeiten beibringen, mit denen es den Erniedrigungen anderer entsprechenden Widerstand entgegenzusetzen lernt, und alles tun, damit es ein positives Selbstbild entwickeln kann. Das gleiche trifft auf geschlechtsvariante bzw. transidente Kinder zu. Auch wenn es für viele Menschen bequemer ist, wenn sie die betroffenen Kinder als geschlechtstypisch betrachten können, so bedeutet das für geschlechtsvariante bzw. transidente Kinder und Jugendliche stets Theater zu spielen, um akzeptiert zu werden; es nötigt sie, sich dem gesellschaftlichen Zwang zu beugen und sich den Vorstellungen der breiten Masse zu unterwerfen, um am Alltagsleben teilnehmen zu können.

Verunglimpfung und Verhöhnung durch die eigenen Eltern*

> „Er ist so einsam. Seine Brüder fühlen sich durch ihn beschämt. Wir fühlen uns durch ihn beschämt. Warum ändert er sich nicht einfach? Warum kann er nicht einfach normal sein? Ich wollte ihn ja akzeptieren. Aber niemand hat mir gesagt, dass ich das tun sollte. Ich fühle mich so schlecht. Wir waren so gemein zu ihm. Wir haben es einfach nicht verstanden. Aber wie sollen wir ihn akzeptieren. Es ist so beschämend. Was wird meine Familie sagen? Er fragt mich jeden Tag, warum Gott ihn so geschaffen hat. Ich frage mich das auch. Ich habe nicht begriffen, dass ich alles noch schlimmer für ihn machte." (Elternteil eines 6-jährigen geschlechtsvarianten Jungen)

Wenn Eltern mit Ihrem Kind respektlos umgehen, egal ob mit Worten oder durch die Körpersprache, dann vermitteln sie ihrem Kind als Person Ablehnung und Mangel an Akzeptanz. Zu einem solchen Verhalten gehören auch das Rollen mit den Augen, die Nachahmung der Gangweise; sich über die Kleidung lustig zu machen oder darüber, wie das Kind spricht oder seinen Körper bewegt. Das Zimmer zu verlassen, wenn das Kind den Raum betritt, zählt auch dazu, ebenso das Wegrücken am Tisch beim Essen. Eltern richten häufig ihre Verunglimpfung und Verhöhnung auf ihre geschlechtsvarianten bzw. transidenten Kinder, weil sie um ihre Kinder fürchten und Angst davor haben, dass deren Abweichung und Andersartigkeit ein schlechtes Licht auf sie selbst wirft.

Weder Eltern noch sonstige Personen haben aber das Recht, sich die Freiheit zu nehmen, transidente bzw. geschlechtsvariante Kinder und Jugendliche mit speziellen Bedürfnissen zu verunglimpfen oder zu verhöhnen. Und transidente bzw. geschlechtsvariante Kinder und Jugendliche haben gerade heutzutage spezielle Bedürfnisse. Sie sind nicht behindert, auch nicht geisteskrank oder anderweitig erkrankt. Aber ihre Bedürfnisse sind von denen der durchschnittlichen Kinder und Jugendlichen verschieden. Daher verdienen sie genauso viel Liebe, Zuwendung und Respekt wie jedes andere Kind auch.

Die Verdammung durch religiöse Überzeugungen

„Ich habe ihm gesagt, dass Gott niemals aus ihm einen Jungen in einem Mädchenkörper gemacht hätte. Gott macht keine Fehler, nur Menschen machen Fehler. Also lag er offensichtlich falsch und musste Buße tun." (Elternteil eines 8-jährigen geschlechtsvarianten Jungen)

Es versteht sich, dass Eltern ihre religiösen Werte und Überzeugungen in die Erziehung einbringen, um die Persönlichkeitsentwicklung ihrer Kinder zu unterstützen. Den Kindern aber zu sagen, dass Gott sie für ihre sexuelle Orientierung und ihre Geschlechtsidentität strafen wird, erhöht das Risiko, dass diese Kinder gesundheitlich, geistig und seelisch leiden werden. Diesen Kindern zu sagen, sie müssten beten, um sich zu ändern, bedeutet, die Religion als Instrument der Verdammung zu benutzen. Weil Religion ein wichtiger Teil des familiären Lebens ist, nimmt die religiöse Verdammung den Kindern mit religiösem Hintergrund eine wichtige Quelle des Trostes und der Unterstützung.

Viele Eltern erleben, dass ihr transidentes Kind irgendwann einmal religiöse Zusammenhänge oder sogar die Religion insgesamt ablehnt und auch nicht mehr den Gottesdienst besucht. Eltern, die überzeugt sind, dass die Geschlechtsidentität ihres Kindes im Widerspruch zu Gott steht, glauben häufig, dass die Verweigerungshaltung ihres Kindes der Religion gegenüber, ein weiterer Beweis dafür ist, dass etwas mit ihrem Kind nicht stimmt. Es gibt aber auch viele transidente Jugendliche und junge Erwachsene, die ihren Glauben an Gott verloren haben, nachdem sie beharrlich zu Gott gebetet haben, er möge sie doch endlich einen Jungen oder ein Mädchen werden lassen, aber nie eine Antwort erhalten haben. Wenn man diesen jungen Menschen aber erlaubt, ihre Transidentität frei auszuleben, finden viele wieder zurück zur Religion, oder sie entdecken neue religiöse oder spirituelle Formen, die ihnen eher zusagen.

Bedrängnis, Verleugnung und Scham*

„Er hat oft zu Hause und draußen gesagt: ‚Ich bin ein Mädchen'. Wir sagten ihm dann immer, wir sind froh, dass du ein Junge bist. Das wiederholte sich ständig und wurde derart nervtötend, dass wir ihm irgendwann Geschenke anboten, wenn er damit mal eine Woche lang aufhören würde. Das veranlasste ihn damit aufzuhören. Nachdem wir die Sendung 20/20 (Nachrichtenmagazin auf dem Fernsehsender ABC) mit der Moderatorin Barbara Walters im Fernsehen geschaut hatten, fragte ich ihn, mit wem er sich innerlich verbunden fühlte, ob er sich wie ein Junge oder wie ein Mädchen fühlte und seine Antwort war, dass er sich wie ein Mädchen fühlte. Dann fragte ich ihn, ob er lieber ein Mädchen sein wollte und seine Antwort brachte mich zum weinen, als er sagte, ich weiß nicht, Mama, was möchtest du denn, das ich bin?" (Elternteil eines 6-jährigen geschlechtsvarianten Jungen)

Wenn Eltern ihrem Kind mitteilen, dass Sie sich seinetwegen schämen, dann geht das ans Herz. Manche Eltern sagen das ihrem Kind direkt ins Gesicht, andere Eltern zeigen es ihren Kindern nicht so offen, aber genauso deutlich durch ihre Bemerkungen und Gesten. Beispielsweise hat das FAP-Projekt herausgefunden, dass viele Familien mit transidenten Kindern nur solche Fotos ihrer Kinder aufstellen, die aus früherer Zeit stammen, als die Eltern noch mehr Einfluss auf die geschlechtliche Ausdrucksform ihres Kindes hatten. Als die Kinder dann endgültig aufhörten, sich geschlechtskonform zu verhalten, stellten die Eltern keine Bilder ihrer Kinder mehr auf, die sie inmitten der Familie und mit ihren Aktivitäten zeigten. Sie gehörten nicht mehr zur Familie. In starkem Kontrast dazu, haben dieselben Eltern die Fotos von ihren anderen herangewachsenen oder von verwandten Kindern in diesem Alter überall sichtbar aufgestellt.

Wenn ein Kind bemerkt, dass es seinen Eltern großen Kummer bereitet und dass sie sich seinetwegen schämen, dann entwickelt dieses Kind ein Unbehagen. Niemand möchte gerne anderen zur Last fallen. Aber es ist umgekehrt genauso problematisch, die geschlechtsvariante bzw. transidente Identität des Kindes diesem gegenüber zu verleugnen. Die Verleugnung kann verschiedene Formen annehmen, beispielsweise wenn Eltern ihrem Sohn, der beharrlich darauf besteht, dass er ein Mädchen ist, antworten: „Nein, du bist ein Junge. Jungs haben einen Penis. Du hast einen Penis. Du bist also ein Junge." Oder wenn sie einem Freund sagen würden: „Oh, Janet glaubt, sie sei ein Junge. Ist das nicht ulkig?" Oder wenn sie sich weigern, Zeit mit ihrem transidenten Kind zu verbringen und etwa sagen: „Ich kann nicht mit dir ins Kino gehen, wenn du so gekleidet bist. Geh du nur. Ich bleibe dann zu Hause".

Stillschweigen und Geheimnistuerei*

Wenn Eltern die Geschlechtsidentität oder die sexuelle Orientierung ihres Kindes in den Mantel des Schweigens hüllen, schädigen sie ihr Kind, weil sie ihm damit zu verstehen geben, dass es ein Kernstück seiner Identität abzutrennen hätte. Wenn das Kind keine Möglichkeit hat oder wenn ihm diese nicht gegeben wird, sich selbst mitzuteilen, wird es das Gefühl bekommen, dass etwas Grundsätzliches mit ihm nicht stimmt. Es ist auch eine schwere Bürde für das Kind, wenn es das Gefühl hat, es müsse sich vor den anderen Familienmitgliedern verstecken oder schlimmer noch, ganz für sich behalten, wer es eigentlich ist. Als Elternteil mag man auch davon überzeugt sein, dass die anderen Familienmitglieder vor etwas geschützt werden müssen, das sie selbst nicht bewältigen können. Aber das Kind ist keine Bürde, der man sich entledigen muss. Manche Eltern bitten auch heimlich um Stillschweigen, während sie nach außen hin vorgeben, ihr Kind voll und ganz zu akzeptieren; indem sie z. B. sagen: „Es ist ok, wenn du transident bist, aber sag es ja niemandem. Wenn du studieren gehst und bei uns ausziehst, kannst du so leben. Aber für den Moment behalten wir dies als unser kleines Geheimnis."

> „Ich glaube nicht, dass dein Vater das verkraften wird. Also wie wäre es, wenn wir es ihm einfach nicht sagen würden. Eigentlich glaube ich, solltest du niemandem davon erzählen. Wir leben doch in einer so konservativen Stadt, dass man sich nicht sicher sein kann, was passieren könnte, wenn die anderen das herausbekämen."

Solche Aussagen machen dem betroffenen Kind überdeutlich, dass seine Realität niemals akzeptiert werden wird. Und dann bleibt, um in der Familie überleben zu können, nur noch die Lebenslüge nämlich die Verleugnung der wahren Ich-Identität.

Mittel und Wege, die Geschlechtskonformität zu erzwingen

In der Realität wenden selbst die wohlmeinendsten Eltern Druck an, um ihre Kinder in die Konformität der Geschlechtererwartungen zu zwingen. Sie mögen dies tun, weil sie ihren Kindern helfen wollen, gesellschaftlich akzeptiert zu werden, oder um sie vor Gefahren zu schützen, womöglich auch um es für sich selbst einfacher zu machen. Aber die Botschaft ist immer dieselbe: Etwas mit der natürlichen Selbstdarstellung des Kindes stimmt nicht:

> „Also wirklich, so gekleidet kannst du nicht zur Grillfeier gehen. Du machst dich zum Gespött der ganzen Party. Kannst du nicht einfach mal einen Gang runterschalten?"
> „Ich denke, es wäre das Beste, wenn du solche Sachen nur zu Hause tragen würdest."
> „Ich glaube, es ist an der Zeit, dass du deine Bewegungen nochmal übst. Du durchpflügst ja regelrecht den Raum. Du musst zierlicher gehen."

Erziehung kann sowohl offensichtlich als auch subtil sein; nicht immer so radikal wie körperlicher Missbrauch. Aber wahrscheinlich hat jeder Elternteil irgendwann schon einmal der Erziehung seines Kindes geschadet. Damit Sie Ihre Erziehungspraktiken verbessern können, sollten Sie so viele positive oder neutrale Techniken anwenden, wie Sie können. In einer Familie, in der beide Elternteile an der Erziehung beteiligt sind, wird es dem Elternteil, der sich positiv und unterstützend verhält, nicht immer gelingen, sich gegen den anderen Elternteil durchzusetzen, der sich ablehnend verhält.

Wenn Meinungsverschiedenheiten darüber innerhalb der Familie oder zwischen getrennt lebenden Eltern bestehen, wie man mit der Geschlechtsidentität des Kindes umgehen sollte, ist das Wichtigste, auf das man sich einigen sollte, die Ablehnung zu reduzieren, die das Kind zu Hause offensichtlich oder auf subtile Art und Weise erfährt. Wenn man sich auf die Minimierung der in diesem Abschnitt dargestellten Verhaltensweisen einigen kann und sich zumindest dahingehend verständigt, neutrale Reaktionen bei der Erziehung des gemeinsamen Kindes anzustreben, wird es dem Kind wesentlich besser gehen. Denn die Erziehung der Eltern hat weitreichende Folgen; sie berührt die Kinder nicht allein zum jetzigen Zeitpunkt ihres Lebens, sondern reicht weit ins Erwachsenenleben hinein. Deswegen denken sie als Eltern daran: Sie haben den Schlüssel zur Macht, einen großen Unterschied im Leben Ihres Kindes herbeizuführen. Diesen Schlüssel müssen sie mit größter Sorgfalt schmieden.

Erfolgversprechende Erziehungspraktiken

Das unterstützende Familienumfeld*

Die nachfolgend erwähnten Erziehungspraktiken eignen sich sowohl für geschlechtsvariante, lesbische, schwule, bisexuelle als auch für transidente Kinder und Jugendliche. Wir möchten Sie ermutigen, diese Erziehungspraktiken anzuwenden, denn sie basieren auf der gründlichen Forschung des Familien-Akzeptanz-Projekts. Sie haben unmittelbare und signifikante Auswirkungen auf Selbstmordraten, Drogenmissbrauch, HIV-Risiken, Depressionen, Lebensperspektiven und Obdachlosigkeit – mit anderen Worten, sie haben einen erheblichen Einfluss auf die gegenwärtige und zukünftige geistige, körperliche und seelische Gesundheit der Kinder und Jugendlichen. Wie Sie als Eltern sich bestimmt vorstellen können, zählen die glücklichsten und ausgeglichensten Kinder zu denen, die sich geliebt und unterstützt fühlen. Wenn Eltern ihren Kindern bei ihrer Identitätsentwicklung helfen, tragen sie auch dazu bei, dass sich ihre Kinder glücklich, gesund und voller Lebensmut fühlen.

Insofern stellt das Schaffen einer unterstützenden Umwelt zu Hause in der Familie den wichtigsten Faktor dar, der für lebenslange Gesundheit und Wohlbefinden der Kinder und Jugendlichen entscheidend ist. Die Familie ist das Herzstück im Leben der Kinder. Und die Akzeptanz durch die Eltern bildet den Schlüsselfaktor für die Langzeitentwicklungen bei geschlechtsvarianten und Cross-Gender Kindern und Jugendlichen. Ihnen diese sichere und unterstützende Umwelt zu Hause bereitzustellen, verschafft diesen Kindern und Jugendlichen einen Puffer vor den Widrigkeiten, denen sie im Leben draußen begegnen können, und gleichzeitig stärkt es das Selbstbewusstsein, dass sie liebenswert und gut sind. Wenn Ihnen dies aber nicht leicht fallen sollte, suchen Sie Unterstützung in einer mitfühlenden, versierten Familientherapie und arbeiten Sie sich langsam durch die in diesem Kapitel aufgezeigten Empfehlungen.

Eltern können die Welt verändern

Eltern haben eine erstaunliche Fähigkeit, ihre eigenen Kinder und alle, die mit ihnen in Kontakt treten, positiv zu beeinflussen. Eltern sind Mittler des Wandels. Sie können diese Rolle aktiv in dem Bewusstsein wahrnehmen, dass die Art und Weise, wie sie ihren Kindern gegenüber geschlechtsspezifische Ausdrucksformen darstellen, sie einen lebenslangen Einfluss ausüben können. Durch die Förderung von sowohl Geschlechtergleichheit als auch Geschlechtervielfalt lassen Eltern keinen Raum für Diskriminierung und Vorurteil. Genauso wie Eltern sich sonstigen Ungerechtigkeiten und Stereotypen gegenüber verwehren, sollten sie sich auch gegen Geschlechterungleichheit und Geschlechterstereotypen erheben. In dem Maße, wie Eltern dies tun, unterstützen sie alle Kinder. Alle Menschen in ihrem Recht auf natürliche Selbstentfaltung zu unterstützen heißt auch, die Zuversicht und das Selbstwertgefühl der geschlechtsvarianten Kinder und Jugendlichen zu fördern.

> „Wir suchten einen Therapeuten auf, um über die Angelegenheit unseres Sohnes zu sprechen. Ich war mehr daran interessiert, Informationen und Lernhilfen für uns als Eltern zu erhalten, um mit dieser Sache besser umgehen zu können. In der ersten Sitzung sind wir dann gleich mit der Realität konfrontiert worden, als wir die Worte hörten: ‚Dies weist darauf hin, dass wir es hier mit einem Kind zu tun haben, das möglicherweise transident ist.'" (Elternteil eines 7-jährigen transidenten Jungen)

Die Unantastbarkeit ihres Zuhauses als Ort der Sicherheit und der Unterstützung steht an erster Stelle. Das bedeutet, ein Zuhause ohne Spott, Scham, Strafe oder Ablehnung, ein Zuhause, in dem jedes Mitglied geschätzt und akzeptiert und geliebt wird, so wie es ist. Dies ist das Wichtigste, was Eltern ihrem Kind geben können. Alles andere baut hierauf auf.

Gegensätzliche Erziehungsweisen der Eltern

Es ist nicht ungewöhnlich, dass Eltern unterschiedlich auf das abweichende Geschlechtsverhalten ihres Kindes reagieren. Während der eine Elternteil sich wohler fühlt, wenn er die Selbstdarstellung seines Kindes erlaubt, sieht der andere Elternteil darin eine Förderung seines abweichenden Geschlechtsverhaltens. Es ist vor diesem Hintergrund für Eltern äußerst wichtig, eine gemeinsame Vorgehensweise anzustreben, auch, wenn sie wissen, dass dies nicht immer möglich ist.

> „Es war für uns schwer erkennen zu müssen, dass unser Sohn sich nicht wie die anderen Jungs in seinem Alter verhält. Es war für mich noch viel schwerer als für meinen Mann. Er ist es, der mich immer wieder auf den Boden der Tatsachen zurückbringt. Alles in allem war mein Mann in dieser Sache weniger aufgeregt. Ich hatte deutlich mehr Unbehagen dabei, aber wir hatten bislang keine größeren Konflikte deswegen gehabt. Wir sind uns beide darin einig, dass wir einen glücklichen Sohn haben wollen." (Elternteil eines 7-jährigen geschlechtsvarianten Jungen)

Einige Eltern sind sich in erster Linie in Bezug auf die Verhaltensweisen, die in der Öffentlichkeit und jenen, die nur zu Hause erlaubt sind, uneinig. Dies aber ist eine wichtige Angelegenheit, die es zu regeln gilt. Obwohl es schwierig sein mag, können sie für ein unterstützendes Zuhause sorgen.

Wenn Eltern geschieden sind oder getrennt leben

Im Fall der Scheidung oder Trennung können die Dinge sehr strittig werden, wenn der eine Elternteil den anderen Elternteil in der Erziehung des gemeinsamen geschlechtsvarianten Kindes in Frage stellt. Hier sollten Eltern alles daran setzen, auch sich für sich selbst und für ihr Umgehen miteinander die Familientherapie zunutze zu machen, um möglichst einvernehmliche Vereinbarungen anzustreben. Zum gegenwärtigen Zeitpunkt ist es im Interesse Ihrer Familie, diese Angelegenheit außerhalb des Familiengerichts zu halten. Dies kann durchaus zu unterschiedlichen Regelungen in den jeweiligen Haushalten führen. Auch wenn das nicht die ideale Lösung für das betroffene Kind sein mag, so ist eine private Vereinbarung allemal besser, als die geschlechtsspezifische Ausdrucksform durch das Gericht entscheiden zu lassen. Je mehr sich die Zeiten verändern und sich in der Allgemeinheit ein größeres Verständnis in Bezug auf Transidentität entwickeln wird, je eher werden auch Familiengerichte in der Lage sein, familiengerechte Entscheidungen zu fällen. Derzeit ist dies aber leider noch nicht der Fall.

> „Der Vater meines Sohnes ist das größte Problem. Zum vierten Geburtstag schenkte meine Schwester dem Jungen eine Puppe und er war so aufgeregt. Aber als sein Vater das sah, begann er herumzuschreien. An dem Punkt erkannte ich, dass mein Sohn eigentlich zwei Leben geführt und seinem Vater seine weibliche Seite vorenthalten hatte." (geschiedener Elternteil eines 7-jährigen geschlechtsvarianten Jungen)

Natürlich kann diese Situation für geschiedene Eltern mit getrennten Wohnsitzen eine noch größere Herausforderung darstellen, aber die gegenseitige Einigung über das Maß an Freiheit und Respekt im jeweiligen Zuhause, ist schon ein großer Schritt auf dem gemeinsamen Weg, um herauszufinden, wie man sich in der Öffentlichkeit darstellen will.

Sollten Uneinigkeiten im gemeinsamen Haushalt oder zwischen den geschiedenen Elternteilen hinsichtlich der Grenzen der Selbstdarstellung ihres Kindes oder Jugendlichen bestehen, über die auch kein Kompromiss erzielt werden kann, dann müssen Eltern wenigstens ihr Kind spüren lassen, dass es von ihnen unterstützt und anerkannt wird. Das Kind wird in einem solchen Fall seine Eltern als Verbündete sehen, auch wenn es den Druck oder die Ablehnung des einen oder des anderen Elternteils spüren sollte. Wenn zu Hause Uneinigkeit herrscht, sollten sich Eltern auf jeden Fall über weitere Handlungskonzepte informieren, mit denen sie die geistige, körperliche und seelische Gesundheit ihrer Kinder und Jugendlichen fördern können. Dabei ist immer zu beachten, dass die neuen Konzepte sowohl zu Hause als auch in der Öffentlichkeit realisiert werden können.

Selbstverständlich muss das Ziel sein, die Kinder in ihrem Zuhause volle Akzeptanz erfahren zu lassen. Aber wie wir bereits erwähnt haben, wird die volle Akzeptanz manchmal erst nach Jahren erreicht. Wenn sich Eltern während einer möglichen Annäherungsphase dennoch für das Beibehalten ihres getrennten Familienlebens entscheiden, ist es notwendig, ein paar feste Regeln in jedem Haushalt einzuführen, um die emotionale Sicherheit und das Wohlbefinden des gemeinsamen Kindes zu ermöglichen. Eltern sollten alles tun, um ihr Kind einerseits vor zerstörerischen Erziehungspraktiken zu schützen und andererseits um seine Gesundheit zu fördern und ihm Sicherheit zu geben. Außerdem ist sehr wichtig der kindlichen Wahrnehmung entgegenzuwirken, dass es der Grund für die familiären Belastungen und den Konflikt sei. Jede Familie muss hier ihren eigenen Weg zur Bewältigung dieser Aufgaben finden.

Wirksame Komponenten einer unterstützenden Erziehung

Im verbleibenden Teil dieses Kapitels kommen wir auf forschungsgestützte Erziehungspraktiken zu sprechen, die nicht geschlechtskonforme Kinder am wirksamsten in ihrer Entwicklung unterstützen. Es sind im Grunde genommen die gleichen wie für alle Kinder. Kein Elternteil ist vollkommen, aber es kann sehr beruhigend sein, einen Wegweiser zu haben, mit dessen Hilfe die Lebensqualität des Kindes gefördert werden kann. Manches ist dabei leicht umzusetzen; anderes dagegen erfordert ein erhebliches Maß an Flexibilität und gedanklicher Entwicklung auf Seiten der Eltern. Dessen ungeachtet sollten Eltern immer daran denken, dass jeder Schritt in Richtung Akzeptanz und Unterstützung ihres Kindes ein äußerst wichtiger Schritt ist.

Führen Sie ein Tagebuch

Nachdem Stephanie Brill vielen Familien auf ihren Reisen zu mehr Akzeptanz hat verhelfen können, kann sie aus Erfahrung sagen, wie wichtig es ist, ein Tagebuch zu führen. Man kann dann z.B. alle sechs Monate zurückschauen und sehen, wie weit man mittlerweile auf der Reise in Richtung Akzeptanz und einem Begreifen von Zusammenhängen gekommen ist. Man kann auch den Fortschritt des Partners, anderer Familienmitglieder oder der Freunde erkennen, sofern darüber Notizen gemacht wurden. Natürlich kann man das Tagebuch auch zur Selbstreflexion nutzen, z.B. um Krisen oder Erfolge der eigenen Reise zu reflektieren oder um die Meilensteine in der Entwicklung des eigenen Kindes begreifen zu können.

Es ist sehr schön, sich diese Tagebücher anzuschauen, denn man kann darin verfolgen, wie sich der Kampf und die Qual allmählich in Akzeptanz und Erleichterung verwandeln. Man kann dabei auch die ganze harte Arbeit und die vielen Schritte, die jeder benötigte hat, nachvollziehen, um bis dahin zu kommen, wo man jetzt steht.

Gegenseitiger Respekt als oberstes Gebot in der Familie*

Es ist unerlässlich, dass Eltern in Ihrer Familie und in ihrem nächsten Verwandtschafts- und Freundeskreis in Bezug auf Ihr geschlechtsvariantes oder Cross-Gender-Kind in erster Linie Freundlichkeit und Respekt als Beziehungsformen gelten lassen. Vielleicht werden sie nicht in der Lage sein, die Meinungen oder Ansichten anderer Personen über ihre Erziehung zu verändern, aber sie können bestimmen, welchen Einflüssen sie sich mit ihrem Kind aussetzen.

Es ist sehr wichtig, klarzustellen, dass jeder in der Familie das gleiche Maß an Respekt verdient. Sollten hier manche Eltern anderer Meinung sein, dann ist das zwar ihre Entscheidung, in ihrer Erziehungspraxis sollten sie aber wenigstens negative Gefühle unterdrücken und diese nicht durch Worte, Schnauben, Gesichtsausdrücke oder andere Körpergestik zum Ausdruck bringen.

Auch wenn es peinlich erscheinen mag, von dem erweiterten Verwandtschafts- oder Freundeskreis oben genannte Verhaltensweisen zu verlangen, so ist dies doch keine überzogene Bitte. Im Gegenteil, manche Eltern berichten von einer großen Erleichterung, nachdem sie von ihren Verwandten eine grundsätzliche Freundlichkeit ihrem Kind gegenüber verlangten:

„Wir haben meinen Eltern gesagt, wenn sie nicht von dem negativen Geschwätz ablassen würden, dann würden wir nicht länger in der Lage sein, sie besuchen zu kommen. Wir haben klargestellt, dass es KEIN negatives Wort mehr über unseren Sohn gäbe, weder ihm noch uns noch seinen Geschwistern gegenüber. Und, dass es auch kein schlechtes Geschwätz über ihn in Gegenwart von anderen zu geben hätte. Das hat eine Menge Mut verlangt, aber wir hatten keine Wahl. Na gut, eigentlich hatten wir eine Wahl, die haben wir dann auch getroffen. Wir haben unseren Sohn allen anderen gegenüber vorgezogen. Das ist es, was Eltern tun müssen." (Elternteil eines geschlechtsvarianten 8-jährigen Jungen)

„Ich komme aus Mexiko. Ich habe eine sehr große Familie. Sie respektieren Leute, die schwul sind und haben auch keine Vorurteile einem Menschen gegenüber, der ihnen schwul vorkommt. Ich musste ihnen sagen, dass mein Sohn möglicherweise auch so sei und diese Dinge tut. Ich liebe meinen Sohn. Ich liebe ihn so sehr, dass ich für ihn alles zu tun bereit wäre. Ich werde auch nicht aufhören, ihn zu lieben, nur weil er seine Haare gerne lang trägt. Ich werde auch nicht aufhören, ihn zu lieben, weil er gerne tanzt. Aber wenn die anderen ihn nicht lieben können, wie er ist, dann können wir nicht länger mit ihnen zusammen sein. Ein Teil meiner Familie hat uns besucht. Und die lieben unseren kleinen Kerl. Die anderen, na ja, die sehen wir halt nicht mehr." (Elternteil eines geschlechtlich nicht festgelegten 7-Jährigen)

„Ich habe meiner weiteren Familie gesagt, dass wir dieses Jahr nicht zum Erntedankfest kommen würden. Ich erklärte ihnen, dass die Art und Weise, wie sie unsere geschlechtsvariante Tochter behandeln, ihr so sehr weh tut, dass sie zwischen den Treffen darüber weint. Wir haben beschlossen, dass die Fröhlichkeit und das Selbstwertgefühl unserer Tochter uns mehr bedeutet als unsere Familie. Ich gebe zu, dass uns das alle sehr traurig macht, aber für uns war es die richtige Entscheidung. Wir lieben unsere Tochter und stehen zu ihr, egal wer sie sein mag. Meine Mutter verstummte gänzlich. Erst dachte ich, sie würde mich ablehnen. Aber als ich ‚Auf Wiedersehen' sagte, brach sie in Tränen aus. Sie sagte, sie hätte sich über ihr eigenes Verhalten derart geschämt, und dass sie hierüber mit den anderen Familienmitgliedern reden wolle. Seitdem haben wir nicht wieder von ihr gehört. Ich denke, wir haben da eine unsichtbare Linie gezogen. Der nächste Schritt liegt bei ihr." (Elternteil eines 10-jährigen geschlechtsvarianten Mädchens)

- Spielzeug ist doch bloß Spielzeug.
- Farben sind nur Farben.
- Kleidungsstücke sind bloß Kleidungsstücke.
- Familien gibt es in jeder Gestalt und Form.
- Verschiedene Menschen mögen unterschiedliche Dinge.
- Respekt bedeutet, dass wir unser Herz offen halten.
- Unser Herz nicht zu verschließen bedeutet, anderen die Freiheit zu lassen, zu sein, wer sie sein möchten.

Dem Kind in seiner geschlechtspezifischen Selbstdarstellung Liebe und Unterstützung entgegenbringen*

> „Folgen Sie der Richtungsanzeige Ihres Kindes. Nicht päppeln, nicht verleugnen. Es geht um die Erfahrung des Kindes, wir sind nur die Helfer."
> (Elternteil einer 20-jährigen Transfrau)

Wie wir bereits gesagt haben, zeigen die Forschungsergebnisse des Familien-Akzeptanz-Projekts, dass die Unterstützung der geschlechtsspezifischen Selbstdarstellung des Kindes das A und O seines Wohlbefindens ist. Das lässt sich zwar einfach sagen, was aber heißt das in der Praxis?

Die geschlechtsspezifische Selbstdarstellung des Kindes zu unterstützen heißt, ihm ohne Druck die Wahl zu überlassen, diejenigen Kleidungsstücke anzuziehen, in denen es sich wohlfühlt; so zu spielen, wie es das gerne möchte, d. h. mit denjenigen Spielsachen, mit denen es zu spielen bevorzugt, auch spielen zu dürfen und jenes Spielzeug zu bekommen, um das es bittet; diejenigen Accessoires, die es gerne hat, anschaffen und sein Zimmer so gestalten zu können, wie es sich das vorstellt. Dem Kind die volle Unterstützung bei seiner geschlechtsspezifischen Selbstdarstellung zukommen zu lassen beinhaltet auch, dass es seine Haare tragen kann, wie es will. Da Familien sehr unterschiedliche Toleranzgrenzen haben, was die geschlechtsspezifische Selbstdarstellung ihres Kindes zu Hause und in der Öffentlichkeit angeht, wird das Tragen der Haare nicht immer berücksichtigt.

Gäbe es keine Geschlechtsrollenvorgaben, dann wären Kleidungsstücke eben nur bloße Kleidungsstücke, wäre Spielzeug einfach Spielzeug und Farben bloß Farben. Die Vorstellung der Geschlechterzuweisung zu bestimmten Kleidungsstücken, Spielzeugen oder Farben, würde gar nicht existieren. Wenn man sich einmal auf dieses Gedankenexperiment einlässt, dann erscheint es komisch, dass Objekte über ein immanentes Geschlecht verfügen sollen. Hier ist es hilfreich, sich einmal die Frage zu stellen, was denn genau bedroht wird, wenn ein Kind Neigungen oder Vorlieben für Dinge hat, die als dem anderen Geschlecht zugehörig betrachtet werden. Es ist noch gar nicht so lange her, dass die Vorstellung von einem Mädchen oder einer Athletin in Hosen undenkbar war. Aber es ist immer noch für die meisten Menschen absurd, sich einen Jungen mit einer Puppensammlung oder in einem Faltenrock vorzustellen.

> „Er hatte früher gesagt, dass er sich wünschte, ein Mädchen zu sein. Als wir ihn fragten warum, gab er als Begründung an, dass er langes Haar mochte. Daraufhin haben wir gesagt, er müsse kein Mädchen sein, um lange Haare zu tragen. Mit ungefähr drei Jahren begann er seine Geschlechtsidentität in Worte zu fassen. Einige Zeit zuvor spielte er mit Handtüchern, Babytüchern, Schals und Tischdecken, die er sich um seine Hüfte wickelte und so tat, als seien sie Kleider. Wir verbrachten Weihnachten mit meiner weiteren Familie und meine Mutter war sehr beunruhigt. Sie sprach mit mir und meinen Mann und sagte uns, wir wären viel zu freizügig mit unserem Sohn und dass unser Sohn dadurch sexuell verwirrt werden könnte.“ (Elternteil eines 7-jährigen geschlechtsvarianten Jungen)

Hier sehen wir, dass in die Wahrnehmung geschlechtsspezifischer Selbstdarstellungen immer noch sexistische Beurteilungen eingewoben sind. Bevor wir also unser Kind voll und ganz lieben und unterstützen können, müssen wir uns selbst über unseren eigenen Sexismus in uns bewusst werden und lernen, aktiv dagegen anzugehen. Es besteht auch immer noch die Angst, dass Männer, die weibliche Neigungen oder Vorlieben aufweisen, keine wahren Männer seien und dass ihre Männlichkeit und die ihnen unterstellte Heterosexualität durch eine Vorliebe für bestimmte Farben, Textilien, Spielzeuge oder Frisuren bedroht sei. Hätten wir hingegen alle die Freiheit, unsere persönliche Selbstdarstellung ohne den Zwang der Geschlechterkonformität auszudrücken, dann würde unsere individuelle Kreativität alle Grenzen sprengen. Als Folge gäbe es weniger Konformität, weniger Unterdrückung und eine größere Freiheit des Geistes.

Kleidung

Der Kleidung kommt eine große Bedeutung zu, das Geschlecht zu vermitteln. Anstelle der Unterscheidung durch Stil, Farben oder Textilien sind Bekleidungsabteilungen nach Geschlechtern getrennt. Wir alle wissen, welche Kleidung wir anzuziehen haben, um der gesellschaftlichen Ordnung zu entsprechen. Infolgedessen kann die einfache Neigung oder Vorliebe eines Kindes für Kleidungsstücke aus der anderen Abteilung schon als Überschreitung einer Grenze aufgefasst werden. Für viele Kinder ist die Wahl der Kleidung Ausdruck ihrer persönlichen Vorlieben und nicht immer eine Bekundung ihrer Geschlechtszugehörigkeit oder Geschlechtsidentität. Transidenten Kindern sollte ausdrücklich erlaubt werden, diejenige Kleidung zu wählen, die ihr empfundenes Geschlecht anderen gegenüber klar zum Ausdruck bringt. Deshalb empfehlen wir, diesem Kind zu erlauben, diejenigen Kleidungsstücke anzuziehen, in denen es sich am wohlsten fühlt und mit deren Wahl seine Eltern zugleich leben können. Eltern sollten nicht versuchen, die Kleidung ihres Kindes aufgrund seiner Geschlechtszugehörigkeit zu beschränken. Sie sollten mit ihrem Kind in beiden Bekleidungsabteilungen einkaufen gehen und diejenige Garderobe zusammenstellen, mit der beide Teile leben können.

> „Es war so schwierig, unseren transidenten Jungen zu kleiden. Er verweilte ewig vor dem Spiegel und fummelte an seiner Hose und an seinen Socken herum. Er konnte uns genau zeigen, wo die Hosentaschen an den Hosen für Jungen im Gegensatz zu denen der Mädchenhosen angebracht waren. Er konnte uns auch die Unterschiede bei den Socken für Jungen und Mädchen zeigen. Für ihn waren Kleidung und Körperhaltung wie eine Geschlechteruniform. Er konnte uns zeigen, welche Pose man einzunehmen hatte, wenn man ein Junge oder ein Mädchen war. Und jetzt halten Sie sich fest: Dieser Geschlechterbeobachter war drei Jahre alt!" (Elternteil eines 8-jährigen Transjungen)

> „Schließlich haben wir einen Kompromiss gefunden. Unser geschlechtsvarianter Sohn konnte außer Haus alles anziehen, was immer er wollte, solange es kein Kleid war. Kleider zu tragen war aber nur dem Zuhause vorbehalten. Im Kaufhaus jedoch konnte er in jeder Abteilung kaufen, was immer er wollte. Er hat sehr viele Sachen in rosa, geraffte, aufgeplusterte Kleidchen mit Blümchenmuster, orangenfarbene und violette Kleidungsstücke mit vielen Applikationen drauf. Er liebt einfach schöne Kleidung. Wenn wir regenbogenfarbene Schleifchen und Glitzer auf alles nähen könnten, was er besitzt, dann würde er sich wie im Himmel fühlen. Er hat niemals gesagt, er sei kein Junge. Aber er liebt diese Kleider. Er spielt sowohl mit Jungen als auch mit Mädchen. Er liebt Kampfspiele und Tobereien und er mag es, sich zu verkleiden. Seine Verhaltensweisen erscheinen ausgewogen. Er zeigt eine solide männliche Geschlechtsidentität, aber seine Geschlechterdarstellung ist fließend. Oder zumindest nehmen wir das so wahr. Andere glauben, dass er sich wie ein Mädchen kleidet." (Elternteil eines 6-jährigen geschlechtsvarianten Jungen)

Viele Eltern berichten, dass sie die Ausmaße der Geschlechtsvarianz bei ihrem Kind nicht erfasst haben, ebenso wenig die Realität, dass ihr Kind wirklich im anderen Geschlecht zu Hause war, bis der Tag kam und die Teilnahme an einer Veranstaltung eine bestimmte Kleiderordnung verlangte. An diesem Punkt verweigern sich Mädchen, ein Kleid anzuziehen und den Jungen bricht das Herz, weil sie einen Anzug tragen müssen oder es ihnen nicht erlaubt wird, ein Kleid zu tragen. Die Ängste, Strapazen und Qualen, die eine Familie bei den Versuchen durchmacht, ihrem Kind die unliebsamen Kleidungsstücke aufzuzwingen, führen nicht selten zu offenen Problemen; z. B. zu der Frage, wem Eltern eigentlich mit dem Zwang, ihr Kind an die gesellschaftliche Kleidungsnorm anzupassen, dienen, und ob sie ihr Kind dabei nicht beschädigen? Unsere Empfehlung ist ein weiteres Mal: Eltern müssen in diesen Fällen bis an die Grenzen dessen gehen, was für Sie noch erträglich ist und zugleich schauen, ob sie sich nicht doch auf Kleidungsstücke einigen können, die es dem Kind erlauben, sich weitestgehend wohlzufühlen und den Eltern ermöglichen, sich weitestgehend beruhigt zu wissen. Mit der Zeit wird es immer einfacher so zu handeln.

„Wir mussten auf eine Hochzeitsfeier. Meine Tochter sollte ein Kleid tragen, daran führte kein Weg vorbei. Sie trug sonst immer Hosen und Shorts. Aber das hier war eine Hochzeit. Sie trat und schrie um sich, versteckte sich unterm Bett und drohte davonzulaufen. Sie war hysterisch. Sie bestand darauf, nur die gleichen Klamotten anzuziehen, wie ihr Bruder. Das war der Tag der Hochzeit. Sie wollte sich einfach nicht beruhigen. Wir alle schrien sie und uns gegenseitig an. Noch immer zeichnete sich keine Lösung ab. Wir konnten sie ja auch unmöglich zur Feier schleifen. Schließlich dann, ließen wir sie in letzter Minute zu Hause bei einer Nachbarin. Wir waren alle sauer auf sie, weil sie unseren Tag so vermiest hatte. Dann mit dreizehn sagte sie uns, sie sei transident. Rückblickend, war das Erste, was uns als Vorbote dieser Entwicklung in den Sinn kam, die damalige Hochzeit. Wir hätten es schon damals wissen müssen. Aber wer hätte je gedacht, dass die eigene Tochter transident sein könnte?“ (Elternteil eines 15-jährigen Transjungen)

Verhaltensweisen

Die Geschlechtsidentität eines Kindes zu unterstützen bedeutet, davon abzusehen, abfällige Bemerkungen über die Spielzeuge, mit denen das Kind gerne spielt, oder darüber, wie es sich verhält, was ihm gefällt und wie es sich darstellt, zu machen. Es überrascht deshalb, dass viele Eltern nicht zu wissen scheinen, dass ihre unterstützenden Verhaltensweisen, tatsächlich das Selbstwertgefühl ihres Kindes erhöhen.

Wenn z. B. ein geschlechtsvarianter Sohn sagt: „Guck mal, Pappi! Die Burg habe ich gebaut und ich bin die Prinzessin. Soll ich dir mal den Tanz der Feen für die Prinzessin zeigen?“, dann könnte der Vater auf verschiedene Weise reagieren. Seine Reaktion könnte negativ sein: „Zieh dieses Kostüm aus! Ich will dich nie wieder wie ein Mädchen herumhopsen sehen!“, oder etwas neutraler: „Nicht jetzt, Schätzchen. Warum zeigst du es nicht deiner Mutter?", oder unterstützend: „Lass mich mal sehen! Das ist aber eine tolle Burg, die du da gebaut hast. Man sieht richtig, dass du ganz schön viel Zeit dafür gebraucht hast. So, jetzt bin ich bereit für den Tanz. Sitze ich hier gut?" Sicherlich fällt es dem Vater nicht leicht, dies zu akzeptieren; aber das Kind wird glücklich sein, wenn er es doch geschafft hat.

Um die geschlechtsvarianten Verhaltensweisen des Kindes zu unterstützen, muss man dem Kind Möglichkeiten aufzeigen, wie es sich in jener Art und Weise ausdrücken kann, in der es sich wohlfühlt. Dies kann z. B. bedeuten, dass Eltern dafür sorgen, ihrem Kind Aktivitäten zu ermöglichen, die es gerne unternimmt oder ihm Begegnungen mit Freunden zu gestatten, die die gleichen Interessen teilen. Und es kann schließlich bedeuten, dass Eltern auf einmal Zeit mit Dingen oder mit anderen Kindern verbringen, von denen sie vorher nie zu träumen gewagt hätten.

Spielzeug

Wie die Kleidung, so ist auch das Spielzeug der Geschlechterzuordnung unterworfen. Viele Spielzeuggeschäfte sind wie die Kaufhäuser nach Geschlechtern aufgeteilt. Es muss allen Eltern – nicht nur denen mit transidenten Kindern – bedenklich erscheinen, wenn sie über die strikte Geschlechtertrennung der Spielzeuge in größeren Geschäften oder Kaufhäusern nachdenken. Ganze Warengänge sind den Spielzeugen für Jungen gewidmet – Bausteine, Roboter, Action Figuren, Superhelden – alles in braunen, schwarzen, grauen, blauen, roten und grünen Farbschattierungen. Einen Gang weiter, findet man dann alles für Mädchen und dort ist alles rosa oder pastellfarben – Kostüme für Prinzessinnen, Teegeschirr, Puppen, Barbies, Ponys und andere süße kleine Tiere. Offensichtlich gibt es in dem Spielzeugangebot nach dem Krabbelalter nur sehr wenig „dazwischen".

Des ungeachtet gilt: Womit ein Kind gerne spielt und wie es damit spielt, ist immer eine individuelle Art seiner Selbstdarstellung. Schließlich ist es wie mit den Farben: kein Spielzeug ist nur für Jungs oder nur für Mädchen – es ist einfach ein Spielzeug. Jedem Kind die größtmögliche Palette an Spielsachen anzubieten, bringt die Chance zur größtmöglichen Entfaltung der verschiedenen Facetten seines Selbst mit sich. Eltern sollten daher ihrem Kind Spielzeug unterschiedlicher Art, Farbe und verschiedenen Materials anbieten, ebenso wie solches Spielzeug, das die Fantasie anregt und geistige Tätigkeit herausfordert.

Es kann zuweilen eine Herausforderung für Eltern sein, bei der Auswahl des Spielzeugs daran zu denken, sich dabei nicht vom Geschlecht ihres Kindes leiten zu lassen. Die meisten Eltern schränken die Auswahl der Spielzeuge, mit denen ihre Kinder spielen können, ein und versuchen, Kinder von der Überschreitung der gesellschaftlichen Geschlechtergrenze abzuhalten. Aber auch die Kinder selbst steuern den „richtigen" Gebrauch von Spielzeug untereinander. Sie sagen ihren Freunden mit einer entsprechenden Verachtung, dass ein bestimmtes Spielzeug ein Spielzeug für Jungen bzw. Mädchen sei.

Wenn Eltern mit Ihrem Sprössling in kleineren Spielzeuggeschäften des Einzelhandels einkaufen gehen statt in großen Kaufhäusern oder Spielzeugwarenketten, kann ein Kind aus einer größeren Bandbreite an Spielsachen auswählen, die nicht nach Geschlechtern sortiert sind. Spiele, die die Fantasie herausfordern, lassen alle Kinder eine Welt erfinden, die sie mit ihrer Fantasie bevölkern und beherrschen können. Einige Online-Anbieter von Spielzeug führen in ihrem Sortiment auch Holzhäuser, Zwergenhäuser, Ritterpuppen, Piratenschiffe, Feen und sogar „Feng Shui"-Puppen, die alle realitätsgerecht hergestellt wurden und die viele Kinder ansprechen. Diese Auswahl kann helfen, den Druck auf die Familienmitglieder zu reduzieren, wenn sie versuchen, das passende Spielzeug für ihr Kind zu finden.

Accessoires, Zahnbürsten & Co.

Eltern sollten ihrem Kind erlauben, die Ausstattung des eigenen Zimmers selbst zu bestimmen, auch den Kauf von Rucksack, Schlafsack, Zahnbürste und dergleichen mehr. So können sie einen kleinen aber auch befreienden Schritt für ihr Kind tun, seine persönliche Geschlechtsdarstellung zu entwickeln. Vermeiden sollte man dabei, das Kind in die Kommerzialisierung der Geschlechterstereotypisierung zu lancieren. Man sollte schon dem Kind die Wahlfreiheit lassen oder, wenn das den Eltern noch zu schwer fallen sollte, geschlechtsneutrale Wahlmöglichkeiten eröffnen. Wenn Eltern z. B. nicht wollen, dass ihre Tochter einen männlichen Superhelden auf ihren Schlafsack gedruckt hat oder der Sohn eine Prinzessinnen-Zahnbürste benutzt, dann erscheint es mitunter sinnvoll, dem Kind die Auswahl aus einem Angebot zu ermöglichen, das farbig oder gemustert aber nicht eigentlich geschlechtsspezifisch ist.

Wenn sich nun der Teenager entscheidet, Accessoires zu tragen, die üblicherweise vom anderen Geschlecht getragen werden, dann ist es hilfreich, ihm zu seiner Wahl ein Kompliment zu machen. Eine neutrale Reaktion wäre, seine Wahl nicht zu kommentieren. Teenager sind schon alt genug, um zu wissen, dass sie gegen die Geschlechterstereotypisierung schwimmen, aber sie wollen ihren Stil trotzdem verwirklichen. Einen Teenager zu ändern ist nur schwer möglich. Anstatt eine abfällige Reaktion zu zeigen, ist es besser nichts, zu sagen.

Zu Hause und in der Öffentlichkeit

Jede Familie hat ihre eigenen Grenzen in Bezug auf das, was sie für ihr Kind akzeptabel hält und was nicht. Manche Eltern versuchen, das geschlechtsvariante Verhalten ihres Kindes zu unterdrücken. Dies geschieht in der Absicht, andere Menschen nicht zu beunruhigen und um ihr Kind vor Spott und Häme zu schützen. Wenn Eltern aber in dieser Weise verfahren, dann vermitteln sie ihrem Kind, dass es sich anzupassen und sich dem sozialen Druck unter allen Umständen zu beugen hat. Ein solches Erziehungsverhalten kann bei den betroffenen Kindern Schamgefühle hervorrufen. Es ist daher sehr sinnvoll, dass sich die Eltern zum wiederholten Mal im Klaren darüber werden, wen sie wirklich schützen wollen: die Mitmenschen, sich selbst oder ihr Kind.

> „An Weihnachten wollte mein Sohn lediglich ein Kleid. Das war alles, worum er bat. Er bekam also ein Feen-Kleidchen. Und das war das einzige Geschenk, dem er seine ganze Aufmerksamkeit widmete. Am Anfang wollte er das Kleidchen auch in der Öffentlichkeit tragen, aber ich sagte, nein, denn ich fürchtete, die anderen würden ihn auslachen. Er akzeptierte das." (Elternteil eines 6-jährigen geschlechtsvarianten Jungen)

Häufig beginnen Eltern die Grenzen sehr eng abzustecken, z. B. welches Auftreten und Verhalten ihres Kindes sie in der Öffentlichkeit erlauben und welches nicht. Solche Schranken sind dann wirksam, wenn es sich bei dem Kind um eine leichte Form der Geschlechtsvarianz handelt und es lernen kann, wann und wo es angemessen ist, eine bestimmte Kleidung zu tragen. Für Kinder mit signifikant abweichendem Geschlechtsverhalten hingegen kann die Aufforderung, sich in ihrer Selbstdarstellung einzuschränken, um dem sozialen Druck zu entgehen, sehr großen Stress bedeuten. In diesen Fällen müssen die Eltern die Regeln lockern, wenn sie z. B. bemerken, dass ihr Kind sich emotional zurückgezogen hat und das Haus nur noch so bekleidet verlässt, wie es die Eltern gerne sehen. Außerdem kommt irgendwann der Zeitpunkt, wo das Kind alt genug ist, um sich der elterlichen Kontrolle zu entziehen.

Eltern mit geschlechtsvarianten Jungen erlauben häufig ihrem Kind zu Hause mit Spielsachen für Mädchen zu spielen, ihr Zimmer wie Mädchen zu gestalten und ein Kleid zu tragen. In anderen Familien gibt es dagegen für den Sohn Einschränkungen in Bezug auf das Tragen von Kleidern und für das Mädchen für das Tragen eines Anzugs. Dies gilt auch für die Frisur.

> „Wir haben versucht, ihm den Unterschied zwischen Zuhause und Draußen in Bezug auf das, was die anderen zu akzeptieren bereit sind, zu erklären. Immer wenn wir raus gingen, wollte er seine Barbiepuppe mitnehmen. Aber wenn er andere Jungs auf ihn zukommen sah, gab er mir rasch die

Puppe, die ich dann in meine Tasche stecken sollte. Zu Hause kleidet er sich leidenschaftlich gerne wie ein Mädchen und er wünscht auch, er wäre eins." (Elternteil eines 6-jährigen geschlechtsvarianten Jungen)

Familien, die für zu Hause und in der Öffentlichkeit unterschiedliche Regelungen für das Auftreten und Verhalten ihres Kindes eingeführt haben, werden im Laufe der Zeit erkennen, dass sie einerseits zwar einen wichtigen Entfaltungsraum für die Selbstdarstellung ihres Kindes ermöglichen, andererseits aber ihrem Kind gegenüber auch signalisieren, wie peinlich ihnen dies alles ist. Immer mehr Familien mit geschlechtsvarianten Kindern jedoch machen schon einen großen, mutigen Sprung nach vorne und erlauben ihren Kindern zu sein, wer sie sind, egal wo sie sind. Sie tun dies nicht nur, um Schamgefühle zu vermeiden, sondern auch, um ihren Kindern die Freiheit der persönlichen Selbstdarstellung zu lassen.

„Mein Sohn stellt sich so dar, wie er ist – als ganz normaler kleiner Junge. Im Kindergarten war er sehr bedrückt und zurückgezogen. Er spielte nie mit anderen Kindern. Entgegen des schlechten Ratschlags eines ‚großen Kinderpsychiaters', der uns sagte, wir sollten ihm nur daheim erlauben, sich wie ein Junge zu kleiden, haben wir unserem Sohn erlaubt, sich überall wie ein Junge zu kleiden. Das veränderte sein Leben. Als wir diesen Wandel erkannten, wussten wir, dass er wirklich ein Junge war." (Elternteil eines 7-jährigen Transjungen)

Wir empfehlen allen Eltern dringend, darauf zu bestehen, dass in der Schule ein Trainings- und Beratungskurs für Lehrer über die Vielfalt der Geschlechter durchgeführt wird, bevor ihr Junge in einem Kleid oder mit anderen femininen Accessoires zur Schule geht. Dadurch wird es dem Kollegium eher gelingen, ein Verständnis für die Unterstützung betroffener Kinder zu entwickeln und mit Fragen und Reaktionen anderer Eltern und Schüler sowie mit Schikanierungen und Mobbing entsprechend umzugehen. Dieser proaktive Ansatz wird dazu beitragen, dass sich das einzelne Kind physisch und emotional geborgen fühlen kann, wenn es außer Haus geht.

Öffentliche Toiletten und Bäder

Viele geschlechtsvariante Kinder und Jugendliche haben große Angst vor der Benutzung öffentlicher Bäder und Toiletten. Wenn Eltern selbst noch keine Aggression und Ablehnung erfahren haben, denen man in öffentlichen Toiletten begegnen kann, dann wird es für sie schwer sein, sich das vorzustellen. Für transidente Kinder und Teenager kann eine öffentliche Toilette ein sehr beängstigender Ort sein, an dem obendrein noch ihre

Andersartigkeit offenkundig werden kann. Wenn ein Kind im Einklang mit seiner Geschlechtsidentität lebt, dann wird es mitunter große Angst haben, auf der Toilette erkannt zu werden. Wenn es sich nun als transident begreift, aber nicht in Einklang mit seiner Geschlechtsidentität lebt, wird es sich wie ein Gaukler vorkommen. Wenn ein Kind geschlechtsvariant ist, sich auf der aufgesuchten Toilette aber nicht geschlechtskonform verhält, besteht das Risiko, angesprochen oder gar angepöbelt zu werden. Das kann sehr beängstigend sein, vor allem für ein Kind oder einen Jugendlichen, der sich zwar männlich gibt, sich aber auf der Herrentoilette wie eine Frau verhält.

Dieses Problem ist vielschichtig. Jeder Mensch sollte eine Toilette aufsuchen können, die sicher ist. Aber so einfach ist das wohl nicht. In Kapitel 7 werden wir darlegen, wie mit diesem Problem an Schulen umgegangen werden kann. In diesem Abschnitt behandeln wir jedoch zunächst die Nutzung der Toilette in der Öffentlichkeit.

Wenn das Kind noch klein ist, ist die einfachste Lösung, das Kind mit auf die Toilette zu nehmen, die man selbst als Elternteil aufsucht. Mit einem acht- oder neunjährigen Kind wird dies nicht mehr möglich sein. Eltern werden daher mit ihrem Kind in diesem Alter offen über die Situation sprechen müssen. Der Schlüssel liegt darin, mit Vorsicht vorzugehen, denn Sie wollen ja nicht, dass Ihr Kind Angst vor öffentlichen Toiletten hat oder gar eine Phobie entwickelt.

> „Unser Transjunge hat eine sehr große Angst vor öffentlichen Toiletten. Das kommt von seiner Stiefmutter. Sie hat ihm ständig Angst gemacht, auf die Herrentoilette zu gehen, als er klein war. Alleine geht er jetzt gar nicht mehr rein. Er würde zwar als Mann durchgehen, aber er geht lieber gar nicht auf die Toilette, als dass er auf die Herrentoilette geht. Egal wo wir hingehen, sucht er immer nach Toiletten mit Einzelkabinen, auf denen keine Schilder mit der Aufschrift ‚für Herren' oder ‚für Damen' angebracht sind. Tatsächlich wird dies dann ein Problem, wenn wir außer Haus sind, ohne die Begeleitung seines Vaters, der ihn mit auf die Herrentoilette nehmen könnte." (Elternteil eines 10-jährigen Transjungen)

Ältere Kinder brauchen ein ernsthaftes Gespräch über das, was ihnen auf öffentlichen Toiletten alles widerfahren könnte. Danach kann die Familie über Handlungskonzepte nachdenken. Beispielsweise können Eltern ihrem älteren Kind beibringen, nur Einzelkabinen, Unisex-Toiletten oder spezielle Toiletten für Familien aufzusuchen, wenn diese vorhanden sind. Sie können ihrem Kind dabei helfen, solche Einrichtungen auf seinen alltäglichen Strecken und Aufenthaltsorten aufzufinden. Manche Restaurants und Cafés gestatten auch die Nutzung ihrer Toiletten, die sicher über Einzelkabinen verfügen. Flughäfen, Büchereien und Einkaufszentren haben häufig auch Familientoiletten mit Einzelkabinen.

In bestimmten Situationen mag es den Umständen entsprechend allerdings am besten sein, dem Kind die Nutzung derjenigen Toilette zu empfehlen, die mit seiner Geschlechtsdarstellung statt mit seiner Geschlechtsidentität übereinstimmt. Auf jeden Fall sollten Eltern mit ihrem Kind über dieses Problem sprechen und ihm dabei helfen, die entsprechenden Entscheidungen vor Ort zu treffen. Dies ist sehr wichtig, denn die Sicherheit des Kindes ist oberstes Gebot. Die elterliche Unterstützung muss dazu beitragen, dass sich das Kind in diesem Handlungsfeld optimal zurechtfindet.

„Wir mussten unserem 14-jährigen Sohn erklären, dass er sich auf der öffentlichen Herrentoilette nicht sicher sein kann, wenn er Röcke trägt. Er glaubte uns nicht. An seiner Schule geht das; aber seine Schule ist nicht die „wirkliche" Welt. Er besucht nämlich eine sehr kleine, liberale Schule. Also mussten wir das ganze deutlicher darstellen, als wir das vorhatten, denn wir waren wirklich davon überzeugt, dass er sein Leben aufs Spiel setzt, wenn er, zu welcher Uhrzeit auch immer, so gekleidet in die nächstbeste öffentliche Toilette stiefelt. Er erwiderte nur, dass wir seinen persönlichen Stil einschränken würden. Wir wissen aber, dass wir ihn lediglich beschützen wollen. Es stimmt, wir lassen ihn sich so kleiden, aber wir können ihn nicht unwissend ins Messer laufen lassen. Schließlich haben wir dann doch eine Einigung in Bezug auf die Nutzung öffentlicher Toiletten erzielt." (Elternteil eines 14-jährigen geschlechtsunbestimmten Sohnes)

Null Toleranz gegenüber Respektlosigkeit, negativen Bemerkungen und Druck

Sich mit den Begriffen der Geschlechtervarianz und den entsprechenden Konzepten vertraut zu machen, ist entscheidend, um das Gesamtphänomen differenziert zu verstehen. Eltern müssen lernen, positive und unterstützende Ausdrucksweisen zu finden, um über Geschlechtervarianz zu sprechen. Die Verwendung einer bejahenden Sprache zeigt sowohl dem Kind als auch jeder anderen Person, dass Eltern ihr Kind unterstützen. Ohne eine positive Sprache werden Eltern mit Sicherheit mit sich selbst in Zwiespalt geraten, wenn sie sich mit anderen Personen auseinandersetzen. Sich für die Sache ihres Kindes einzusetzen und Partei zu ergreifen, wird mitunter einige Zeit dauern; aber Eltern tragen in diesem Fall dazu bei, die Umwelt etwas sicherer zu machen, in der Ihr Kind lebt, spielt und lernt.

Eine sehr konkrete Vorgehensweise eine dauerhafte Unterstützung und Akzeptanz des geschlechtsvarianten Kindes nach außen erkennbar zu machen, besteht darin, negative Äußerungen gegenüber dem Kind in keinem Fall und von niemandem zu tolerieren. Eltern sollten immer so vorgehen, wenn jemand negative Äußerungen macht, egal ob ihr Kind in diesem

Moment bei ihnen ist oder nicht. Wenn Eltern sich dann für ihr Kind stark gemacht haben, werden sie die Diskussion vielleicht schnell abbrechen wollen. Oder sie stellen fest, dass sie ihren Standpunkt noch energischer deutlich machen können, indem sie bleiben. Wir schlagen vor, dass Eltern so vorgehen, wie sie das Ganze am besten verkraften, solange sie ihr Kind dabei unterstützen.

Sollten Eltern einmal erfahren, dass jemand ihrem Kind gegenüber negative Äußerungen gemacht hat, dann werden sie ihrem Kind die größte Unterstützung damit erweisen, dass sie sich mit der jeweiligen Person direkt auseinandersetzen. Wenn Eltern z.B. erfahren, dass Ihr Kind in der Schule gemobbt oder schikaniert worden ist, dann ist es wichtig, dass Eltern dies umgehend der Schulaufsicht melden und dabei klarmachen, dass dieses Verhalten keinesfalls akzeptabel ist. Ähnlich ist es, wenn Eltern mit ihrem Kind zusammen sind und jemand aus der Runde eine abfällige Geste macht – z.B. mit den Augen rollt oder die Gangweise des betroffenen Kindes nachahmt – dann müssen Eltern die betreffende Person direkt ansprechen. Selbstverständlich wird man dabei respektvoll, aber bestimmt vorgehen. Manche Eltern werden vielleicht der betreffenden Person sagen: „Schade, dass Sie sich dazu veranlasst fühlen, andere Menschen zu belästigen. Das ist keine erstrebenswerte Tugend“, oder so etwas in der Art. So demonstrieren Eltern, dass sie voll und ganz hinter ihrem Kind stehen.

Tatsächlich liegt eine der effektivsten Bekundungen, sein geschlechtsvariantes Kind zu unterstützen, darin, sich persönlich für seine Anliegen, seine Belange und seine Bedürfnisse stark zu machen, ob zu Hause, in der Gemeinde oder in der großen weiten Welt. Das Gefühl unterstützt zu werden fördert nicht nur die Gesundheit und das Wohlbefinden des Kindes, es formt auch den Gerechtigkeitssinn und ermöglicht die Bindung an Werte. Wenn ein Kind weiß, dass seine Eltern an seiner Seite stehen, dann wird sein Selbstwertgefühl hochgradig gesteigert.

Offene und unterstützende Kommunikation*

Zu den wichtigsten Aufgaben von Eltern gehören die Gesunderhaltung ihres Kindes, ihm dabei zu helfen, sich in der Welt zurechtzufinden und auf seiner Reise der Selbstentdeckung und Selbstdarstellung zu begleiten. Um dies verwirklichen zu können, müssen Eltern enge Beziehungen zu ihrem Kind pflegen.

Die Geschlechtsidentität und die geschlechtsspezifischen Ausdrucksformen entfalten sich erst mit der Zeit. Es ist deswegen wichtig, dass Eltern diesen natürlichen Entwicklungsprozess bei Ihrem Kind beobachten und unterstützen. Man sollte nicht versuchen, diesen Prozess zu beschleunigen. Natürlich kann ein Kind mit einer noch nicht festgelegten Geschlechtsidentität auch eine große Herausforderung für seine Eltern sein, die zuweilen auch frustrierend ist. Der Mangel an Beständigkeit in den geschlechtsspezifischen Ausdrucksformen kann manche Eltern in großes Staunen versetzen, wobei sie sich selbst fragen, wer genau ihr Kind denn wohl ist. Einige Eltern suchen völlig verzweifelt nach einer endgültigen Antwort: Junge oder Mädchen. Das Hin und Her der geschlechtsspezifischen Ausdrucksformen mag sie schier zur Verzweiflung bringen, denn sie sind gewohnt, Geschlecht als etwas Statisches aufzufassen. Doch das hilft alles nicht. Eltern sollten ihr Kind dort abholen, wo es steht. Sie sollen sich ihrem Kind gegenüber öffnen und zulassen, dass sich ihr Kind ihnen gegenüber ebenso öffnet. Genauso wie Eltern heute nicht wissen, welchen Beruf ihr Kind eines Tages ergreifen wird, so wissen sie auch nicht, welche Geschlechtsidentität ihr Kind bilden bzw. welche geschlechtsspezifischen Ausdrucksformen es ausbilden wird. Sie sollten sich darüber auch im Klaren sein, dass der Bildungsprozess der Geschlechtsidentität lebenslang dauert und stets in einer Art Schwebezustand bleibt.

„Mein Sohn hat sich immer mit Mädchen identifiziert und trägt privat häufig Mädchenkleider, aber er ist sich sicher, dass er ein Junge ist und nicht als Mädchen angesehen werden will. Ich betrachte ihn gegenwärtig nicht als transident und ich habe mir gesagt, sei offen für alles, egal wo er zukünftig im Spektrum der Geschlechtsidentität und sexuellen Orientierung landet. Er sagte mir vor langer Zeit, dass er nur er selber sein wollte. Und das hat mir bei seiner Erziehung als Wegweiser gedient." (Elternteil eines 7-jährigen geschlechtsvarianten Jungen)

Eltern sollen also offen für Ihr Kind bleiben. Sie sollen es spüren lassen, dass sie an seiner Seite stehen und dass sie mit allem einverstanden sind, was ihr Kind heute, morgen oder am übernächsten Tag zu sein vorgibt. Sie können ihrem Kind auch sagen, dass sie sich freuen, erleben zu können, wie es sich selbst von Tag zu Tag immer besser kennenlernt.

Wir haben gesehen, dass sich Kinder in Bezug auf ihr Geschlecht nicht immer gleich festlegen und stattdessen eher in permanenten Übergangsphasen leben. Es ist daher angebracht, von Etikettierungen und Entscheidungszwängen abzusehen. Wenn das betroffene Kind von sich aus eine Bezeichnung des Geschlechts sucht, dann fragen Eltern am besten nach seinen Beweggründen und wie es sich fühlt, wenn es als Mann oder als Frau bezeichnet wird. Denn weder Erwachsene noch Kinder mögen von anderen so oder so bezeichnet werden. Die Bezeichnung muss mit der tief empfundenen Geschlechtsidentität übereinstimmen, sonst fühlt man sich unbehaglich und eingeengt.

„Wir hatten unser Kind die ganze Zeit als transident bezeichnet. Schließlich haben wir ihn eines Tages darauf angesprochen. Er sagte, er hätte

> nicht wirklich von sich aus gedacht, dass er transident sei. Eigentlich waren das immer die anderen, die das taten. Er dachte, er sei von jeher immer ein Junge gewesen. Er sagte dann, er würde die Bezeichnung ‚Trans' verwenden, weil das die Leute verwenden, aber er denkt nicht, dass diese Bezeichnung seiner persönlichen Erfahrung entspricht. Danach haben wir uns bemüht, das Wort nicht mehr so oft zu benutzen." (Elternteil eines 9-jährigen Jungen)

Man sieht hier, wie wichtig es ist, stets ein bisschen neugierig auf das eigene Kind zu sein. Eltern sollten immer wieder einmal ihr Kind fragen, wie es sich selbst wahrnimmt, worüber es nachdenkt, welche Sorgen es vielleicht in Bezug auf andere Personen in seiner Umgebung hat, ob es Zwänge empfindet und wie es sich fühlt, wenn sie ihr Kind berühren oder wovon es träumt, was es hofft, wovor es sich fürchtet. Fragen wie diese lassen das Kind wissen, dass seine Eltern für es da sind. Offene Kommunikation schafft einen Raum, in dem das Kind seine Geschlechtsidentität offen herausbilden kann. Das Kind soll stets sein, wer immer es in seiner Erfahrung selbst ist.

> „Was ich den Leuten immer erzähle ist, dass wir dachten, wir hätten einen Sohn bis wir feststellten, dass wir eine Tochter haben. Dennoch bemüht sich unsere Tochter, uns zu zeigen, dass sie wieder unser Sohn sein möchte oder dass sie sich am wohlsten in beiden Geschlechtern fühlt oder in keinem der beiden oder als etwas, für das wir bislang noch keine Worte gefunden haben. Wir sind offen. Wir sind ihr mit Sicherheit nicht verbunden, weil sie eine transidente Person ist, sondern weil sie sie selbst ist. Wir wünschen ihr, dass sie sich von uns immer unterstützt und geliebt fühlen wird." (Elternteil eines 13-jährigen Transmädchens)

Mit dem Kind in engem Kontakt zu bleiben und stets Interesse an seinen Erfahrungen zu zeigen, wird beiden Teilen, den Eltern und dem Kind, helfen, gemeinsam aneinander zu wachsen und sich zu entwickeln. Dies wird Eltern helfen zu verstehen, wie ihr Kind seine Erfahrungen verarbeitet. Es wird ihnen dabei auch helfen, ihrem Kind Orientierungshilfe und Unterstützung geben zu können. Wenn Selbstwertgefühl und Geschlechtsidentität das Kind wieder einmal belasten und verwirren, dann wird eine enge Beziehung zu den Eltern ihnen helfen. Denn dann werden sie ihre Eltern spüren lassen, ob und wann sie zusätzliche Hilfe oder eine Intervention von außen brauchen.

Bekenntnis zur Akzeptanz*

Ich stehe hier und will von heute an, wo immer ich bin,

- über mein Kind anderen gegenüber in positiver und bejahender Weise sprechen,

- proaktiv gegen Diskriminierung vorgehen,
- positive Aussagen über die Geschlechtervielfalt machen,
- mit Schulen und anderen Institutionen zusammenarbeiten, um diese Institutionen für geschlechtsvariante, transidente und alle anderen Kinder sicherer zu machen,
- Gleichgesinnte in Bezug auf die geschlechtsvariante Lebensform suchen und eine Selbsthilfegruppe gründen,
- meine Bewunderung für die Identität und Selbstdarstellung meines Kindes zum Ausdruck bringen, egal in welche Richtung sich mein Kind entwickeln wird,
- mich zum Freiwilligendienst in Organisationen für abweichende Geschlechter engagieren, um mehr zu lernen und andere darüber aufzuklären,
- daran glauben, dass mein Kind eine glückliche Zukunft haben wird.

Sorgen ausdrücken, ohne Zurückweisung zu vermitteln

Vor dem Hintergrund der vorangegangenen Informationen mögen sich viele Eltern fragen, wie sie denn ihre natürliche Sorge in Bezug auf das Wohlergehen ihres Kindes zum Ausdruck bringen können, ohne dem Kind gegenüber ablehnend zu erscheinen. Wir ermutigen alle Eltern, ihre Sorgen dem Kind zu zeigen. Dies ist Teil der elterlichen Aufgabe. Die Frage ist hier also nicht ob, sondern vielmehr wie, d. h. auf welche Art und Weise Eltern ihre Sorgen äußern können, ohne das Kind zu verletzen.

Wenn z. B. der Sohn, der gerade die Sekundarstufe besucht, seinen Eltern mitteilt, er glaube, er sei transident und plane ein Kleid zu einer formellen Tanzveranstaltung zu tragen, dann können sich die Eltern auf verschiedene Weisen verhalten. Sie könnten z. B. sagen: „Nein, das wirst du nicht, mein Sohn.“ Ehe sich diese Eltern aber äußern, sollten sie sich Zeit nehmen, um etwas Abstand zu gewinnen. Sie könnten dann für sich klären, welcher Art denn ihre Bedenken sind und versuchen, diese aufzuzählen. Der eine Elternteil wird sich schämen, der andere Teil wird sich um die Sicherheit des Sohnes Sorgen machen oder denken, dass sich dieser zu schnell entwickelt habe. Oder sie kommen zu der Auffassung, dass ihr Sohn zu jung sei, um zu verstehen, ob er transident ist und dass er in seinem jugendlichen Leichtsinn sich vorzeitig für ein Geschlecht entscheidet, zu dem er vielleicht nicht gehört. Wenn die Eltern also nachgedacht haben, dann müssen sie entscheiden, über was sie mit Ihrem Jungen reden wollen. Sie könnten z. B. sagen: „Ich denke, du hast dir auch Gedanken gemacht, und ich interessiere mich dafür, diese zu hören. Ich weiß, dass ich kein Teenager bin, es ist schon eine Weile her, dass ich zur Schule gegangen bin, also könnten meine Bedenken völlig unbegründet sein. Aber ich möchte gerne mit dir über deine Wahl, ein Kleid zu tragen, sprechen. Gibt es denn an deiner Schule irgendwelche anderen Jungs, die ein Kleid tragen? Wie denkst du, werden die anderen reagieren? Weiß jemand von deinem Plan? Was denken die?“

Das Gespräch sollte natürlich in einem einfühlsamen Ton geführt werden. Nicht in Form eines abzuarbeitenden Fragenkatalogs, sondern als Dialog, um in einer nicht konfrontierenden Weise die Probleme durchzusprechen. Der Sohn könnte seine Eltern auch völlig überraschen, indem er sich zu allen Problemstellungen der Eltern schon Gedanken gemacht hat.

Greifen wir die Tanzveranstaltung in der Schule erneut als Beispiel auf. Eltern haben einen transidenten Sohn, der sich aber in der Schule noch nicht geoutet hat; wohl aber hat er entschieden, dass die Zeit nun reif ist, und den Plan geschmiedet, die Tanzveranstaltung in einem Anzug zu besuchen. Er sagt, dass drei seiner Freunde, die Bescheid wissen, dabei sein werden. Parallel dazu sind die Eltern zu der Einsicht gekommen, dass das Risiko ihres Sohnes, angepöbelt zu werden, gering ist. Vielleicht ist es auch eine liberale Schule und die Schülerinnen und Schüler tragen ohnehin schon jene Kleidung, die der persönlichen Selbstdarstellung entspricht. Und es gibt dennoch Eltern, die um die Sicherheit ihres Kindes bangen. Sie denken vielleicht daran, wie ihr Kind spät am Abend die Veranstaltung verlassen oder wie es wohl am nächsten Tag in der Schule empfangen wird. Der Sohn mag seinen Eltern auch in die Augen schauen und sagen, dass sie sich keine Sorgen machen sollen und dass das sein Weg sei. Ungeachtet von alledem, sollten die Eltern das Ganze mit ihrem Kind diskutieren. Man kann auch noch mögliche Sicherheitsvorkehrungen besprechen, z. B. an wen sich das Kind wenden kann, wenn es Hilfe braucht oder belästigt werden sollte. Möglich wäre auch, dass die Eltern ihr Kind holen kommen – wo immer es auch gerade sein mag, ohne Fragen zu stellen – sollte das Kind jemals in Schwierigkeiten wegen seines geschlechtsspezifischen Verhaltens geraten. Das Kind soll spüren, dass sich seine Eltern aus Liebe seinetwegen Sorgen machen und es jederzeit unterstützen. Wenn sich Eltern aber für ihr Kind schämen oder sich vor sich selbst schämen, dann sollten sie dies für sich behalten. Das Kind muss davon nichts erfahren. Nach dem Gespräch sollten die Eltern mit Genugtuung feststellen können, dass sich ihr Kind umsorgt fühlt und dass sie ein paar praktische Regeln zur Sicherheit ihres Kindes aufgestellt haben.

Wir sind uns dessen bewusst, dass die Welt nicht so sicher für transidente, geschlechtsvariante und nicht geschlechtskonforme Jugendliche ist, wie wir uns das alle gerne wünschen. Gewalt kann vorkommen und kommt vor. Noch kurz vor der Veröffentlichung dieses Buches in den USA, wurde in den Nachrichten über einige tragische Vorkommnisse berichtet; auch über einen Fall, bei dem ein Schüler seinen nicht geschlechtskonformen Mitschüler ermordet hat. Wir sollten daher die latente Gewalt nicht auf die leichte Schulter nehmen und hoffen, dass alle betroffenen Familien die richtige Balance finden werden: einerseits ihrem Teenager jenen Raum zu geben, den er oder sie benötigt, um sich positiv in seiner oder ihrer Selbstdarstellung zu entwickeln und andererseits alles zu tun, um ihn oder sie sicher und beschützt zu wissen. Wir sind voller Hoffnung, dass sich mit der Zeit das Verständnis für Transidentität und Geschlechtsvarianz in der Allgemeinheit wächst und Fälle der Gewalt bald der Vergangenheit angehören werden. Ob sich das Kind in der Schule mit seinem nicht geschlechtskonformen Verhalten zu erkennen geben sollte oder nicht, hängt davon ab, ob Schule und Schulgemeinde entsprechend sensibilisiert sind.

Kleine Schritte

In den bisherigen Ausführungen wurden einige Handlungskonzepte angeboten, auf welche Art und Weise Eltern ihr geschlechtsvariantes oder transidentes Kind auf seinem Lebensweg und bei seiner Entwicklung unterstützen können.

Natürlich ist jedes Elternteil und jedes Kind unverwechselbar. Betrachtet man die Eltern, dann ist z. B. die Tatsache, dass sie diese Buch lesen und nach Antworten und Orientierungshilfen suchen, schon eine beachtliche Leistung. Jeder Schritt, den Eltern unternehmen, um ihrem Kind Akzeptanz, Liebe und Unterstützung zuteilwerden zu lassen, ist immer der wichtigste. Vielleicht sind manche Eltern noch nicht bereit, den einen oder anderen Schritt, den wir in diesem Kapitel dargestellt haben, zu gehen; noch nicht. Das ist ok. Jeder Schritt, den sie aber gehen, wird sie näher zu ihrem Kind bringen. Daher sollten sich jene Eltern auch die nötige Hilfe holen, um weiterzukommen. Die Reise, die Eltern mit ihrem transidenten oder geschlechtsvarianten Kind angetreten haben, findet eben nie ein wirkliches Ende.

5 Entscheidungen während der Übergangszeit: Ab wann soll mein Kind seine Identität im anderen Geschlecht leben können?

Wenn der äußerliche Vollzug der Geschlechtsidentifikation mit der inneren Geschlechtsidentität in Einklang gebracht wird, spricht man von der Phase des Übergangs oder einer Zwischenzeit. Es gibt keine Faustregel, wann man einem geschlechtsvarianten Kind erlauben sollte, seine Identität im anderen Geschlecht zu leben. In der Regel aber kommt irgendwann der Zeitpunkt, an dem der Leidensdruck beim Kind derart zunimmt, dass ihm der Übergang in seine wahre Identität – trotz etwaiger Bedenken – erlaubt werden sollte. Bis zu diesem Zeitpunkt wird man sich allerdings nicht sicher sein können, wann der Wandel vollzogen wird. Ebenso wenig wird man den richtigen Zeitpunkt treffen können, dem Kind die Geschlechtsidentifikation zu ermöglichen, nachdem es seinen Vorsatz, im anderen Geschlecht leben zu wollen, klar dargelegt hat.

Die Fragen nach dem passenden Zeitpunkt sind also nicht einfach zu beantworten. Sicher dagegen scheint aber eines zu sein: Die Kinder, die von ihren Familien die entsprechende Unterstützung erfahren, verkraften ihren Wandel in Bezug auf ihre psychische, seelische und körperliche Gesundheit am besten. Oftmals sind Eltern, wenn sie Überlegungen anstellen, wie der Wandel ihres Kindes vollzogen werden soll, am meisten um die physische Unversehrtheit ihrer Kinder einerseits und um deren Ablehnung durch andere andererseits sehr besorgt. Deshalb sind zwei Fragen für die Eltern wichtig: Wird mein Kind in Gefahr sein, wenn ich ihm erlaube, sich zu wandeln? Und wäre es nicht besser, wenn mein Kind noch ein bisschen warten könnte? Der Schlüssel für eine Erfolg versprechende Beantwortung dieser Fragen kann in der Beurteilung der gegenwärtigen Gesamtbefindlichkeit des Kindes liegen: Fühlt es sich zurzeit wohl und zufrieden oder leidet es? Wenn Letzteres der Fall ist, dann stehen die Gefahren, die es als transidente Person zukünftig zu erwarten hat, in keinem Verhältnis zu den ernsten Problemen seiner gegenwärtigen Situation.

Die Wandlung als Prozess

Bei Eltern, die von Anfang an die Bildung der Geschlechtsidentität ihrer geschlechtsvarianten oder transidenten Kinder beobachtet haben, wächst die Akzeptanz parallel zu der fortschreitenden Entwicklung des Kindes.

Ein kleines Kind kann sich nur dann wandeln, wenn es die uneingeschränkte Zustimmung der Eltern erfährt. Insofern wandeln sich Eltern und Kinder auch gemeinsam. Manchmal bedarf es vieler Jahre bis Eltern von sehr jungen Kindern davon überzeugt sind, dass die geschlechtsvariante Identität ihres Kindes keine hinausgezögerte Phase sondern bleibend ist.

Eltern hingegen, deren Kinder ihre Transidentität sozusagen ohne vorherige Warnung ankündigen, spüren den Schmerz des drohenden Verlustes und der Verwirrung viel stärker als Eltern, die den Wandel ihres Kindes als Entwicklungsprozess erlebt haben.

> „Ich hatte das überhaupt nicht kommen sehen und war für eine ganze Weile wie unter Schock." (Elternteil einer 20-jährigen Transfrau)

Transidente Kinder und andere geschlechtsvariante Kinder, die sich mitteilen wollen, sind es in der Regel leid, häufig falsch verstanden, für minderwertig erklärt und gezwungen zu werden, bestimmte Kleidung zu tragen oder sich in unbehaglicher oder auf unnatürliche oder gar auf beschämende Weise darstellen zu müssen. Möglicherweise tragen diese Kinder über einen langen Zeitraum Gefühle mit sich herum, ohne je die entsprechenden Worte zu finden, um diese Gefühle auch ausdrücken zu können. Viele ältere Kinder und Teenager können Jahre lang still vor sich hin gelitten haben, ehe sie sich ihren Eltern gegenüber offenbaren. Manche Kinder zählen zu jenen, die sich eines Tages bewusst werden, dass sie transident sind und dass das genau ihrem Wesen entspricht – vielleicht, weil sie eine ebenfalls transidente Person kennengelernt haben. Andere Kinder dagegen versuchen, dies ihren Eltern über Jahre hinweg mitzuteilen und finden erst spät Gehör.

Kinder sind nicht transident, um zu rebellieren oder ihren Eltern das Leben schwer zu machen. Diese Kinder sind wunderbare und mutige Individuen. Ihr Bedürfnis, sich selbst zu verwirklichen, ist von größerer Bedeutung als alles andere in ihrem jungen Leben. Ihr Verlangen, ihre natürliche Geschlechtsidentifikation der Welt zu zeigen bzw. auch nach außen hin im Einklang mit ihrer Geschlechtsidentität zu leben, entspricht ihrem Bedürfnis, ein authentisches Leben zu führen. Kinder, die ihre Transidentität offenbaren, teilen ihrem Umfeld unmissverständlich mit, dass sie nicht länger bereit sind, unter der vorgetäuschten Geschlechtszugehörigkeit weiterzuleben, nur um realen oder möglichen Demütigungen, Ablehnungen oder Verfolgungen aus dem Weg zu gehen. Sie wollen stattdessen die ungebrochene Liebe und Zustimmung ihrer Eltern oder derer, die sich um sie kümmern. Sie wollen so geliebt werden, wie sie sind.

Die Gefahr ambivalenter Äußerungen

> „Ich sage meinem Kindergartenkind, dass ich weiß, dass er ein Mädchen ist, und dass er, wenn er groß ist, ein Mädchen sein und auch eine Mama werden kann. Für den Moment aber, wird er in der Schule ein Junge sein, weil die Leute alles andere nicht verstehen." (Elternteil eines 6-jährigen transidenten Kindes)

> „Wir haben unsere heranwachsende Tochter wissen lassen, dass wir damit einverstanden sind, dass sie ein Mann sein möchte. Aber sie muss noch warten, bis zum Schulabschluss. Dann kann sie das College als Mann besuchen." (Elternteil einer High School Schülerin)

Dem Kind als Eltern zu sagen, dass man mit seiner Identität klar kommt, dass es aber mit der Wandlung noch zu warten hätte, ist ohne Zweifel eine starke Botschaft. Aber es mag nicht immer die sein, die man zu vermitteln beabsichtigte. Denn man liefert dem Kind zugleich eine versteckte Botschaft mit, dass es, solange es in der Familie lebt, seine wahre Identität für sich zu behalten hat. Für Kinder, deren Eltern hingegen davon überzeugt sind, dass sie transident sind, gibt es keinen Grund, nicht jetzt schon im Einklang mit ihrer Geschlechtsidentität zu leben, auch wenn die Vorstellung ihrer Zukunft noch vage zu sein scheint. Bei Kindern, die sich eine zukünftige Zeit, in der sie sie selbst sein können, gar nicht vorzustellen vermögen, geht man das erhöhte Risiko ein, dass sie das Elternhaus verlassen oder sich sogar das Leben nehmen.

Das Leben als transidenter Mensch ist kein einfacher Weg. Aber es ist ein wahrhaftiges Leben. Jede transidente Person, gleichgültig ob Kind, Heranwachsender oder Erwachsener, hat uns gegenüber bestätigt, dass sie ihr Lebensgefühl erheblich steigern konnte, weil sie im Einklang mit ihrer wahren Geschlechtsidentität lebt. Einen „richtigen" Zeitpunkt für den Wandel des Geschlechts gibt es jedoch nicht. Verschiedene Zeitpunkte haben ihre Vor- und Nachteile. Wenn Eltern aber wirklich wissen, dass ihr Kind transident ist und es seine Bereitschaft zum Wandel signalisiert, um im Einklang mit seiner Geschlechtsidentität zu leben, dann sollten die Eltern ihr Kind unterstützen und es mit dem Wandel beginnen lassen.

Der angemessene Fahrplan für den Wandel

Eltern sollten sich vor Pädagogen, Ärzten und Fachkräften hüten, die behaupten, den richtigen Zeitpunkt für den Wandel nennen zu können. Den gibt es nicht. Auch gibt es keinen Fahrplan, den einzuhalten angemessen wäre. Jede Familie begibt sich auf ihre eigene Reise und entscheidet unterwegs, was für sie, den jeweiligen Umständen entsprechend, richtig ist.

„Der Psychiater, den wir aufgesucht haben, nachdem unser Sohn uns mitgeteilt hatte, dass er transident sei und sein Leben als Mädchen leben wolle, sagte uns, dass unser Sohn noch sechs Monate warten sollte, ehe er in einem Kleid außer Haus gehen könne. Hätten wir diese Regel beachtet, dann wäre unsere Tochter nicht mehr unter uns, denn ihr Outing uns gegenüber war ihre letzte Zuflucht vor dem Selbstmord. Sie war regelrecht geschockt, als wir sie nicht ablehnten. Sie dachte, wir würden sie verstoßen und wusste, dass sie damit nicht mehr leben könne. Sie wusste auch, dass sie keinen weiteren Tag als Junge hätte leben können. Wir danken Gott jeden Tag, dass wir so reagiert haben, wie wir das taten. Wir wollten viel lieber ein transidentes Kind haben, als gar kein Kind. Auf jeden Fall, sie schaffte es gerade einmal drei Monate, bevor sie dann vollends als Mädchen auftrat. Wir mussten sehr schnell handeln. Aber wir haben das als Team gemacht. Sie ging zur Therapie und wir gingen zur Therapie; sie besuchte einen Endokrinologen, wir sprachen mit ihren Lehrerinnen und Lehrern; wir sagten es unseren Freunden und Verwandten; sie erhielt Elektrolyse, wir kauften neue Kleidung und Make-up; wir verpassten ihr eine neue Frisur und – bums – heraus schlüpfte unsere Tochter. Normalerweise geben sie einem neun Monate bis zur Geburt. Dies war die beschleunigte Ausführung. Also hören Sie nicht darauf, wenn Ihnen jemand was von einem Fahrplan oder einer Zeitleiste oder so was erzählt. Tun Sie, was immer Sie tun müssen, damit Ihr Kind am Leben bleibt." (Elternteil einer 17-jährigen Transtochter)

Mit einiger Sicherheit lässt sich allerdings verallgemeinern, dass Eltern länger warten können, je jünger das Kind ist, das seine geschlechtsvariante Wesenseigenschaft mit seiner empfundenen Geschlechtsidentität in Einklang und zum Ausdruck bringen will. Warten können Eltern, solange ihr Kind mit seinem eher ambivalenten Geschlechtszustand zurechtkommt.

„Einige Monate lang haben wir von unserem Kind als ‚unserem süßen, kleinen großen Jungen, sie ist so ein liebes Kind' gesprochen. Mit anderen Worten, wir bezogen uns auf unser Kind als unseren ‚Sohn' und als ‚Junge', aber konnten die Pronomen nicht anpassen! Die Leute haben bestimmt geglaubt, wir seien sonderbar. Aber da unser Kind noch in der Vorschule war, waren die Leute nachsichtig. Ich kann mir aber nicht vorstellen, dasselbe zu machen und damit durchzukommen, jetzt wo unser Kind zehn ist, geschweige denn wenn es 14 wird. Das war damals Luxus, für den ich dankbar bin. In einem gewissen Sinne, hatten wir damals mehr Zeit, weil wir auch mehr Kontrolle über unser kleines Kind hatten, als wir über ein älteres Kind haben würden." (Elternteil eines 10-jährigen Transjungen)

Eine völlig andere Bedeutung kommt dem kindlichen Verlangen sich zu wandeln zu, wenn sie kurz vor der Pubertät stehen oder gerade in die Pubertät gekommen sind. Denn hier wird ihr Verlangen durch eine wesentlich stärker empfundene Dringlichkeit begleitet, als es bei jüngeren Kindern der Fall ist. Besonders, weil auch störende körperliche Veränderungen zu bewältigen sind. (Man vergleiche hierzu Kapitel 8, wo man nachlesen kann, wie man „Zeit gewinnt".)

Es gibt Medikamente, die Eltern ihren Kindern in einer solchen Phase verabreichen können, um ihre pubertären Veränderungen aufzuschieben, nicht zuletzt auch um herauszufinden, was sich da überhaupt genau abspielt. Dabei ist sehr wichtig, einerseits nicht sofort bleibende physische Veränderungen anzustreben, andererseits aber doch in Betracht zu ziehen, die natürliche körperliche Entwicklung des Heranwachsenden zu stoppen.

Hier können erfahrene Therapeuten Eltern und Familien Hilfestellung geben. Auf jeden Fall muss man diesen Weg mit offenen Augen gehen, die jeweils verfügbaren Möglichkeiten in Erfahrung bringen und sich darüber im Klaren sein, welche Entscheidungen man zum Besten aller Betroffenen zu fällen gedenkt.

Eltern sollten stets danach streben, für ein Gleichgewicht in der Familie zu sorgen, mit dem jedes Familienmitglied zufrieden sein kann. Natürlich haben Kinder oder Teenager eine andere Auffassung von Zeit als Erwachsene. Manchmal gelingt es Eltern, die Zügel in diesem Prozess in der Hand zu behalten und die Geschwindigkeit ihren eigenen Vorstellungen entsprechend zu bestimmen. Wenn aber Kinder solange warten, dass sie unter Leidensdruck ihre Eltern mit der Absicht ihrer Wandlung konfrontieren, dann werden Eltern nicht mehr die Zeit haben, die sie gerne hätten, um diese Information zu verarbeiten und die entsprechenden Schritte einzuleiten. Stattdessen werden sie sich vorkommen wie jemand, der zu Fuß einen fahrenden Zug einzuholen versucht. Sicher wird es zu Beginn des Prozesses ein bisschen zu schnell gehen, aber dieser Stress wird abebben und das Leben wird sich wieder normalisieren. Vielleicht wird es einige Zeit dauern, aber es wird klappen.

Wenn ein Elternteil dem bevorstehenden Wandlungsprozess seines Kindes zustimmt, erscheint es am sinnvollsten – insbesondere bei Alleinerziehenden, getrennt lebenden oder geschiedenen Eltern – sich der vollen Unterstützung des anderen, rechtlich anerkannten Elternteils ggf. sogar dessen neuen Partners zu versichern, bevor man einseitig dem Kind erlaubt, seine Wandlung zu beginnen. Vom juristischen Standpunkt her gesehen, ist das die sicherste Vorgehensweise. Wenn das nicht möglich ist, sollte man einen Anwalt aufsuchen, um sich über die Folgen eines Alleingangs aufklären zu lassen, was wir in Kapitel 9 eingehender besprechen werden.

Wie sollen wir beginnen?

Wir haben schon darauf hingewiesen, dass es kein Rezept für das Gelingen einer Wandlung gibt. In der Regel werden Eltern damit beginnen, ihren kleinen Kindern eine größere Freiheit in Bezug auf die gesellschaftlich festgelegten Eigenschaften der Geschlechterunterscheidung zuzugestehen. Vielleicht werden sie ihre Kindern die eigene Frisur wählen lassen und später diese Freiheit auf das Tragen der bevorzugten Kleidung ausweiten. Viele Eltern und Familien erlauben ihren kleinen Kindern, ihre Geschlechtsidentifikation bereits zu einem sehr frühen Zeitpunkt zu äußern, obwohl sie dennoch eine Weile an den bei der Geburt vergebenen Namen und den entsprechenden Pronomen festhalten.

Ältere Kinder, deren innere Bereitschaft, ihre Wandlung zu vollziehen, bereits ausgeformt ist, beginnen ihre Geschlechtsidentifikation zu demonstrieren, noch bevor sie sich verbal mitgeteilt haben. Diese Situation wird von Familien sehr unterschiedlich bewältigt. Manche lassen ihre Kinder außerhalb der Schule probeweise als Mädchen oder Junge leben. Andere Familien dagegen, entscheiden sich in Zusammenarbeit mit der Schule, einen geeigneten Zeitpunk festzulegen, zu dem ihr Kind die Wandlung zeigen könnte.

Schulen, die den Kindern ihren Wandel ermöglichen wollen, benötigen häufig eine Vorlaufzeit, um ihr Personal entsprechend aufzuklären und vorzubereiten, damit diese Kinder die größtmögliche Unterstützung in dieser sensiblen Zeit erfahren können. Wenn die Schule dann bereit ist, kann dem Kind auch erlaubt werden, sich zu kleiden und darzustellen, wie es das gerne möchte. Den größten Erfolg, sich zu wandeln, werden Kinder in Schulen haben, in denen Kollegium und MitschülerInnen in Bezug auf Geschlechtervielfalt bereits aufgeklärt und geschult sind. Dies bestätigt Stephanie Brill anschaulich mit ihrer Arbeit bei Gender Spectrum.

Es gibt auch Eltern, die ihren Kindern erlauben, diesen Prozess selbst zu steuern. In diesem Falle muss allerdings klar sein, dass Eltern diesen Weg nicht deshalb beschreiten dürfen, weil sie insgeheim hoffen, ihr Kind werde bei dem Versuch sich zu wandeln scheitern. Damit wäre das Thema erledigt. Eltern, die sich bei solchen Gedanken ertappen, sollten innehalten und einen Weg suchen, auf dem sie mit ihrem Kind kooperieren und es voll und ganz unterstützen können.

Einen Wandel mit zu vollziehen ist eine aufregende und schwierige Zeit für alle Beteiligten im Umfeld eines sich wandelnden Kindes. Dennoch ist es für Eltern sehr wichtig, sich daran zu erinnern, dass nicht sie, sondern ihr Kind der elterlichen Hilfe und Unterstützung bedarf. Eltern haben daher auch die Aufgabe, sich außerhalb der Familie die notwendige Unterstützung und Hilfe zu holen, die sie benötigen.

Vorübergehend ohne Pronomen auskommen

Wie verhalten sich Eltern, wenn ihr Kind sie darum bittet, im Einklang mit seiner Geschlechtsidentität leben zu dürfen, sie selbst aber noch nicht dazu bereit sind? Viele Familien kommen diesem Wunsch entgegen, indem sie beschließen, zu Hause eine geschlechtsneutrale Sprache einzuführen oder den Vornamen des Kindes statt Pronomen zu benutzen (z. B. „Jenny möchte mit Freunden ins Kino gehen" oder „Jenny möchte gerne mit Jennys Freunden ins Kino gehen"). Diese Familien sind vielleicht noch nicht bereit, die Pronomen zu ändern, aber sie wollen ihrem Kind auch nicht mit Fürwörtern Unbehagen bereiten. Dies ist eine missliche Phase. Erst wenn man einen ganzen Tag ohne Pronomen auskommen muss, wird man merken, wie viel geschlechtsspezifische Information in unserer Sprache enthalten ist.

> „Wir haben ein ganzes Jahr lang, als unser Kind fünf war, versucht, ohne Pronomen auszukommen. Zu diesem Zeitpunkt hatte uns unsere Transtochter schon drei Jahre lang gesagt, dass sie ein Mädchen sei. Wir haben einfach nicht glauben können, dass Kinder schon in diesem Alter ihr Geschlecht ändern könnten. Sie sollte für uns ein jungenhaftes Mädchen sein. Aber das war ihr nicht recht. Also haben wir mit ihr eine Vereinbarung getroffen: Wir benutzen unter fremden Leuten nicht ihren Jungennamen. Entweder so oder wir müssten mit endlosen, leidigen Wutausbrüchen ihrerseits leben, wo immer wir auch hingingen. So lernten wir, ohne Pronomen zu sprechen. Ich kann Ihnen gar nicht sagen, wie erleichtert wir waren, als wir uns endlich dazu entschieden haben, die Pronomen zu ändern und wir wieder ohne Einschränkung reden konnten. Aber ich kann Ihnen versichern, dass wir durch diese Erfahrung viel mehr Sympathie für Kinder entwickelt haben, die sich in keinem der beiden Geschlechter zu Hause fühlen. Unsere Sprache steckt uns von Anfang an in Schubladen."
> (Elternteil eines 8-jährigen Transmädchens)

Pronomen ändern und das Geschlecht respektieren

Den Vornamen und die entsprechenden Pronomen zu ändern, stellt für viele Eltern eine Art von Grenzüberschreitung dar. Es ist ein beängstigender Schritt, insbesondere weil er Eltern wie ein Eingeständnis vorkommt, die tatsächliche Geschlechtsvarianz ihres Kindes zu akzeptieren. Und die Auswirkungen sind nicht absehbar. Wenn das Kind dennoch um die Änderung bittet, dann sollten die Eltern dieses Anliegen unterstützen und es so schnell wie möglich umsetzen. Dieser Schritt wird mögliche negative Auswirkungen vorangegangener elterlicher Reaktionen kompensieren.

„Als unsere Dreijährige mit uns am Esstisch saß und uns sagte, wir würden ihr das Herz brechen, weil wir sie nicht mit ER ansprächen, da wussten wir, die Zeit war gekommen. Wir mussten einen Sinneswandel vollziehen. Was mir persönlich dabei am meisten geholfen hat – neben der klaren Bitte meines Kindes –, war die Erkenntnis, dass ich den Wunsch meines Kindes jetzt erfüllen und keine lebenslange Verpflichtung eingehen musste. Das hat mir denn Schritt dann erleichtert. So wie sie eines Tages gekommen war und gesagt hatte, sie sei ein Junge, so könnte sie eines Tages kommen und sagen, sie wäre ein Mädchen. Die Änderung der Pronomen war ja alles, worum sie gebeten hatte. Aber warum ist bei mir das Gefühl aufgekommen, als ob sich die ganze Welt verändern würde? Das ist jetzt lange her. Heute empfinde ich Mitleid mit mir selbst, wenn ich zurückblicke. Dabei wird mir wieder bewusst, wie schwer das für mich damals war – aber es erscheint trotzdem albern, dass ich das alles zu so einer großen Sache aufgebauscht habe.“ (Elternteil eines 9-jährigen Transjungen)

Bei geschlechtsvarianten Kindern kommt irgendwann einmal der Zeitpunkt, an dem ein formeller Vollzug des Wandels als gesellschaftlich notwendig erachtet wird. Dann sollte dieser auch entsprechend realisiert werden. Viele Eltern verwenden vorübergehend und in Gegenwart ihrer Kinder die neuen Pronomen, die alten aber wenn die Kinder nicht dabei sind. Sie tun dies, um ihr „altes“ Kind länger zu behalten. In der Regel lässt dieses Gefühl nach einigen Wochen oder Monaten nach und gehört dann der Vergangenheit an. Mit zunehmender Sicherheit benutzen die Eltern dann die neuen Pronomen. Manchmal passiert ein Lapsus, der aber mehr aus Gewohnheit und weniger aus mangelnder Rücksichtnahme geschieht. Damit die Kinder diesen Versprecher verstehen können, sollten die Eltern mit ihren Kindern reden und ihre Gefühle verdeutlichen.

In manchen Familien unternimmt ein Elternteil bereits die entsprechenden Schritte für einen Pronomenwechsel, bevor der andere Elternteil dazu bereit ist. Obwohl dies für das betroffene Kind verwirrend sein mag, so spürt es dennoch die Unterstützung durch den einen, aber auch das Zögern des anderen Elternteils. Problematisch wird ein solcher Lapsus in der Öffentlichkeit, wenn z. B. ein Elternteil „sie“, der andere aber „er“ verwendet. Eine solche Verwechselung kann innerhalb des Kreises der Eingeweihten funktionieren, aber bei fremden Personen, die die andersgeschlechtliche Vorgeschichte nicht kennen, wird man eher zurückhaltend sein müssen.

Für die meisten Eltern von geschlechtsvarianten oder transidenten Kindern und Jugendlichen kommt es in dieser Phase immer wieder zu unangenehmen Situationen, die sie aber meistern können. Diese Lebensphase kann einige Monate oder aber auch mehrere Jahre dauern. Und dann eines Tages blickt man zurück und stellt fest, dass sich alles normalisiert hat.

„Unser jüngstes Kind entschied, die Rolle des Pronomen-Polizisten zu spielen. Immer wenn sich jemand versprochen hatte, sammelte er zehn Cent ein. So hat er sich als Mitglied der Familie gefühlt und wir hatten jemanden, der auf uns aufpasste." (Elternteil eines 12-jährigen Transjungen)

„Wir verwenden feminine Pronomen, es sei denn wir versprechen uns. Das passiert in etwa der Hälfte der Zeit." (Elternteil einer 20-jährigen transidenten Tochter)

„Er wollte eine gewisse Zeit lang als Mädchen angesprochen werden, aber jetzt scheint mir, sind wir in die Verwendung männlicher Pronomen zurückgefallen. Aber wir sind uns dessen bewusst, dass sich dies in Zukunft wieder ändern könnte". (Elternteil eines 5-jährigen geschlechtsvarianten Jungen)

„Als ich mich anderen gegenüber weiterhin auf mein sich als Sohn identifizierendes Kind mit ‚sie' bezogen hatte, wurde mir bewusst, dass ich sie verwirrte. Ich sagte ‚sie' und hatte erwartet, dass die anderen das in ‚er' umändern würden. Ich wollte von meiner Tochter nicht loslassen. Ich war so traurig und so verwirrt. Aber wenn ich ‚er' verwendete, taten das meine Freunde und alle um mich herum auch. Sie schauten mich alle an, um herauszufinden wie sie sich nun ausdrücken sollten. Dabei wollte ich, dass mich jemand unterstützt; aber ich musste da alleine durch. Einige Monate lang, war das hart. Jetzt habe ich mich daran gewöhnt. Aber immer noch schaue ich mir Bilder meiner kleinen Tochter an. Jetzt habe ich einen heranwachsenden Sohn und werde auch wahrscheinlich für den Rest meines Lebens einen Sohn haben. Aber meine Tochter lebt weiter bei mir. In meinem Herzen." (Elternteil eines transidenten Teenagers)

Der Platz der Eltern in der Gefühlswelt ihres Kindes

Jedes Kind durchläuft unterschiedliche Phasen der Angst in Bezug auf seine abweichende Geschlechtsidentität und darüber, wie es seine Selbstwahrnehmung der Familie vermitteln soll. Obgleich Kinder eine sehr ausgeprägte Selbstwahrnehmung ihrer Transidentität haben, sind sie selten stolz darauf. Transidente Menschen werden in der Regel an den Rand der Gesellschaft gerückt, missverstanden und falsch dargestellt. Transidente Kinder nehmen dies sehr früh wahr, und sie internalisieren diese Wahrnehmungen und schämen sich über sich selbst. Wie sehr Eltern in diesem Zusammenhang mit der Bewältigung ihrer eigenen emotionalen Erfahrungen auch beschäftigt sein mögen, sie dürfen dabei nicht vergessen, dass ihr Kind ebenfalls mit der Verarbeitung seiner eigenen Wahrnehmungen und Gefühle befasst ist.

Deswegen sollten Eltern ihr Kind immer wieder aufs Neue spüren lassen, dass es für sie immer die gleiche unverwechselbare Person ist, auch wenn es beabsichtigt oder beginnt sich zu wandeln oder sich anders als zuvor darzustellen. Beide, Eltern und ihre Kinder, teilen noch immer gemeinsame Erfahrungen und Erinnerungen. Und die Kinder sind noch immer die Kinder ihrer Eltern und verlassen sich darauf, dass sie bei ihnen aufgehoben sind. Nicht selten haben die Kinder Angst, von ihren Eltern verstoßen zu werden. Viele transidente Menschen empfinden während ihres Wandels neben euphorischer Freude auch tiefe Trauer. Das ist vollkommen normal. Ein Teil von ihrem Selbst verlässt sie, damit ein anderer Teil zum Vorschein kommen kann.

Sehr selten gelingt es Eltern die richtigen Worte zu finden oder sich angemessen zu verhalten, wenn sie erfahren, dass ihr Kind transident ist. Aus diesem Grund haben Kinder und Jugendliche auch Schwierigkeiten, mit den Reaktionen ihrer Eltern umzugehen. Kinder können Schmerz und Wut empfinden, wenn sie sich nicht auf Anhieb akzeptiert und verstanden fühlen oder wenn sie feststellen müssen, dass ihre Eltern der neuen Situation nicht gewachsen sind. Mitunter lassen Kinder ihre Eltern auf drastische Art und Weise spüren, dass sie sich über Jahre hinweg nicht unterstützt gefühlt haben, egal wie sehr sich die Eltern tatsächlich für die Geschlechtsidentität ihres Kindes eingesetzt haben. Dies ist für die Eltern und für die Kinder ein leidvoller Prozess. Eltern müssen hier den Schmerz ihres Kindes mittragen trotz der Überzeugung, dass sie alles getan haben, wozu sie in der Lage waren. Kinder und Jugendliche, die so schnell wie möglich körperliche Transformationen und medizinische Maßnahmen vornehmen lassen wollen, sind oft auch wütend darüber, dass ihre Eltern sich zunächst einmal die Zeit nehmen, alle Möglichkeiten einer Transformation auszuloten. Auch das ist normal. Nur gemeinsam werden Eltern und Kinder diesem Sturm der Gefühle standhalten.

Eltern müssen Mut zeigen

Die Zeit des Wandels mag für Eltern die schwierigste im Laufe ihres Lebens sein. Diejenigen Eltern, die es schaffen, während der Übergangsphasen eine enge Beziehung zu ihren Kindern aufrechtzuerhalten, gehen aus dieser Phase gestärkt hervor. Elternteile sollten alles in ihrer Macht stehende tun, um mit ihren Kindern und ihren (Ehe)Partnern in Kontakt zu bleiben. Auch sollten Eltern die Geschwister des geschlechtsvarianten oder transidenten Kindes von Anfang an mit einbeziehen. Eltern, die zögerlich sind und sich ängstlich fühlen, sollten aber auch wissen, dass sie nicht alleine sind. Tausende andere Familien müssen die gleichen Entscheidungen treffen. Eltern, die zweifeln, sollten den Mut aufbringen, sich nach Hilfe umzuschauen, z.B. im Internet, durch E-Mailing-Listen (LISTSERV®), durch Teilnahme an Veranstaltungen der einschlägigen Vereine und Verbände, oder durch Kontaktaufnahme zu anderen betroffenen Familien mit transidenten Kindern.

Deutschsprachige Internetangebote

Trans-Eltern – Infoportal über Transsexualität: http://www.trans-eltern.de/?Trans-Eltern

TransFamily – Informations- und Unterstützungsgemeinschaft für transsexuelle Menschen in NRW: http://www.transfamily.de/frame.htm

TransInterQueer e. V.: http://www.transinterqueer.org/

Deutsche Gesellschaft für Transidentität und Intersexualität e. V.: http://www.dgti.info/index.php?option=com_content&view=article&id=56&Itemid=14.

Die Liebe zu ihrem Kind verlangt Mut und Durchhaltevermögen. Nicht nur das Kind, auch die Eltern machen einen Wandel durch. Es ist eine gemeinsame Reise.

6 Sich mit der Umwelt arrangieren: Wem erzähle ich von unseren Entscheidungen – wie, warum und wann?

Eine der wichtigsten Entscheidungen, die Eltern zu treffen haben, ist die Öffentlichmachung der Tatsache, dass ihr Kind geschlechtsvariant bzw. transident ist. Eltern müssen sich entscheiden, wem sie sich anvertrauen wollen, mit wem sie sprechen können, in welchen Situationen sie darüber reden können und wann es besser ist, niemandem etwas zu sagen. Sie müssen zwischen Privatsphäre und Geheimnis zu unterscheiden lernen und sich im Hinblick auf den Umgang mit Dritten vorbereiten; wer, was und wann wissen kann oder darf und wie mit negativen Reaktionen umgegangen werden soll. Darüber hinaus müssen Eltern auch ihr Kind und seine Geschwister auf diese Entscheidungen vorbereiten – insbesondere im Hinblick auf die nicht aufgeklärte und mitunter voreingenommene Öffentlichkeit.

Die meisten dieser Fragen werden Eltern situativ und spontan entscheiden. Dabei werden manche Entscheidungen als gut empfunden, andere dagegen werden sich als weniger hilfreich herausstellen. Dies geschieht allzu oft, wie wir wissen. In diesem Kapitel befassen wir uns mit der Frage, wie Eltern lernen, Mut zu finden und selbstbewusst über ihr geschlechtsvariantes oder transidentes Kind zu sprechen. Am Ende dieses Kapitels haben wir eine Reihe von Fragen aufgeführt, die gewöhnlich von Dritten über geschlechtsvariante oder transidente Kinder gestellt werden. Zu diesen Fragen stellen wir auch kurze Antworten zur Verfügung, die einerseits zwar informieren, andererseits aber auch signalisieren, dass an dieser Stelle keine weitere Diskussion notwendig ist. Mit der Zeit, wenn Eltern selbstbewusster über alles zu sprechen gelernt haben, werden sie auch herausfinden, welche Fragen, wie zu beantworten und welche Antworten sowohl für sie selbst als auch für ihre Familie die besten sind.

Die angemessene Sprache lernen und den Mut finden, sich mitzuteilen

Je mehr Eltern lernen, selbstbewusst und mit Stolz über ihr Kind zu sprechen, umso leichter wird es auch anderen fallen, dieses Kind, und die Art und Weise mit ihm umzugehen, zu akzeptieren. In diesem Prozess werden die Eltern als die Eltern eines transidenten Kindes wahrgenommen und als solche sind sie auch in gewisser Weise Vorbild für andere, wie man sich in der Begegnung mit transidenten Menschen zu verhalten hat. Eltern, die sich in ihrer Rolle als Eltern geschlechtsvarianter oder transidenter Kinder sicher fühlen, werden dies auch nach außen hin kommunizieren, und zwar mit eigenen Worten, entsprechendem Tonfall sowie durch ihre Mimik und Körpersprache. Das Gefühl der Sicherheit wächst mit der Zeit und der Erfahrung.

Die eigene Stimme finden

Es gibt eine Reihe von Maßnahmen, die Eltern ergreifen können, um mehr Selbstsicherheit in ihrer Kommunikation zu erreichen, damit sie besser über sich und ihr geschlechtsvariantes oder transidentes Kind sprechen können. Eine erste Maßnahme liegt darin, sich darüber Klarheit zu verschaffen, wovor man eigentlich Angst hat, wenn man über sein Kind spricht oder sich mitteilen möchte. Die meisten Eltern fürchten sich vor den negativen Reaktionen der anderen und den daraus erwachsenden Sorgen, dass sie möglicherweise doch etwas Falsches tun, wenn sie ihrem Kind gestatten, seine Geschlechtsidentifikation auf natürliche Art und Weise auszuleben.

> „Ich erinnere mich an die ersten paar Jahre, in denen ich mich so sehr mit der Sorge trug, was die anderen über mich dachten. Die ganze Erziehung von Gavi zwang mich aber erwachsen zu werden. Ich bin mir heute hundert Prozent sicher, dass das Einzige was zählt, die Liebe und Unterstützung meines Kindes ist, nicht meine Furcht vor dem, was andere über mich denken. Es ist so befreiend! Diese neue Einstellung hat mir enorm viel in allen Bereichen meines Lebens geholfen." (Elternteil eines 7-jährigen Transmädchens)

Auch der Umgang mit andern Eltern, die sich ebenfalls vor die Herausforderung gestellt sehen, über sich und ihr betroffenes Kind sprechen zu müssen, kann der eigenen Selbstsicherheit einen enormen Schub geben. Tatsächlich kommt der Zeit, die man mit anderen Eltern geschlechtsvarianter Kinder verbringt, eine sehr große Bedeutung zu. Dabei wird den Eltern auch die Gewissheit vermittelt, dass sie nicht alleine dastehen. Und nicht zuletzt schafft der gemeinsame Umgang auch ein geschütztes Forum, in dem sich Eltern über ihre Ängste und Sorgen offen austauschen können.

In der Vertretung ihrer Anliegen in der Öffentlichkeit werden sich die Eltern durch das Bewusstsein von der großen Anzahl der Gleichgesinnten gestärkt fühlen. Ihnen wird dabei auch bewusst, dass sie ihre Kinder nicht in einem Vakuum erziehen, sondern dass es viele Eltern mit geschlechtsvarianten Kindern gibt, die ähnliche Erfahrungen machen und gleiche Herausforderungen zu bestehen haben. Wenn z. B. Dritte die elterlichen

Erziehungsmaßnahmen in Frage stellen, dann kann man sich auf das letzte Elterntreffen berufen und darauf hinweisen, dass man sich dort über die neuesten Forschungsergebnisse in Bezug auf die Erziehung von geschlechtsvarianten und transidenten Kindern informiert hat und dass diese Informationen für alle Familien dieser Kinder von außerordentlicher Bedeutung für das eigene Handeln sind.

!

Eine zweite Maßnahme, die Eltern bei der Entwicklung ihrer Selbstsicherheit ergreifen können, ist die Übung, über ihr Kind frei zu sprechen. Übung ist unverzichtbar, wenn es darum geht, herauszufinden, was man anderen über sein Kind sagen möchte. Dabei ist es wichtig, sich in verschiedene Situationen hineinzuversetzen. Dies geschieht am besten durch Rollenspiele, die man z.B. mit einer Freundin, einem Freund, dem Partner oder dem Therapeuten durchführt. Auch das Einüben von Antworten auf häufig gestellte Fragen ist hilfreich. Man kann sich hier auch ein Feedback von den „Mitspielern" des Rollenspiels geben lassen, z.B. ob das Antwortverhalten sinnvoll erschienen ist, ob es verständlich war, ob man sich zu sehr in die Defensive hat drängen lassen oder wie die Körpersprache gewirkt hat.

Wenn das Repertoire an Reaktionen auf die am häufigsten gestellten Fragen einmal gemeistert ist, kann man damit anfangen, das Antwortverhalten auch für die Fragen einzuüben, die man am meisten fürchtet. Die Übung von Verhaltensweisen in bedrohlichen oder unangenehmen Situationen (sogenanntes Worst-Case-Szenario – der schlechteste oder ungünstigste anzunehmende Fall) gehört dazu. Eltern sollten sich aufs Schlimmste gefasst machen. Deshalb ist Übung, Übung und noch mehr Übung unverzichtbar. So seltsam das auch anmuten mag, so sehr kann diese Technik zur Selbstsicherheit beitragen.

Eine Hilfe, die eigene Unsicherheit in den Griff zu bekommen, um über die Geschlechtsidentität des Kindes sprechen zu können, kann auch darin bestehen, dass man die Adressaten nach Zielgruppen aufteilt:

- Familienmitglieder,
- Freunde (sowohl die der Eltern, als auch die der Kinder),
- Nachbarn,
- Mitarbeiter und Kollegen,
- Mitglieder der Glaubensgemeinschaften,
- Personen aus der Schule / der Schulklassen,
- Fremde oder Gelegenheitsfreunde / Bekannte.

„Wenn mich jemand nach meiner Tochter fragte, war ich vor Entsetzen wie gelähmt und stumm. Schließlich haben mein Mann und ich dann eine ganze Nacht lang verschiedene Antwortverhalten eingeübt. Wir haben sogar Videoaufnahmen davon gemacht und sie uns dann gemeinsam angeschaut. Zusammen haben wir dann die für uns einfachsten und klarsten Sprachregelungen einstudiert, mittels der wir über unsere Situation mit anderen reden konnten. Das Wichtigste, was wir dabei gelernt haben war, dass es nichts gibt, wofür wir uns rechtfertigen oder für das wir uns schämen müssten. Als wir diese Begriffe aus unserem Wortschatz gestrichen hatten, wurden wir wesentlich selbstsicherer. Wir empfehlen jedem, der ein transidentes Kind hat, zu üben, üben, üben. Es hilft wirklich sehr, das eigene Beschämtsein zu überwinden." (Elternteil eines 10-jährigen Transjungen)

Erzieherische Aspekte des Arrangements mit der Umwelt

Jedes Gespräch, das Eltern mit anderen führen und dabei von ihrem geschlechtsvarianten Kind erzählen, ist auch immer eine Gelegenheit, dass sie andere aufklären. Dies trifft auf jeden Fall zu, wenn es um Freunde und Nachbarn geht, die dem Kind regelmäßig begegnen und neugierig sind. Wie dem auch sei, Aufklärung erfordert den richtigen Zeitpunkt und den richtigen Ort. Eltern fühlen die Last der Aufklärung in ihren Gesprächen; sie wollen es gut machen, damit die Gesprächspartner ihre Kinder warmherzig und wohlwollend annehmen. Auf Aufklärungsveranstaltungen in der Schule werden wir in Kapitel 7 eingehen.

An dieser Stelle ist es wichtig zu betonen, dass Eltern im Alltag Schutzgrenzen für sich und ihre Kinder abstecken können.

Beispielsweise müssen Eltern höflich aber bestimmt einem Gespräch aus dem Weg gehen, wenn ersichtlich ist, dass es dem Gesprächspartner um die geschwätzige Vertiefung des Themas geht. In einer solchen Situation kann man sich dadurch aus der Bredouille helfen, indem man darauf hinweist, dass man zwar gerne bereit sei, über das Thema zu reden und Fragen zu beantworten, dass aber momentan hier im Fußballstadion vielleicht nicht der geeignetste Ort und Zeitpunkt sei. Man könne sich ja einmal zu einer Tasse Kaffee treffen und die Angelegenheit vertiefen.

Eine uns gut bekannte Familie hat sogar Visitenkarten mit entsprechenden Informationsquellen drucken lassen, die sie den Gesprächspartnern in die Hand drücken. Dazu sagt der Vater: „Es gibt so viel über dieses Thema zu lernen. Wie ihr euch vorstellen könnt, könnte ich mein ganzes Leben damit verbringen, andere über mein Kind aufzuklären, anstatt es zu erziehen! Also sag ich einfach, hier ist ein Kärtchen, mit weiteren Informationsquellen. Schauen Sie doch mal nach. Und wenn Sie dann noch weitere Fragen haben, kommen Sie wieder auf mich zu!"

Kommunikation mit der Verwandtschaft

„Unsere Verwandten haben alle sehr verständnisvoll reagiert. Meine Mutter kaufte meiner Tochter sofort ein Armband mit Anhängern und ein Cousin schickte sogleich eine große Kosmetiktasche, nachdem er unsere E-Mail erhalten hatte, in der wir alle über unsere neue Situation informierten." (Elternteil einer 20-jährigen Transfrau)

„Die meisten unserer Verwandten waren klasse. Sie erzählen allen von meinem Kind, weil sie ihn für was Besonderes halten und wollen auch alle darüber aufklären. Die ultra-rechten christlichen Mitglieder unserer erweiterten Familie wissen, wenn sie weiter mit uns in Frieden leben wollen, dass sie das zu akzeptieren haben und den Mund halten müssen. Sie hätten sonst eine handfeste Auseinandersetzung am Hals. Ich muss eigentlich nur im Hinblick auf die Familie meines geschiedenen Mannes vorsichtig sein." (Elternteil eines 7-jährigen Transjungen)

„Das Einzige was ich an der Art und Weise, wie wir das gehandhabt haben, bereue, ist, dass wir es meiner Familie früher hätten sagen sollen, statt zwei Jahre zu warten." (Elternteil einer 26-jährigen Transfrau)

So schwer es für Eltern auch sein mag, sich mit der Geschlechtsidentifikation ihres geschlechtsvarianten oder transidenten Kindes zu arrangieren, es kann noch schwerer für Eltern sein, diesen Umstand ihrer Verwandtschaft mitzuteilen, geschweige denn zu erklären. Es ist wichtig darauf hinzuweisen, dass auch die freundlichsten und wohlwollendsten Mitglieder der erweiterten Familie eine gewisse Zeit brauchen, um sich von tief sitzenden Vorstellungen zu lösen. Gleichwohl ist es sicher nicht der richtige Weg, die wahre Natur des eigenen Kindes vor der Verwandtschaft zu verheimlichen und zu warten, bis alles geklärt ist. Auch die Verwandtschaft braucht Zeit, um verstehen zu können. Dies trifft auch auf andere Personen im Umfeld der Eltern mit transidenten Kindern zu. Sie benötigen Zeit, diese Eltern auf ihrem Weg begleiten zu können. Die Personen, die einem nahe stehen und zu denen man eine bedeutungsvolle Beziehung aufrechterhalten möchte, verdienen es in jedem Fall, die Zeit zu bekommen, die sie brauchen, um sich mit der veränderten Situation und den neuen Ideen zu arrangieren. Nicht selten werden diejenigen Personen, denen man ausreichend Zeit für ihre Anpassung einräumt, die treuesten Begleiter und verlässlichsten Verbündeten.

Eltern sollten nicht vergessen, dass man niemanden zwingen kann, seine Anpassung an diesen neuen Umstand zu beschleunigen, auch wenn man deren Liebe und Unterstützung noch so dringend zu benötigen glaubt.

Natürlich gibt es auch Mittel und Wege, erwünschte Reaktionen bei den Mitgliedern der erweiterten Familie zu erreichen. Dabei kommt es darauf an, wie man sein Anliegen vorbringt, was man selbst bereit ist zu geben, und was man von anderen zu verlangen beabsichtigt. Die meisten Menschen werden Letzteres stets mit bedenken, wenn sie erfahren, was man von ihnen erwartet. Wenn man nicht sagt, was man erwartet, zerfällt die Situation in willkürliche Aktivitäten und man mindert die Wahrscheinlichkeit, jene Unterstützung oder Reaktion zu bekommen, die man wünscht.

Die meisten Familienmitglieder lassen sich in zwei Gruppen einteilen: in die nahe stehenden und in die ferneren Verwandten. Wir sind der Meinung, dass nahestehende Verwandte von Anfang an in den Aufklärungsprozess hineingenommen werden sollten, am besten in persönlichen Einzelgesprächen. Viele Familien haben ihre weiteren Verwandten auch per Post informiert und dabei gute Erfahrungen gemacht. Ein Brief kann eine sehr effektive Form der kommunikativen Information sein und hat noch den Vorteil, dass er an alle Verwandten gleichzeitig geschickt werden kann. Außerdem kann man in einem Brief erst einmal die Mitteilung machen, ehe man mit Fragen konfrontiert wird, ganz zu schweigen davon, dass man die erste Reaktion auf seine Mitteilung nicht miterleben muss. Zumal erste Reaktionen selten vorauszusehen und auch häufig sehr emotional sind, selbst wenn eine Denkpause eingelegt wird, um etwas Abstand zu gewinnen. Insofern ist ein Brief an alle eine entspannte Version der Bekanntgabe. Eltern müssen sich dabei nicht mit jeder einzelnen Reaktion auseinandersetzen. Dies ist insbesondere hilfreich, wenn man bedenkt, dass manchmal nicht nur das Kind auf dem moralischen Prüfstand steht, sondern häufig genug auch die Eltern selbst und ihre Erziehungsmethoden. Die Information der Verwandten über den Postweg scheint uns noch geeigneter zu sein, als eine E-Mail. Mit dem gleichzeitigen Briefversand kann kein Adressat aus Versehen gelöscht werden und es muss auch keine nicht autorisierte Weitergabe und keine endlose Online-Diskussion zwischen den Verwandtschaftsmitgliedern befürchtet werden. An dieser Stelle soll erwähnt werden, dass ein Brief in der heutigen Zeit der elektronischen Kommunikation doch einiges mehr an inhaltlichem Gewicht hat, insgesamt seriöser wirkt und auch ernsthaftere Berücksichtigung finden mag als eine E-Mail. Nachfolgend stellen wir einen Musterbrief dar.

Liebe/r (Name der/des Familienmitglieds/-er),
wir haben dir/euch große Neuigkeiten mitzuteilen. Unser Kind, Jeremy, hat uns jüngst mitgeteilt, dass er sich nicht länger als Junge empfindet. In der Tat haben wir erkennen müssen, dass unser Kind, von dem wir ausgingen, es sei unser Sohn, tatsächlich unsere Tochter ist. In einfühlsamen Beobachtungen, eingehenden Familiengesprächen und entsprechenden Therapien sind wir alle zur Anerkennung ihres wahren Wesens gelangt.

Wir sind somit sehr stolz bekannt zu geben, dass wir alle ein neues Familienmitglied haben! Jenny, wie sie jetzt heißt, lebt vollkommen als Mädchen. Sie ist mit uns sehr glücklich darüber. Wir sind auch sehr stolz, dass unsere Tochter den Mut hat, diese intimste Wahrheit mit uns zu teilen.
Da auch du/ihr zu den wichtigen Personen in unserem Leben zähl(s)t, möchten wir, dass du/ihr an diesem Ereignis Anteil haben kannst/könnt.
Wir können sehr wohl verstehen, dass dich/euch diese Offenbarung mitunter verwirren mag. Das war es für uns anfangs auf jeden Fall auch. Gleichwohl möchten wir dich/euch dazu einladen, mit dir/euch zusammen die Fülle an Informationen über transidente Menschen zu erkunden. Es gibt sogar Organisationen, die hilfreiche Websites anbieten, wie z.B. Trans-Eltern (www.trans-eltern.de), TransFamily (http://transfamily.de) etc. Vielleicht ist dir/euch auch aufgefallen, dass das Fernsehen in den letzten paar Jahren zunehmend Berichte und Reportagen zu diesem Thema gesendet hat.
Auf jeden Fall laden wir dich/euch ein, Jenny voll und ganz in unsere Familie aufzunehmen. Wenn du/ihr sie ansprichst/ansprecht, dann bitte immer als Mädchen, mit allen Pronomen usw. und natürlich auch mit ihrem Namen: Jenny.
Unabhängig davon, welche Gefühle oder Meinungen du/ihr unserer Entscheidung gegenüber hast/habt, erwarten wir, dass du/ihr Jenny vollkommen respektieren wirst/werdet. Für den Fall, dass es dir/euch unmöglich erscheint, Jenny als Mädchen voll und ganz zu akzeptieren, müssen wir von der Fortführung unserer Beziehung zu dir/euch leider Abstand nehmen, bis sich deine/eure Einstellung geändert hat.
Unsere Liebe und Unterstützung für Jenny ist vollkommen. Wir hoffen, dass dies auch (bald) für dich/euch gilt.
Mit lieben Grüßen
Mama, Papa, Harry, Sally und natürlich Jenny

Ein Musterbrief dieser Art kann leicht auf den jeweiligen konkreten Fall übertragen und angepasst werden, egal um welche Form der Geschlechtsvariation es geht, ein solcher Rundbrief kann Eltern dabei helfen, die Kommunikation zwischen sich und ihrem Kind auf der einen Seite und den Verwandten auf der anderen Seite aufrechtzuerhalten.

Umgang mit älteren Familienmitgliedern

Viele Familien haben ein großes Problem, wie sie ihren älteren Familienmitgliedern, den Großeltern und / oder den Urgroßeltern, vermitteln sollen oder können, dass sie ein geschlechtsvariantes oder transidentes Kind haben. Manche fürchten sogar die Ablehnung ihrer Kinder durch diese

Familienmitglieder. Dies ist durchaus möglich. Viele Familien haben jedoch davon berichtet, dass ihre 92-jährige Urgroßmutter die verständigste und verständnisvollste von allen Verwandten war oder dass die 85-jährige Großmutter einfach nur lächelte und sagte: „Das ist für mich völlig in Ordnung, mein Junge, wenn du ein Kleid tragen möchtest, nur zu. Das Leben ist zu wertvoll, um sich von anderen vorschreiben zu lassen, was man anziehen sollte!“ Diese geistige Offenheit bei Senioren mag daher rühren, dass sie bereits ein langes Leben zurückgelegt und gelernt haben, dass die Liebe wichtiger ist als irgendwelche Vorschriften. Sie kann auch daher rühren, dass Senioren tatsächlich täglich mehr Fernsehen schauen und Sendungen gesehen haben, die sich mit Themen der Transidentität befassen. Schließlich hat es zahlreiche gut gemachte Sendungen und Talkshows gegeben, die sich dieser Thematik gewidmet haben. Also kann es durchaus sein, dass Senioren mehr von unserer Thematik mitbekommen, als die erwerbstätige Mehrheit, die ja wesentlich weniger tagsüber fernsieht.

„Wir waren so nervös, als David, unser transidenter Teenager, seinen Großeltern erzählen würde, er sei jetzt ein Junge. Sie waren einige Jahre früher schon damit zurechtgekommen, als er ihnen gesagt hatte, dass er lesbisch sei. Diesmal waren wir uns aber überhaupt nicht sicher, wie sie reagieren würden. Dieser Schritt erschien viel risikoreicher als der vorangegangene. Wir haben lange darüber diskutiert, ob wir es meinen Eltern vorab sagen sollten. Aber unser Sohn bat uns, dies nicht zu tun. Also folgten wir seiner Bitte. Und dann kam der besagte Tag, an dem wir zu meinen Eltern gingen. Er hat es dann innerhalb der ersten fünf Minuten, nachdem wir angekommen waren, herausposaunt. Sie waren verwirrt und baten ihn, der Reihe nach zu erzählen und ihnen zu erklären, was er da sagte. Ich schlug vor, ins Wohnzimmer zu gehen und uns dort darüber zu unterhalten. Auf dem Weg dorthin, schnappte ich mir meinen Sohn im Flur und sagte ihm, er solle langsam sprechen und ihnen eine Chance geben, ihn zu verstehen. Ich erklärte ihm, dass sie ihn nicht abgelehnt, sondern nicht verstanden hatten. Die nächste Stunde verbrachten wir damit, uns über David zu unterhalten und über das, was in ihm vorginge. Am Ende unseres Gesprächs sagten beide Großeltern, wie sehr sie David liebten, egal was passiert. Mein Vater war ziemlich verwirrt und sagte nicht viel. Aber er nahm David fest in die Arme und drückte ihn liebevoll. Meine Mutter war wesentlich gesprächiger. Ich konnte spüren, dass sie fürchtete, sie könne etwas Falsches tun.

Meine Eltern riefen mich an jenem Abend an, als wir wieder zu Hause waren, sie waren ziemlich verstimmt. Aber nicht, weil David transident ist, sondern weil ich ihnen keine Zeit gegeben hatte, sich darauf vorzubereiten. Sie fühlten sich durch mich in Verlegenheit gebracht. Sie baten mich, sie über solche Dinge in Zukunft als Erste zu informieren. Ich erklärte ihnen, welche Bedenken und Wünsche David hatte und dass er gefürchtet hatte, sie nie wieder sehen zu können, wenn sie ihn abgelehnt hätten. Ich sagte ihnen, dass er es ihnen selbst hatte sagen wollen, damit er sich, falls sie ihn abgelehnt hätten, wenigstens noch hätte verabschieden können. Daraufhin wurden beide meiner Eltern still und sagten dann, dass sie niemals ihren Enkel ablehnen würden. Das Gespräch endete im Guten und alles ist seitdem in Ordnung. Manchmal verwechseln sie seinen Namen und die Pronomen. Aber das machen sie mit mir auch, sie rufen mich beim Namen meiner Schwester oder dem meines Bruders.“ (Elternteil eines 18-jährigen Transjungen)

Ablehnung und Spott in der Verwandtschaft

„Ich habe es schon vielen Leuten gesagt, aber nicht allen aus meiner Verwandtschaft. Die sind alle rechts-konservativ orientiert und ich fürchte, sie werden das nicht akzeptieren.“ (Elternteil eines 18-jährigen Transmädchens)

„Wir haben Leuten, die das nicht verstehen, gesagt, dass wir glauben, dass sich ihr Nichtverstehen auf ihre eigenen Ängste bezieht und weniger auf unser Kind oder auf uns. Wir haben denen auch gesagt, dass sie sich, wenn überhaupt, dann bitte schön informiert äußern sollen. Wenn sie sich rein gefühlsmäßig äußern, sollten sie doch mal darüber nachdenken, woher diese Emotionen kommen, ehe sie einfach drauflos reden.“ (Elternteil einer 20-jährigen Transfrau)

Manchmal sind Familienangehörige äußerst kritisch in Bezug auf die Entscheidungen, die man als Eltern trifft, um seine geschlechtsvarianten Kinder zu unterstützen. Und sie lassen die betroffene Familie das auf vielfältige Art und Weise spüren, bis hin zur Hänselei und Verspottung der Kinder. Solches Verhalten sollte in keinem Fall toleriert werden. Es zu dulden, vermittelt den Kindern eine ihre Person verletzende Botschaft. Da jedes Kind die Gewissheit haben muss, dass es im Leben seiner Eltern das Wichtigste überhaupt ist und dass seine Eltern es achten und beschützen werden, dürfen diese auch nicht zulassen, dass Verwandte ihre Kinder beleidigen. Andernfalls signalisieren die Eltern ihren Kindern, dass sie nicht schützenswert sind.

Es kann aber auch befremdlich wirken, den Verwandten ihre üble Nachrede zu verbieten, auch wenn man weiß, dass dieses Handeln richtig ist. Der Spott kann sich auch ausschließlich gegen die Eltern richten, wenn die Kinder nicht dabei sind. Ungeachtet dessen wann sich dieses Verhalten äußert oder gegen wen es sich richtet, es ist in jedem Fall sehr wichtig, diesem Verhalten sehr bestimmt entgegenzutreten, etwa indem man seiner verwandten Person sagt:

!

> „Ich liebe mein Kind bedingungslos und werde nicht tolerieren, dass du weder ihr/ihm noch unserer Erziehung gegenüber derart kritisch bist. Wenn du nicht in der Lage sein solltest, sie/ihn und unsere Erziehung zu unterstützen, werden wir den Kontakt zu dir abbrechen."

Auch wenn solche Zurechtweisungen noch so schwierig sind, sie sind manchmal unabdingbar. Viele Eltern sind der Meinung, es wäre nicht fair, wenn die Geschwister wegen ihres geschlechtsvarianten Geschwisterteils, auf Tante Susi oder Großvater verzichten müssten. Aber wenn Eltern sich nicht für ihr geschlechtsvariantes Kind stark machen und einsetzen, werden das auch die Geschwister merken. Wenn sich die Eltern für ihr geschlechtsvariantes Kind einsetzen, dann können die anderen Kinder verärgert oder frustriert sein, aber sie werden ihre Eltern zugleich auch respektieren, weil sie nun wissen, dass sich ihre Eltern ebenso für sie stark machen und einsetzen würden, egal wie sie sind.

Das Aussetzen der Kommunikation mit der Verwandtschaft muss allerdings keine Maßnahme sein, die für die Ewigkeit getroffen wird. Menschen ändern sich zuweilen und wachsen mitunter auch über sich selbst hinaus. Viele Familien, die sich von Familienangehörigen aus den oben genannten Gründen distanziert haben, schicken dennoch in regelmäßigen Abständen Briefe oder Urlaubsgrüße und zeigen den Verwandten damit, dass sie jederzeit wieder in der Familie willkommen sind, wenn sie sich bereit erklären, dem Kind gegenüber respektvoll zu sein.

Homophobie in der eigenen Verwandtschaft

Bei genauer Betrachtung gibt es einen Zusammenhang zwischen den Sichtweisen in Bezug auf homosexuelle Menschen und den Einstellungen gegenüber nicht geschlechtskonformen Menschen. Viele Menschen kommen aus Familien, in denen es üblich ist, sich über Homosexuelle lustig zu machen. Sie spötteln oder machen abfällige, Menschen verachtende Bemerkungen, wenn sich jemand nicht der erwarteten Geschlechtsidentifikation entsprechend verhält. Kindern sagt man ja auch, dass sie sich nicht wie ein Schwuler bewegen sollen. Wenn man etwas Schräges sagt, dann heißt es oft auch gleich: „Das klingt aber schwul". Solche Aussagen und Ausdrucksweisen sind leider auch heute noch allgemein verbreitet. Daher werden Geschlechtsvariante Kinder aller Altersgruppen häufig auch als schwul betrachtet.

Eltern, die ihren nicht geschlechtskonformen Kindern gestatten, ihre Geschlechtsidentität ganz natürlich auszuleben, werden daher auch beschuldigt, das sogenannte homosexuelle Kampfprogramm zu unterstützen. Sie werden also bezichtigt, immer mehr Menschen zur Homosexualität zu bekehren und Ehe und traditionelle Formen der Familie abschaffen zu wollen (http://de.wikipedia.org/wiki/Gay agenda). Ein Kampfprogramm Homosexueller aber existiert überhaupt nicht. Vertreter eines derartigen Mythos sind Gegner der Gleichberechtigung aller Menschen.

Um diesen Verleumdungen zu widerstehen, können Eltern mit einem geschlechtsvarianten oder transidenten Kind nur die Liebe zur Maxime ihrer Erziehung machen. Wenn Eltern ihre Kinder lieben, akzeptieren und wertschätzen und allen Menschen gegenüber Gewogenheit und Respekt bekunden, dann wird ihr Kind verstehen, dass für Bigotterie in unserer Welt kein Platz ist. Auf diese Weise kann man auch seine Überzeugung anderen gegenüber vertreten. Anstatt sich in unfruchtbaren Diskussionen zu verstricken, aus denen man entzweit auseinandergeht, kann man schlicht sagen:

> „Bitte sprechen Sie nicht so über Schwule. Wir bringen unserem Kind gerade bei, andere Menschen nicht zu verurteilen, sondern sie zu akzeptieren und mit Liebe zu begegnen" oder etwa, „Wir zeigen Liebe und Freundlichkeit. Ich bitte Sie, die negativen Äußerungen über anders geartete Menschen zu unterlassen, wenn Sie in meiner Nähe sind." !

Natürlich kann man auch noch bestimmter werden und sagen:

> „Es ist unerheblich, ob mein Kind schwul ist oder nicht. Es ist auch nicht wesentlich, weil wir unser Kind lieben, egal was kommt. Wir werden daher negative Bemerkungen über unser Kind oder über unsere Erziehung nicht tolerieren." !

Obwohl es durchaus eine Herausforderung sein kann, die Stimme in einem bigotten Umfeld zu erheben und den eigenen Standpunkt klarzumachen, stellt es für das Kind gleichwohl eine bedeutsame Aussage dar: Es wird Zeuge davon, dass seine Eltern bereit sind, für Liebe und Akzeptanz einzustehen. Das trägt zur Stärkung des Selbstwertgefühls des Kindes bei.

Geheimnis und Privatsphäre

Jede Familie entscheidet selbst, ob sie anderen mitteilt, dass ihr Kind transident ist. Es gibt hier keinen Königsweg. Daher muss vieles bedacht werden. Der Kern aller Anstrengungen liegt häufig in der Frage, wer entscheidet, ob und wenn ja, wem etwas mitgeteilt wird. Manche Eltern sind der Auffassung, ihr Kind solle dies selbst entscheiden, während andere die Meinung vertreten, diese Entscheidung obliege den Eltern. Über die Frage, ob man überhaupt jemandem gegenüber verpflichtet sei, etwas mitzuteilen, scheiden sich die Geister. Darüber hinaus wirft die Offenlegung des Wandels auch eine ethische Frage auf. Menschen, die der Überzeugung sind, das biologische Geschlecht sei eine private Angelegenheit, entrüsten sich über eine Offenlegung, während jene, die sich der Offenlegung verpflichtet fühlen, diejenigen beargwöhnen, die diese Angelegenheit zur Privatsache erklären. Man wird schließlich die Position selbst bestimmen müssen, die für einen selbst und die Familie die angemessene ist.

Soll es jeder wissen?

Manche Eltern sind davon überzeugt, dass alle, die Anteil am Leben ihres Kindes nehmen, wissen sollten – und ein Recht darauf haben zu wissen –, dass ihr Kind transident ist. Sie sind der Meinung, dass dies die Wahrscheinlichkeit minimiert, dass ihr Kind Schamgefühle entwickelt und internalisiert. Die Gegebenheiten offenzulegen ist eine wichtige Handlung, die dazu beiträgt, dass sich andere nicht hinters Licht geführt fühlen. Eltern, die sich für die Offenlegung der Transidentität ihres Kindes entscheiden, halten es nicht für notwendig, sich vor anderen zu rechtfertigen. Andererseits kommen sich aber Familien wie Geheimniskrämer vor, wenn sie die Information anderen vorenthalten.

Gleichwohl hat die Offenlegung des Wandels ihre Tücken, insbesondere dann, wenn das transidente Kind um Vertraulichkeit bittet, seine Eltern jedoch in der Überzeugung vorpreschen, dass die Offenlegung die beste Vorgehensweise sei, mit der Angelegenheit umzugehen. Das Kind ist dann nämlich auf Dauer gegen seinen Willen gleichsam entblößt. Obwohl diese Vorgehensweise der Eltern wie eine volle Unterstützung des Kindes anmutet, besteht eine erhebliche Diskrepanz zwischen dem, was das Kind als Unterstützung wahrnimmt und dem, was die Eltern als das Beste für ihr Kind erachten.

Zur Verteidigung ihrer persönlichen Privatsphäre haben transidente Teenanger ihren Eltern gegenüber angeführt:

> „Wenn ein Arzt meine Beschneidung verpfuscht und nur die Hälfte meines Penisses abgetrennt hätte, würdet ihr das jedem erzählen, dem ich begegne? Wäre es ein Geheimnis, wenn ich es niemandem erzählen würde? Oder würdet ihr meine Privatsphäre respektieren?“

Natürlich gibt es auch Jugendliche, die ihren Eltern sehr dankbar sind, wenn sie die Entscheidungen treffen.

Soll das Kind entscheiden?

Wenn ein Kind sein biologisches Geschlecht für sich behalten möchte, dann akzeptieren viele Eltern diesen Wunsch. In diesen Familien darf also das Kind bestimmen, wer über seine genitale Beschaffenheit Bescheid weiß und wer nicht. Diese Eltern werden ihr Kind höchstens ermuntern, nur ganz bestimmte Personen in das Geheimnis seiner Transidentität einzuweihen. Es können aber auch beide, das Kind und seine Eltern darüber beraten, wer eingeweiht werden soll. Die Entscheidung aber liegt beim Kind, wem es die Mitteilung macht und wem nicht.

Ein grundsätzliches Problem bei dieser Vorgehensweise liegt allerdings darin, dass es zunehmend schwieriger wird, Menschen, die man bereits länger kennt, erst irgendwann in ferner Zukunft über die bestehende Transidentität aufzuklären. Wenn die Beziehungen schon länger bestehen, dann wird das transidente Kind möglicherweise Angst davor haben, abgelehnt zu werden, weil es die Reaktionen dieser Menschen nicht einschätzen kann. In der Folge kann es zur Internalisierung von Schamgefühlen kommen und es kann eine Furcht entstehen, entdeckt zu werden.

> „Ich beneide die Kinder, die erst später in ihrem Leben herausfinden, dass sie transident sind, denn dann müssen es alle wissen. Sie entscheiden nicht mehr, es jemandem mitzuteilen, sondern die Leute wissen es einfach, weil sie sich in der Schule offenbaren. Natürlich werden sie dann viel gehänselt und verlieren auch viele Freunde. Den Teil würde ich nicht mitmachen wollen. Deshalb sag ich es jetzt auch niemandem. Die würden es einfach nicht verstehen." (8-jähriger Transjunge)

Fördert die Verheimlichung das Schamgefühl beim Kind?

In einer idealen Welt würde niemand auf die Idee kommen, die geschilderte Art der Information zur Privatsache zu erklären. Aber leider leben wir nicht in einer solchen Welt. Die Menschen, die wir kennengelernt haben, die diese Information nicht mit allen teilen, schämen sich nicht, weil sie transident sind. Weit gefehlt. Sie wägen nur die Risiken einer Offenlegung gegen jene Risiken ab, von anderen verleumdet zu werden. Sie sind immer wieder herausgefordert, die Folgen einer Offenlegung im Auge zu behalten.

Persönliche und vertrauliche Informationen an Dritte weiterzugeben, bedarf der Orientierung. Transidente Kinder lernen sehr früh, das Gefahrenpotenzial in bestimmten Situationen zu deuten und Schlussfolgerungen zu ziehen, wie viel sie offenlegen und wie viel sie verschweigen wollen, weil dies zu ihrer Privatsphäre gehört. Privatangelegenheiten können bei Kindern Schamgefühle dann hervorbringen, wenn sie von ihren Eltern zum Geheimnis erklärt werden, das es zu hüten gilt. Verheimlichungen rufen immer Schamgefühle hervor.

Allerdings verhält es sich dann anders, wenn das Bedürfnis sich nicht zu offenbaren vom Kind ausgeht, und die Eltern es lediglich in Bezug auf den Zeitpunkt der Offenlegung unterstützen. Da es aber in der Regel nichts gibt, wofür sich das Kind zu schämen bräuchte, wird es sich auch weniger häufig aus Schamgefühl für eine Geheimhaltung entscheiden.

Viele Eltern ringen damit, ob sie den Spielgefährten ihres Kindes mitteilen sollen, dass ihr Kind transident ist. Eine Entscheidung hängt zu einem großen Teil von folgenden Faktoren ab:

- in welcher Gemeinschaft man lebt,
- wie alt das Kind ist,
- wer die Spielgefährten sind,
- um welche Spielsituationen und -orte es sich handelt (Übernachtungen und Badegelegenheiten werden etwas komplizierter sein, als etwa eine Spielstunde im Haus)
- und natürlich, ob sich das Kind bereits „gewandelt“ hat.
- Vor jeder Entscheidung müssen diese Faktoren sorgfältig gegeneinander abgewogen werden.

Einige Kinder entscheiden sich zur selektiven Offenlegung. Beispielsweise werden sie ihren Mitschülern nicht erzählen, dass sie transident sind, wohl aber der Schulkrankenschwester oder bestimmten Lehrerinnen oder Lehrern. Oder sie sagen es ihren nahestehenden Familienfreunden, jedoch nicht ihrer Fußballmannschaft. Vielleicht teilen sie es ihrem Freund mit, der außerhalb der Stadt wohnt, nicht aber den Schulkameraden.

Kinder verstehen es schon, tatsächliche und mögliche Reaktionen sehr wohl zu deuten, um potenzielle Risiken einzuschätzen. Diese gerichtete Aufmerksamkeit ist wirklich sehr anstrengend. Dennoch fühlen sich einige Kinder sicherer, wenn sie die Kontrolle haben; zumindest solange das möglich ist.

> „Ich würde es ja meiner besten Freundin in der Schule sagen. Aber ich weiß, dass sie kein Geheimnis für sich behalten kann. Ich würde auch nicht wollen, dass sie sich unter Druck gesetzt fühlt, ein Geheimnis zu hüten. Ich bin noch nicht so weit, dass es alle wissen können. Ich denke, ich werde es anderen Kindern sagen, wenn ich älter bin. Ich habe es schon vielen Erwachsenen und einigen Kindern gesagt, die nicht hier in der Gegend wohnen. Die haben das alle gut aufgenommen. Aber ich will nicht, dass mich die Kinder an der Schule anders betrachten als jetzt.“ (10-jähriges Transmädchen)

Die Spreu vom Weizen trennen: Welche Freunde bleiben erhalten, wenn man ein transidentes Kind hat?

Eltern, die ein transidentes Kind haben, werden rasch erfahren, wer von ihren Freunden sie weiterhin in ihrem Leben begleiten und welche sich eher von ihnen verabschieden werden. Sich dieser Tatsache bewusst zu werden, gleicht einer nüchternen Realitätsprüfung. Freunde landen in einer solchen Situation auf der einen oder anderen Seite des Zauns: Entweder sie akzeptieren uns und unterstützen einen oder sie sind verwirrt und lehnen uns ab. Nur sehr nahestehenden Freunden, die uns auch weiter auf dieser Reise begleiten, werden wir unsere Fragen, Sorgen und Zweifel anzuvertrauen. Mit der Zeit, wenn alles klarer wird, kann es mit diesen Freunden, die uns treu geblieben sind, zur vollkommenen Akzeptanz des Kindes kommen.

Diejenigen Freunde, die sich allmählich aus unserem Leben zurückgezogen haben, wird man im weiteren Leben auch nicht vermissen. Natürlich kann der Verlust schmerzhaft sein, gerade auch zu dieser Zeit und von Menschen, die uns einmal lieb und teuer waren.

„Ich habe bei meinen besten und vertraulichsten Freunden angefangen. Schließlich habe ich dann eine Mitteilung an alle unsere Nachbarn geschickt. Die meisten Leute waren sehr entgegenkommend. Nun sind beinahe neun Monate vergangen und ich habe mir die Haltung zueigen gemacht, dass ich, wenn ich diese Angelegenheit mit Scham anginge oder Verlegenheit zeigte, lediglich dazu beitragen würde, ein Problem unserer Gesellschaft zu verewigen." (Elternteil einer 20-jährigen Transfrau)

„Wenn sie damit nicht klarkommen, sagt mir das einiges über sie." (Elternteil eines geschlechtsvarianten 10-jährigen Mädchens)

Neue erwachsene Freunde

Schließlich bleibt noch die Frage nach neuen Freunden; vielleicht die Eltern eines Freundes oder einer Freundin des Kindes oder seiner Geschwister, die das transidente Kind noch nicht kennen. Sind die Eltern diesen Personen eine Erklärung schuldig? Würden sie das Ganze verstehen, wenn man sie aufklärt? Oder was passiert, wenn man es ihnen viel später sagt? Würden sie womöglich den Eltern ihr Vertrauen entziehen, weil man etwas verheimlicht hat? Dies sind schwierige Fragen. Da ist es manchmal einfacher, wenn Kinder sich offen geschlechtsvariant und damit „natürlich" verhalten dürfen. Wenn transidente Kinder allerdings im Alltag ihrer Geschlechtsidentität entsprechend leben und sich verhalten können, wird kaum jemand fragen, ob sie transident sind, es sei denn, die Eltern oder das Kind sprechen von sich aus darüber.

„Ich habe eine neue Freundin. Wir kommen uns näher. Wir verbringen gemeinsam Zeit mit unseren jüngeren Kindern. Sie hat auch mein älteres Kind kennengelernt, weiß aber nicht, dass er transident ist. Ich habe nicht das Bedürfnis, es ihr zu sagen. Mir ist klar, dass sie der Meinung sein könnte, ich hätte ihr zunächst nicht vertraut, wenn iches ihr dann doch sagen sollte. Aber ich kenne sie nicht gut genug, um sie zu bitten, nicht mit gemeinsamen Bekannten darüber zu sprechen. Mein Kind betrachtet seine Transidentität als Privatsache. Er möchte die Kontrolle darüber haben, wer etwas darüber weiß und wer nicht. Wir respektieren das. Aber manchmal wird es halt schwierig.“ (Elternteil eines 15-jährigen Transjungen)

„Ich finde, ich sollte meine Freunde über die geschlechtsvariante Natur meines Sohnes aufklären und sie mit auf diese Reise nehmen – oder sie versäumen etwas.“ (Elternteil eines 9-jährigen geschlechtsvarianten Kindes)

Offenlegung gegenüber Dritten

Nachbarn

Viele von uns machen sich Gedanken, worüber sich wohl die Nachbarn den Kopf zerbrechen. In der Regel über alles. Gewöhnlich sind die Nachbarn aber zu sehr mit sich beschäftigt, um sich noch mit den Problemen anderer Leute zu befassen. Wie dem auch sei; es ist mit den Nachbarn wie mit allen anderen Menschen, die einen Geschlechtswandel oder eine unerwartete Geschlechtsvarianz bei Kindern wahrnehmen: Sie werden früher oder später Fragen stellen. Auch in diesem Fall gilt ein Prinzip, das wir schon kennen: Es liegt immer bei den Eltern und ihren Kindern selbst zu entscheiden, ob und wenn ja, wie viele Informationen man geben möchte. Getratscht und geklatscht wird dann sowieso. Das geschieht in jeder Nachbarschaft.

Kollegen

Auf vielen Arbeitsstellen werden guter Zusammenhalt und freundschaftliches Verhalten unter den Mitarbeitern gepflegt. Durch die persönlichen Familienfotos, über die in der Mittagspause oder abends am Tresen erzählt wird, erhalten Kolleginnen und Kollegen einige Informationen aus den anderen Familien. Als betroffene Eltern muss man sich nun überlegen, wie viel man von zu Hause, also auch aus der der Privatsphäre des Kindes, am Arbeitsplatz preisgeben will. Während man der Unterstützung durch seine Kolleginnen oder Kollegen sicher sein kann, z. B. bei der Bewältigung von Schicksalsschlägen, Problemen zu Hause oder in der Beziehung, muss man sich doch immer bewusst sein, dass die Arbeitsstätte ein professionelles Umfeld ist, in das private Angelegenheiten nicht oder nur bedingt hingehören. Wenn man nicht möchte, dass das gesamte Büro über die privaten Verhältnisse Bescheid weiß, dann ist es besser, man erzählt nichts über private Angelegenheiten, die von den Kollegen oder Kolleginnen weitergetragen werden könnten. Dennoch haben nicht wenige Eltern bei vertrauenswürdigen Kolleginnen und Kollegen den Anfang gemacht, sich in Bezug auf ihr transidentes Kind zu offenbaren.

> „Es war so schwer darüber am Anfang zu reden. Ich war wie unter Schock. Ich kann mich noch genauestens daran erinnern, wie ich das erste Mal mit meiner Kollegin, der ich vertraue, darüber sprach. Es war so schwer zu reden. Wir haben beide geweint. Aber nachdem ich darüber geredet hatte, wurde mir klar, dass die Welt nicht über mir eingestürzt ist." (Elternteil einer 20-jährigen Transfrau)

> „Das Einzige, was ich rückblickend, anders machen würde, wäre gewesen, der Abwehrhaltung meiner Kollegin in der Firma energischer entgegenzutreten, anstatt ihr entgegenzukommen." (Elternteil einer 28-jährigen Transfrau)

Neue Bekanntschaften

Eltern mit jungen geschlechtsvarianten oder transidenten Kindern finden sich häufig in Situationen wieder, anderen etwas über ihr Kind erzählen zu müssen, ohne dass sie zu den anderen eine Beziehung haben aufbauen können. Solche Situationen sind befremdlich, denn man teilt einem wildfremden Menschen sehr persönliche Dinge mit, noch ehe man ihn richtig kennt. Wenn z. B. das eigene Kind sich im Kindergarten mit einem anderen Kind zum Schwimmen verabredet hat und die Mütter im Schwimmbad den Kindern helfen ihre Badeanzüge anzuziehen, dann muss sich die Mutter des transidenten Kindes unter Umständen entscheiden, ob sie etwas über ihr Kind sagt oder ob sie zu Ausflüchten greift, z. B. dass ihr Kind jetzt doch nicht schwimmen will, dass sie aber die anderen ins Bad begleiten wollten. In der Tat ist es eine eigentümliche Belastung für Eltern transidenter Kinder, sich gegenüber nahezu fremden Leuten, die man nur flüchtig kennt, mitteilen zu müssen. Nicht selten können solche Situationen auch zu unangenehmen Entwicklungen führen. Eltern müssen daher immer wieder aufs Neue ermessen, wie sie in solchen Situationen agieren.

Fremde

> „Neulich haben wir beschlossen, dass es niemanden etwas angeht, was sich zwischen den Beinen unseres Kindes befindet." (Elternteil eines 7-jährigen Transjungen)

Die meisten Familien mit geschlechtsvarianten oder transidenten Kindern verhalten sich in Bezug auf die Offenlegung der Transidentität ihres Kindes Fremden gegenüber anders als Personen aus ihrem Lebenskreis. Da kann es z. B. im Supermarkt passieren, dass jemand den Sohn als Tochter wahrnimmt. Würde man diese Person aufklären?

! Unser allgemeiner Rat in diesem Fall ist: dem eigenen Kind die Führung zu überlassen, unter der Annahme, dass man diesem Fremden mit großer Wahrscheinlichkeit nicht wieder begegnen wird. Das verleiht dem Kind das Gefühl, die Situation besser kontrollieren zu können und hilft ihm, sich vor negativen Reaktionen fremder Menschen zu schützen. Dabei ist es wichtig dem Kind gegenüber zu versichern, dass mit ihm alles in Ordnung ist und dass es nichts gibt, was nicht ausgesprochen werden dürfte. Das trägt dazu bei, dass sich das Kind in der Öffentlichkeit sicher zu fühlen lernt.

Situationen, in denen niemand über die Transidentität des Kindes weiß

Es gibt einige wenige, einzigartige und vorteilhafte Gelegenheiten Schonräume zu gestalten, in denen geschlechtsvariante oder transidente Kinder die Möglichkeit haben, den Wahrnehmungen der anderen in diesem Umfeld nicht begegnen zu müssen. In diesen Situationen erfahren sie Aufschub und Erleichterung.

Beispielsweise Jesse, neun Jahre alt. Sie ist in ihrer Geschlechtsidentität weiblich und erscheint auch nach außen mit einer weiblichen Geschlechtsidentifikation. Biologisch ist sie männlich. Jüngst begann sie, weibliche Pronomen zu verwenden. Ihre Eltern unterstützen sie in ihrer transidenten Entwicklung. In der Schule haben ihre Mitschüler ihre Entwicklung von einer mehr unspezifischen Geschlechtsvarianz zu einer stabileren Geschlechtsidentität hin verfolgen können. Einige Kinder bezogen sich auf sie mit „sie" andere mit „er". Das geht schon seit Jahren so. Jesse würde es natürlich vorziehen, wenn sie von allen als Mädchen angeredet werden würde, aber sie weiß, dass das noch einige Zeit dauern wird. Nun naht der Sommer und Jesse will gerne mit ins Sommerlager fahren. Sie will aber nicht, dass die anderen wissen, – auch nicht die Betreuer und die Camper – dass sie eigentlich biologisch männlich ist.

Über diese Angelegenheit haben sich Jesses Eltern den Kopf zerbrochen. Bis zu diesem Zeitpunkt waren sie hinsichtlich Jesses geschlechtsvarianten Verhaltens nach außen hin stets offen. Jetzt aber, wo Jesse sich stark cross-gender verhält, ihre Identität deutlich im anderen Geschlecht bildet, sind die Eltern ratlos. Sie wollen einerseits nicht, dass Jesse ein Geheimnis hütet, andererseits wollen sie Jesses Verlangen verwirklicht wissen, ein Kind wie jedes andere Kind im Camp zu sein. Nach längeren Diskussionen haben dann alle entschieden, Jesse als Mädchen ins Camp mitfahren zu lassen, ohne ihre Transidentität offenzulegen. Sie zieht sich auf der Mädchentoilette um, sodass es zu keiner zufälligen Enthüllung im Umkleideraum kommen kann. So macht sie die befreiende Erfahrung, einfach ein Mädchen unter anderen sein zu können.

In solchen Situationen können Eltern die Aussage ihres Kindes, wirklich transident zu sein, auf den Prüfstand stellen. Das kann sehr befreiend sein. Nach einer solchen Erfahrung, kommen manche Eltern zur Einsicht, dass es für ihr Kind das Beste wäre, die Schule zu wechseln und mit der Offenlegung seiner wahren Geschlechtsidentität dort neu anzufangen. Oftmals sind die Belastungen sehr groß, sich jedem gegenüber mitzuteilen, gerade in solchen Umfeldern, in denen kein Entgegenkommen zu erwarten ist. Insofern stellt das „Ausprobieren“ sowohl für die Eltern als auch für ihr Kind eine gute Gelegenheit dar, verschiedene Handlungskonzepte auszuprobieren.

Wenn man jemandem begegnet, den man kennt

Eltern bewältigen Situationen, in denen sie Bekannten begegnen, auf unterschiedliche Weise. Manche packen die Gelegenheit beim Schopfe und berichten von der Transidentität ihres Kindes. Beim Einkauf z. B. kann das passieren. Dies ist eine vergleichsweise günstige Situation, in der man die Reaktionen der Bekannten gut beobachten kann, ohne dabei ein großes Risiko einzugehen. Außerdem kann man erleben, wie man selbst auf die Reaktion des anderen reagiert.

„Wir waren gemeinsam einkaufen, als wir einem Elternteil der ehemaligen Schwimmmannschaft meiner ältesten Tochter in die Arme liefen. Wir haben uns gefreut sie zu sehen. Wir schwätzten also ein bisschen. Sie fragte nach den jüngeren Kindern. Sie hatte unseren Jungen nicht gesehen seit der Zeit, als er noch ein Mädchen war. Und da stand er nun, vollkommen unscheinbar. Als sie allerdings nach meiner Tochter Judith fragte, versank er in Grund und Boden. Ich habe einfach weitergequatscht und gesagt: ‚Judith? Ach ja, du hast uns ja eine Weile nicht gesehen. Judith heißt jetzt Edward. Und hier ist er.‘ Sie blickte verwirrt und erwiderte: ‚Oh, Edward … Ich habe dich nicht mehr gesehen, seit du ein kleines Baby warst.‘ Wir haben nicht weiter darüber gesprochen, dass er mal ein Mädchen gewesen ist. Wir haben uns einfach verabschiedet und sind unsere Wege gegangen.“ (Elternteil eines 14-jährigen Transjungen)

„Ich habe einfach die bittere Pille geschluckt, bin auf meine Kollegen bei der Arbeit zugegangen und habe denen gesagt, dass meine Tochter transident ist. Ich habe das natürlich so gemacht, dass alle sehen konnten, dass ich sie darin unterstütze UND dass jeder, der damit ein Problem hat, mit mir nach draußen gehen müsste. Was mich am meisten überraschte war, dass mir zwei Kollegen in der folgenden Woche mitteilten, dass ihre Söhne schwul seien. Manchmal zahlt es sich aus, wenn man es einfach nach außen trägt und ausspricht." (Elternteil eines 16-jährigen Transjungen)

Kulturelle, religiöse und ethnische Einflüsse

Jede Gemeinschaft hat unterschiedliche Erwartungen in Bezug auf die Geschlechter und die Geschlechtsrollen. Ebenso hat jede Gemeinschaft unterschiedliche Ansichten, über welche Themen in diesem Bereich gesprochen werden darf und über welche nicht. Über geschlechtsvariante und transidente Kinder zu sprechen, stellt in einigen religiösen oder ethnischen Gemeinschaften eine erhebliche Überschreitung des allgemein Erlaubten dar. Diese Tatsache hat einen wesentlichen Einfluss auf die Chance zur Offenlegung der Transidentität. Besonders betroffen sind Familien, die eine enge Bindung zu diesen Gemeinschaften als wesentliche Quellen der Kraft und Geborgenheit haben.

Hier kann es mitunter hilfreich sein, diese Gemeinschaften auf ihre Offenheit für sexuelle Orientierungen und Geschlechtsidentität hin zu befragen und mit ihnen über ihre Ansichten über den schwulen, lesbischen, bisexuellen und transsexuellen Menschen zu sprechen. Auf diese Weise lassen sich sehr schnell jene Menschen in der eigenen Gemeinschaft ausfindig machen, die man als „sicher" einstufen kann. Diese Menschen sind es nämlich, die man als Erste mit seinen Anliegen aufsuchen, ansprechen und um Unterstützung und Rat bitten kann. Diese Menschen können einem auch helfen, mit anderen in der Gemeinschaft darüber zu sprechen.

Man muss sich stets daran erinnern, dass man seinen Kindern Liebe und Respekt schuldet und diese Tugenden auch von anderen verlangen kann. Aber das ist leichter gesagt als getan. Insbesondere dann, wenn man mit seinem Anliegen weit über die Grenzen dessen geht, was gewöhnlich in der Gemeinschaft geduldet wird. Ferner gibt es ganz gewiss in fast jeder religiösen und ethnischen Gemeinschaft schwule, lesbische, bisexuelle und transsexuelle Menschen, die man aufsuchen kann. Aus eigener Erfahrung wissen Eltern, dass diese nicht immer sofort erkannt werden. Mit dem entsprechenden Fingerspitzengefühl wird man aber auch in seiner Gemeinde einige Personen finden, die einer Familie mit geschlechtsvarianten oder transidenten Kindern wohlwollend und verständnisvoll gegenüberstehen.

In der Tat werden Eltern, die für ihre geschlechtsvarianten und transidenten Kinder Unterstützung und Hilfe suchen, auch Personen aus dem Kreis ihrer Gemeinde verlieren, die ihnen zudem noch wichtig sind, aber sie werden auch neue Menschen kennenlernen, die jene ersetzen. Im Folgenden werden einige Zitate von Eltern angeführt, die sich zu solchen Situationen geäußert haben:

> „Ich bin ein Christ. Aber wenn religiöse Leute mit meinem Kind ein Problem haben, dann sage ich ihnen: ‚Wir sind alle Gottes Kinder'."

> „Sie können ruhig ihre eigenen Überzeugungen haben, aber zeigen Sie Ihre Missbilligung nicht in meiner Gegenwart."

> „Ich bin sehr stark gegen Glaubensgemeinschaften oder religiöse Anführer, die die Diskriminierung und den Hass propagieren und fördern. Wir haben bei der Suche im Internet eine neue Kirche gefunden, die uns gegenüber wohlwollender ist. Jede Kirche, die von der Idee lebt, dass alle willkommen sind, ist wahrscheinlich eine gute Kirche."

> „Gott macht keine Fehler."

> „Ich hab es meiner Großtante gesagt. Sie ist die Matriarchin in der Familie. Als sie akzeptierte, dass unser Sohn geschlechtsvariant ist, haben es alle akzeptiert."

Die Furcht gemieden zu werden

Viele Familien fürchten sich davor, gemieden zu werden, weil sie ein geschlechtsvariantes und transidentes Kind haben. Oder sie fürchten, dass ihr Kind in der Schule oder in anderen Institutionen geschnitten werden könnte. Leider gibt es sehr wenige Tatsachenberichte darüber. Wir haben aber von Eltern erfahren, dass sie ihre Kinder zu Freunden und sogar zu Fremden in andere Bundesländer geschickt haben, weil sie sich geoutet hatten und ihr Leben zu Hause nicht mehr sicher war. Andere Familien in solchen Situationen warteten eine Weile ab, ob sich die Situation beruhigen würde, bevor sie den Umzug der ganzen Familie ins Auge fassten. Sie zogen dabei in eine liberalere Gegend, wo sie sich um die Sicherheit ihres Kindes keine Sorgen mehr zu machen brauchten. Eine gute Vorstellung von einer solchen Situation kann man sich anhand des belgischen Films „Mein Leben in Rosarot" (Originaltitel: *Ma vie en rose*) machen. Darin geht es um einen geschlechtsvarianten siebenjährigen Jungen, dessen Familie aus Furcht vor Diskriminierung in eine andere Stadt umzieht, wo ihnen die Menschen alle wohlwollend entgegenkommen. Es ist auch die Hoffnung auf eine bessere Lebensqualität, die solche Familien zum Umzug motiviert.

„Wir zogen um, weil unser Kind unter dem Unbehagen litt, sich in unserer kleinen Gemeinde offenbaren zu müssen. Damit sie anderswo in Ruhe ihren Schulabschluss machen konnte, kauften wir also ein Haus ungefähr eine Stunde weit weg." (Elternteil einer 20-jährigen Transfrau)

„Ich dachte mir, wenn er tatsächlich seine Geschlechtsidentität wandeln sollte, dann kann er immer zu mir ziehen und neu an einer anderen Schule beginnen." (Tante eines 7-jährigen Jungen)

Umgang mit negativen Reaktionen

„Ich kenne ein paar Leute, die uns bei unserem Anliegen nicht unterstützen. Wir haben denen zwar Informationsmaterial gegeben und auch versucht, ihnen das alles zu erklären, aber es hat alles nicht gefruchtet. Solche Leute sind nicht eure Freunde, also haltet sie von euren Kindern fern." (Elternteil eines 7-jährigen Transjungen)

Es gibt unterschiedliche Grade von negativen Reaktionen auf geschlechtsvariante oder transidente Kinder. Wenn jemand offensichtlich negative Reaktionen zeigt, dann ist es besser, sofort zu intervenieren, ehe die Situation außer Kontrolle gerät. Man sollte energisch vorgehen und z. B. sagen: „Ich hatte Sie nicht um Ihre Meinung gebeten", oder „Bitte sprechen Sie nicht abfällig vor meinem Kind." Wenn die betreffende Person weiter ihre negativen Verhaltensweisen zeigt, dann ist es vernünftig, aus der Situation herauszugehen, aber nicht flüchtend und herumschreiend. Stattdessen sollte man diese Person sehr deutlich spüren lassen, dass ihre abfälligen Äußerungen über Leute, ihre Kinder oder ihre Familie inakzeptabel sind und dass man aus diesem Grunde geht.

Es gibt auch Menschen, die mit groben Beleidigungen auf geschlechtsvariante oder transidente Kinder reagieren. Sie können dabei soweit gehen, eine Kampagne gegen diese Kinder mit dem Ziel zu initiieren, dass die betroffenen Eltern ihre Kinder von der Schule nehmen sollen. Oder sie schauen hämisch auf eine Familie herab, die mit ihrem Kind ein Fußballspiel besucht. Oder sie versuchen, die Teilnahme betroffener Kinder an Sommerlagern, Sportveranstaltungen und Schulwandertagen zu verhindern. In solchen Fällen muss man an die Verantwortlichen vor Ort herantreten und sie über die Diskriminierung der Kinder informieren. In vielen Fällen kommen die Kinder dann in eine andere Mannschaft oder in eine andere Klasse.

Wenn man selbst oder das Kind länger und anhaltend diskriminiert wird, obwohl man schon bei den Verantwortlichen vor Ort interveniert hat, dann sollte man deren Vorgesetzte über alles informieren und um eine Lösung bitten. Es mag z. B. nicht genügen mit dem Trainer zu sprechen, sondern mit dem Vereinsvorsitzenden oder sogar mit dem Vorsitzenden des Sportverbandes. Dabei kann man durchaus eine formale Beschwerde einreichen. Es ist auch sinnvoll, ein Protokoll mit den jeweiligen Vorkommnissen anzufertigen und vorzulegen, das im Bedarfsfall auch vor Gericht verwendet werden kann. Gegebenenfalls muss man einen Rechtsbeistand heranziehen, der sich auch mit den Rechten transidenter Menschen auskennt. Hierzu haben wir in Kapitel 9 sachdienliche Hinweise aufgeführt.

Diskriminierung jeder Art ist nicht akzeptabel und niemand muss sich das gefallen lassen, auch nicht Familien mit geschlechtsvarianten oder transidenten Kindern.

Emotionale Reaktionen von Erwachsenen, älteren Kindern und Jugendlichen

Man muss sich immer darüber im Klaren sein, dass Ängste bei den meisten Menschen Abwehrreaktionen hervorrufen. Erwachsene, ältere Kinder und Jugendliche können mit Irritation und Abwehr reagieren, wenn sie bei einem Bekannten auf einmal feststellen, dass dieser seine Geschlechtsidentität anders definiert als er sich in Wirklichkeit verhält. Sie meinen dann oft, sie seien betrogen worden. Dabei wurden sie in der Regel gar nicht betrogen, sondern sie sind ihrem eigenen Vorurteil erlegen. Eltern und ihre transidenten Kinder haben hier nichts falsch gemacht. Ihr Verhalten gefährdet weder die Gesundheit und das Wohlbefinden ihrer Mitmenschen noch wollen sie diese belügen. Bei der Frage um das Geschlecht eines Menschen geht es nicht um die Geschlechtsorgane, sondern um die Geschlechtsidentität. In unserer Kultur ist es einfach ungehörig danach zu fragen, was jemand „in der Hose hat". Jede Annahme darüber ist reine Spekulation. Gleichwohl fühlen sich manche Menschen berufen, auch das wissen zu müssen. In solchen Fällen muss man standhaft und sich selbst gegenüber treu bleiben und anderen die Chance geben, zur Vernunft zu kommen.

Wenn andere zufällig von der Transidentität erfahren

> „Ich mache mir Sorgen, was passieren könnte, wenn andere Kinder ihn sehen würden. Wir arbeiten mit einem Therapeuten zusammen, um mit solchen Situationen umzugehen zu lernen und zu wissen, was unser Kind den anderen sagen soll, wenn sie ihn nackt sehen oder sich daran erinnern, wie er früher als Mädchen war." (Elternteil eines 7-jährigen Transjungen)

Wenn Kinder ihre Transidentität anderen Personen nicht mitteilen, dann gehen sie immer das Risiko ein, von jemandem „entdeckt" zu werden. Wenn nun doch jemand zufällig von der Transidentität erfährt, dann müssen sich alle Beteiligten verantwortungsbewusst verständigen. Alle Beteiligten bringen dabei ihre eigene Sichtweise ins Spiel: die Eltern, das Kind und die Entdeckerperson. Und wenn dies in einem sozialen Umfeld passiert, wie beispielsweise in der Schule oder auf einer Sportveranstaltung oder in einem Sommerlager, dann hat auch die jeweilige Institution oder der jeweilige Veranstalter die je eigene Sichtweise einzubringen. Eltern kommt in diesen Situationen eine Führungsrolle zu. Dabei ist es hilfreich, sich vorher mental eine Reihe von Handlungsplänen zurechtzulegen, auf die man im Falle eines Falles zurückgreifen kann. Auch ist es sinnvoll, ein Gutachten oder ein Schreiben eines Arztes zu besorgen, das die Transidentität des Kindes bestätigt und aus dem auch hervorgeht, dass die Transidentität eine Tatsache und keine Fiktion der Eltern oder des Kindes ist. Dies ist gerade dann sehr hilfreich, wenn jemand auf die Idee kommen sollte, das Jugendamt einzuschalten, weil der Betreffende den Verdacht auf Kindesmisshandlung hat. Darüber hinaus ist es auch sinnvoll, Namen und Telefonnummern von Anwälten, Therapeuten, Ärzten, Organisationen oder sonstigen Hilfen parat zu halten, falls die Eltern diese in den oben genannten Situationen telefonisch einschalten müssten. Man kann auch damit drohen. Auch sollten Eltern ihre Rechte kennen, um besonnen handeln zu können. Wenn die Situation jedoch eskaliert und für die Eltern und ihr Kind gefährlich zu werden droht, sollte man unverzüglich aus der Situation herausgehen. Dies hilft, die Selbstachtung zu erhalten und sich innerlich zu sammeln, ehe man die Angelegenheit weiterverfolgt.

Das Kind auf mögliche Widrigkeiten vorbereiten

Eine wesentliche Aufgabe in der Erziehung eines transidenten Kindes besteht für Eltern darin, sich Zeit zu nehmen, mit ihrem Kind Bewältigungsstrategien zu entwickeln. Dies gilt auch in Bezug auf die seelische und geistige Widerstandskraft des Kindes. Dabei ist es unerlässlich, das Kind auch in der Entwicklung seines Selbstwertgefühls zu unterstützen. Dies kann auf verschiedene Weise erfolgen, beispielsweise durch Therapie, Selbstverteidigungstraining, Kampfsportarten oder Anti-Mobbing-Kurse. Auch Rollenspiele sind erfolgreiche Techniken, die Eltern mit ihren Kindern durchführen können, um in negativen Situationen selbstbewusster handeln zu können. Gleichwohl kann man hier nicht stehenbleiben. Mit zunehmendem Alter des Kindes müssen auch neue Strategien entwickelt werden, um auf anders geartete Situationen spezifischer reagieren zu können.

Für Eltern gibt es eine Fülle von Büchern zum Thema Entwicklung des Selbstwertgefühls beim Kind. Darüber hinaus ist es wichtig, dass Eltern ihren Kindern Mut machen, auch auf ihre innere Stimme zu hören und an ihre Instinkte und Intuitionen zu glauben, um in sozialen Situationen ihr Gegenüber besser einschätzen zu können; z. B. ob andere ihnen wohlgesonnen sind oder nicht. In bestimmten Situationen kann es auch lebenswichtig sein, um Hilfe zu schreien. Daher sollte auch diese Reaktionsmöglichkeit, genauso wie die altersgerechte Selbstverteidigung, geübt werden. Eltern sollten mit ihren Kindern auch Reaktionen auf Hänseln und Mobbing einüben. Auf dem Schulhof z. B. suchen Rüpel immer wieder nach hilflos erscheinenden Kindern. Wenn es gelingt diese gezielt zu verprellen, dann lassen sie in der Regel von ihrem Opfer ab.

Familienfotos

Einer der traurigsten Momente für Eltern tritt dann ein, wenn ihr transidentes Kind sie darum bittet, alle Fotos vor der Geschlechtswandlung zu verbergen. Dieser Moment kann wie ein tiefer Schnitt im Leben der Eltern wirken, so als ob das Baby und das Kind, das man einst liebte, für immer fortgegangen seien; ganz gewiss ein schmerzlicher Moment.

Immerhin kann man sich etwas trösten, wenn man diese Fotos und die damit verbundenen Erinnerungen in einem eigenen Fotoalbum aufbewahren kann. Vielleicht ist es ja auch möglich, ein kleines Bild des Kindes im ganz persönlichen und privaten Bereich, z. B. auf dem Nachttisch am Bett, aufzustellen. Man kommt vielleicht der Bitte seines Kindes respektvoll bereits auch dadurch nach, dass man die Fotos nicht für jedermann sichtbar aufstellt. Ungeachtet dessen, sollte man vorsichtig sein, wenn man das Familienalbum herumreicht, vor allem bei Menschen, die den Bildungsprozess der Geschlechtsidentität des Kindes nicht kennen.

Bei Kindern, die mit ihrer Transidentität ganz natürlich umgehen, müssen sich Eltern weniger Sorgen um die Entfernung von Kinderfotos machen und können diese oft sogar für jedermann sichtbar stehen lassen.

> „Wir sind durch ein paar alte Alben gegangen und hielten plötzlich ein Foto von unserem Sohn in den Händen, das ihn als Dreijährigen in einem Sommerkleid zeigte. Er zeigte es unserem Gast und sagte: ‚Schau mal, was für ein niedliches kleines Mädchen ich gewesen bin!' Natürlich erforderte das eine Erklärung." (Elternteil eines 7-jährigen Transjungen)

Bei Kindern dagegen, die sich anderen gegenüber selektiv offenbaren, wird man wohl alle Indizien beseitigen müssen, die auf einen Wandel der Geschlechtsidentität beim Kind vorzeitig hinweisen könnten.

Häufig gestellte Fragen und wie man sie beantworten kann

Wir beenden dieses Kapitel mit einigen häufig gestellten Fragen, denen man als Eltern mit hoher Wahrscheinlichkeit begegnen wird, wenn man das erste Mal anderen gegenüber offenbart, dass man ein transidentes Kind hat.

Man ist gut beraten, einige dieser Fragen und Antworten auswendig zu lernen, damit man sich vorbereitet fühlt und nicht so schnell in die Defensive gedrängt oder in Verlegenheit gebracht werden kann. Obwohl vieles von dem hier Gesagten auch anderswo im Buch diskutiert wird, sind wir davon überzeugt, dass viele Familien es praktisch finden werden, diese Fragen und Antworten auch an einer bestimmten Stelle im Buch gesammelt nachschlagen zu können.

Warum ist Ihr Kind transident?

Das weiß keiner so genau. Aber die Forschung geht derzeit davon aus, dass einige Menschen so geboren werden.

Haben Sie etwas getan, um dies zu verursachen?

Niemand kann einen Menschen transident „machen“ oder die Geschlechtsidentität bei einem Kind ändern. Es ist einfach ein Teil dessen, was die unverwechselbare Individualität eines Menschen ausmacht. So wie die Linkshändigkeit.

Gibt es ein Heilverfahren?

Transident zu sein ist keine Krankheit. Es ist ein Prozess, bei dem eine Person ihre Identität im anderen Geschlecht bildet. Wir alle haben eine Geschlechtsidentität; in den meisten Fällen stimmt sie mit dem biologischen Geschlecht bei der Geburt überein, in anderen Fällen nicht. Wir möchten, dass unser Kind glücklich und gesund ist und wir wissen, dass es dafür nötig ist, die eigene Geschlechtsidentität ausdrücken zu dürfen.

Können Sie Ihr Kind nicht normal machen?

Ein Kind zu veranlassen, sein wahres Geschlecht zu vergessen oder zu unterdrücken, ist nahezu unmöglich und Studien haben gezeigt, dass das auch schädlich ist. Ich würde es begrüßen, wenn Sie mein Kind als normal betrachten würden.

Können denn eine Therapie oder ein Arzt helfen?

Wir waren bereits bei einem Spezialisten für transidente Kinder und er hat uns versichert, dass unser Kind glücklich und gesund ist, so wie es ist.

Wird er oder sie je da herauswachsen?

Einige Kinder, die geschlechtsvariant sind, entscheiden sich, in ihrem Geburtsgeschlecht zu verbleiben, die meisten jedoch nicht. Sie bilden eine neue Identität im anderen Geschlecht. Wir werden unser Kind in jedem Fall darin unterstützen.

Wird Ihr Kind nicht von anderen gehänselt werden?

Das wird wahrscheinlich passieren, zumal alle Kinder irgendwann wegen irgendetwas gehänselt werden. Unsere Rolle als Eltern besteht darin, unser Kind zu lieben und zu akzeptieren, und wir werden ihm dabei helfen, mit der Hänselei umzugehen. Wir werden auch so viel wie möglich die Menschen im Umfeld unseres Kindes aufklären – in der Verwandtschaft, in der Gemeinde und in der Schule, die unser Kind besucht. Aufklärung steigert das Verständnis.

Wird Ihr Kind in der Lage sein, eine normale Schule zu besuchen?

Da unserem Kind nichts fehlt, kann es auf jede Schule gehen. Wir hoffen natürlich, dass unsere Schule unser Kind so aufnehmen und akzeptieren wird, wie es ist. Alle Schulen sind per Gesetz verpflichtet, für die Sicherheit und Unversehrtheit ihrer Schülerinnen und Schüler zu sorgen. Außerdem helfen Weiterbildungskurse Lehrerinnen und Lehrern, sensibler mit geschlechtsvarianten und transidenten Schülerinnen und Schülern umzugehen.

Wird sich Ihr Kind einer Geschlechtsangleichung unterziehen? Wie wird das gemacht?

Das werden wir wohl dann in der Familie diskutieren, wenn es soweit ist. Wenn Sie mehr über diese Dinge erfahren möchten, kann ich Ihnen einige Internetadressen geben.

7 Unsere Familie und das Erziehungs- und Bildungssystem

Die Zusammenarbeit mit der Schule gehört zu den größten Herausforderungen, mit denen sich Eltern von geschlechtsvarianten oder transidenten Kindern befassen müssen. Viele Eltern stehen dabei vor der Frage, ob es ratsam und sicher ist, ihr Kind die Geschlechtsidentifikation vornehmen zu lassen, bevor es in die Schule geht, oder ob es diese im Laufe der Schulzeit vollziehen soll. Sie fragen sich auch, wie sie die Schule über ihr geschlechtsvariantes oder transidentes Kind informieren und aufklären können. Des Weiteren bedrückt sie die Frage, wie sie ihr Kind vor Hänselei und Drangsalierungen schützen können. Nicht zuletzt beschäftigt sie das Problem einer sicheren Toilettenbenutzung. Wenn Eltern an die Zukunft ihres Kindes denken, dann beziehen sich die gleichen Fragen und Sorgen auch auf den Besuch und das soziale Umfeld der Hochschule.

Kinder verbringen den Großteil ihrer Zeit in der Schule. Über die Jahre gesehen verbringen sie signifikant mehr Zeit mit ihren Mitschülern und Lehrern als mit ihren Eltern. Insofern spielen die Erfahrungen in der Schule eine große Rolle in der Herausbildung eines gesunden Selbstwertgefühls. Kinder müssen sich emotional sicher fühlen, um effektiv lernen zu können. Natürlich ist eine positive und unterstützende Atmosphäre in der Schule, an der Hänselei und Mobbing nicht geduldet und an der Kinder angeleitet werden, die Verschiedenheit der Menschen zu respektieren und zu bejahen, ein ideales Umfeld für alle Kinder. In besonderer Weise gilt dies selbstverständlich auch für geschlechtsvariante oder transidente Kinder, die häufig Opfer von Hänselei und Mobbing sind. Ein Kind, das in der Schule dauernd der Diskriminierung ausgesetzt ist, wird mit hoher Wahrscheinlichkeit auch Lernschwierigkeiten haben. In den Schulordnungen und Verhaltensregeln der Schule muss daher die Diskriminierung von SchülerInnen an der Schule untersagt sein, und für die Lehrer müssen Weiterbildungskurse angeboten werden, in denen sie den pädagogisch und psychologisch adäquaten Umgang mit geschlechtsvarianten oder transidenten Kindern lernen können.

„Unsere größte Herausforderung an der Schule war der Mangel an Wissen über geschlechtsvariante oder transidente Menschen. Zunächst wurde vorgeschlagen, dass wir an die zwölf Kilometer entfernte Schule wechseln sollten. Na danke. Das Problem waren doch nicht die Kinder, es sind die

Eltern der Mitschüler gewesen, die bei der Schule angerufen und gesagt haben: ‚Ich will nicht, dass mein Kind den Unterricht besucht, denn die bringen einem lauter schwule Sachen bei.' Ich habe mich in der Situation wiedergefunden, dass ich dem Lehrer sagen musste, was er dem Mädchen, das mein Kind schon seit dem Kindergarten kennt, auf die Frage, ob sie sich auch in einen Jungen wandeln würde, antworten soll. Was man den Eltern sagen sollte, das war nicht so leicht. Also habe ich ein paar Zeilen über das Phänomen der Geschlechtervarianz und Transidentität verfasst, die den Eltern und der Schule erst einmal genügen würden, den Sachverhalt zu verstehen. Ich gab das Schreiben dem Schulleiter und wir haben uns dann mit allen Lehrerinnen und Lehrern, die mein Kind unterrichten würden, zusammengesetzt. Wir haben die wesentlichen Dinge besprochen, z.B. dass mein Kind im Chor nicht mit den Mädchen singen sollte. Ich bin ja so froh, dass mein Kind diesen Herbst als Junge zur Schule gehen wird. Er ist jetzt einer der Jungs und kann dort jede Toilette benutzen, die er will." (Elternteil eines 7-jährigen Transjungen)

Die Zusammenarbeit mit der Schule

Alle Eltern, die ein geschlechtsvariantes oder transidentes schulpflichtiges Kind haben, werden mit der Schule ihres Kindes zusammenarbeiten müssen, um die körperliche und emotionale Sicherheit ihres Kindes an der Schule zu ermöglichen. Leider ist es gegenwärtig noch nicht allgemein üblich, dass Schulen in Bezug auf die Geschlechtervielfalt informiert werden und entsprechend ausgebildete Lehrerinnen und Lehrer haben. Daher müssen die Eltern aktiv werden. Viele Eltern sind der Meinung, dass die Schule sich schon darum kümmern wird, Hänseleien und Mobbing an der Schule zu minimieren oder sogar zu unterbinden. Leider ist dies an den meisten Schulen nicht der Fall. Lehrerinnen und Lehrer werden in der Regel nur dann aktiv, wenn die Kinder an der Schule offen verspottet und gehänselt werden. Auch hier müssen die Eltern ihre Erwartungen gegenüber den Lehrerinnen und Lehrern klar zum Ausdruck bringen und ihnen zeigen, wo sie sich über das Thema entsprechend weiterbilden können. Bei Gender Spectrum beispielsweise verbringen Stephanie Brill und ihre Mitarbeiter den Großteil ihrer Zeit mit der Aufklärung an Schulen über die Geschlechtervielfalt. Die Adressaten sind: die Schulleitung, die Lehrerinnen und Lehrer, die Eltern und alle SchülerInnen.

Wenn man darauf wartet, bis das Kind von Problemen in der Schule berichtet, hat man bereits wertvolle Zeit verloren, die Lehrerinnen und Lehrer dabei zu unterstützen, dass sich das betroffene Kind in der Schule sicher bewegen kann. Abwarten versetzt einen allzu schnell in die schwierigere Aufholposition gegenüber einer Entwicklung, die man besser hätte im Keim ersticken können.

Einer der Gründe, dieses Buch zu schreiben, liegt daher auch darin, den Eltern geschlechtsvarianter oder transidenter Kindern eine Ressource an die Hand zu geben, deren Inhalt sie mit den Schulleitungen, den Lehrerinnen und Lehrern, den Schulbeiräten und den Schulsozialarbeitern besprechen können. Man sollte sich mithilfe dieses Buches mit dem Elternbeirat der Schule und den Schulbehörden austauschen. Auch kann man sich, wenn eine solche Stelle an der Schule existieren sollte, darüber mit dem für diese Angelegenheiten zuständigen Gremium auseinandersetzen. Und wenn noch kein Gremium existiert, dann kann man es initiieren.

Vorschulen und Kinderkrippen

Einige Vorschulen sind in privater Trägerschaft. Sie arbeiten auf der Grundlage der vorgegebenen Philosophie. Sie sind in der Regel offen für Vorschläge, Wünsche und das Engagement seitens der Eltern. Da die Kinder an diesen Vorschulen noch sehr klein sind, neigen diese Einrichtungen zu einer größeren Flexibilität in Bezug auf die Konformität der geschlechtsspezifischen Kleidung und Spielregeln. Wenn sich eine Vorschule als ungeeignet herausstellt, haben Eltern in der Regel die Möglichkeit, ihr Kind und ihr Geld einer geeigneteren Einrichtung zu überlassen.

Die meisten Kinderkrippen jedoch sind in staatlicher Trägerschaft und als Einrichtungen des öffentlichen Rechts an die Einhaltung von Vorschriften und Richtlinien gebunden, die auch für die schulpflichtigen Kinder und Jugendlichen gelten.

Kindergärten

In manchen Gegenden haben Eltern die Möglichkeit, den Kindergarten für ihr Kind auszuwählen. In anderen Gegenden kann es nur einen Kindergarten geben und die Eltern haben dann Glück, einen Platz für ihr Kind zu bekommen. Einige dieser Institutionen könnten eine positive Sichtweise der menschlichen Geschlechtervielfaltalt gegenüber zeigen. Dies hängt allerdings von einer Reihe von Faktoren ab: Grundphilosophie des Trägers, soziales Umfeld, Engagement der Eltern, Auslegung der Schulgesetze, Schulbehörden, Schulleitungen und Kultusministerien. Manchmal werden Eltern also die Einrichtung finden, die sie gerne hätten, manchmal auch nicht. In jedem Fall aber werden beide Alternativen eines gemeinsam haben: mangelnde Kenntnisse über geschlechtsvariante oder transidente Kinder und den sachlich richtigen Umgang mit ihnen. Eltern werden sich also immer bereithalten müssen, Interessensvertreter und Anwälte ihrer Kinder zu sein.

Kinder in den Kindergarten zu schicken, bringt für Eltern immer auch Stress und Aufregung mit sich. Für Familien mit geschlechtsvarianten oder transidenten Kindern kommen noch weitere Aspekte hinzu, wie z. B. die Angst vor der möglichen physischen und emotionalen Gefährdung ihres Kindes.

Wir empfehlen deshalb, dass sich jede Familie mit einem geschlechtsvarianten oder transidenten Kind, das in den Kindergarten kommen soll, noch vor Aufnahme des Kindes, direkt an die verantwortlichen Leitungspersonen wendet. Es empfiehlt sich, dies nicht erst auf den letzten Drücker anzugehen. Sich frühzeitig zu melden, gibt der Einrichtung die Chance, sich entsprechend mit dem Phänomen auseinanderzusetzen und vorzubereiten, um die Sicherheit und Unterstützung für das Kind zu ermöglichen.

Auch ist es sinnvoll, sich mit den Betreuungspersonen im Kindergarten zu treffen, ehe das Kind in den Kindergarten geht. Auch wenn es häufig nicht erwünscht ist, die Bezugspersonen im Vorfeld schon kennenzulernen, werden die Verantwortlichen eine Ausnahme zulassen, wenn die Eltern das Phänomen sachlich und offen schildern.

Wenn eine bestimmte Betreuungsperson nicht erreicht werden kann, dann sollte man alle Betreuungspersonen des Kindergartens noch vor Beginn des Kindergartenjahres zu einem Gespräch einladen. Dies gibt allen Beteiligten die Möglichkeit, die speziellen Umstände des geschlechtsvarianten oder transidenten Kindes in ihr Handeln zu integrieren und entsprechende Fragen zu klären. Diese Vorgehensweise erlaubt auch dem Kindergartenpersonal sich mit dieser Situation persönlich auseinanderzusetzen, für den Fall, dass sie Bedenken haben, die der natürlichen Förderung des Kindes im Weg stehen könnten. So können auch die verantwortlichen Leitungspersonen dem Kind diejenige Betreuungsperson zuordnen, die dieser Aufgabe am ehesten gewachsen zu sein scheint und sich auf die Zusammenarbeit mit diesem Kind besonders freut.

Selbstverständlich haben persönliche Einstellungen und Überzeugungen im öffentlichen Bildungswesen keine Rolle zu spielen. Alle Kinder haben ein Recht darauf, in einer sicheren Umgebung zu lernen – in einem Raum frei von Hänselei, Mobbing und Gewalt. Um diesen Freiraum auch für geschlechtsvariante oder transidente Kinder sicherzustellen, müssen die ErzieherInnen proaktiv handeln und für die ganze Kindergartengruppe den Ton des Umgangs festlegen – darüber hinaus auch für die Eltern der anderen Kinder.

Die Information anderer Familien durch die Bildungseinrichtung

Persönliche Informationen über Kindergartenkinder und / oder SchülerInnen sind vertraulich und dürfen ohne die Zustimmung der Eltern nicht weitergegeben werden. Beispielsweise ist es keinem Schulleiter und keiner

Betreuungs- oder Lehrperson erlaubt, persönliche Informationen über einen Schüler oder eine Schülerin Dritten, z. B. den Eltern anderer Kinder, mitzuteilen. Wenn Eltern aber von sich aus die Klasse ihres Kindes darüber informieren möchten, dass ihr Kind geschlechtsvariant oder transident ist, dann können sie das durchaus tun. Das Lehrpersonal kann die Eltern dabei beraten, auf welche Art und Weise sie dies realisieren können.

Manche Eltern haben es in Zusammenarbeit mit der Schule ihrer Kinder als sehr hilfreich empfunden, entweder vor Schulbeginn oder innerhalb der ersten Wochen allen Eltern einen Brief zu schicken, und sie über ihr geschlechtsvariantes oder transidentes Kind aufzuklären. Dies kann dann sehr hilfreich sein, wenn beispielsweise das Kind die gleiche Schule besucht wie im Jahr zuvor, aber diesmal mit einer anderen Geschlechtsidentität. Dabei ist immer vorausgesetzt, dass die Schule dem Anliegen der Eltern grundsätzlich wohlwollend und unterstützend gegenübersteht. Manche Eltern schreiben einen solchen Brief bereits, wenn ihr Kind in den Kindergarten kommen soll.

Das Schulungspersonal bei Gender Spectrum ist der Auffassung, dass die briefliche Mitteilung am erfolgreichsten ist, wenn die Kinder noch in den Grundschulklassen sind. In kleinen privaten Schulen funktioniert das in der Regel bei allen Altersklassen. Eltern müssen dabei auch mit Rückmeldungen rechnen. Wahrscheinlichkeit und Risiko dieser Reaktionen sollten daher vorab mit der Schulleitung besprochen werden, um eventuellen Beschwerden oder Aussagen wie der folgenden, besser begegnen zu können: „Die bringen den Kindern schwule Sachen bei." Dies gilt auch in Bezug auf das Verlangen anderer Eltern, dass das geschlechtsvariante oder transidente Kind in eine andere Klasse gehen soll.

Wenn also Eltern sich zum Verfassen eines Briefes entscheiden, dann sollte dieser nicht apologetisch, also entschuldigend oder rechtfertigend, sondern in einer verständlichen und erklärenden Sprache abgefasst werden; kurz und knapp und das Wesentlichste über die Andersartigkeit des Kindes auf den Punkt gebracht: z. B., dass die beschriebene Andersartigkeit nur ein Aspekt unter anderen Persönlichkeitsmerkmalen und Vorlieben des Kindes sei, dass das Kind genauso gerne kleine Hunde mag, wie andere Kinder, dass die Farbe grün zu seiner Lieblingsfarbe zählt und Spaghetti seine Lieblingsspeise sind. Ferner sollte das Schreiben auf positive Weise die Erwartung formulieren, dass man Unterstützung und Freundlichkeit seinem Kind gegenüber wünscht. Dabei sollte man auch hervorheben, dass andere Eltern natürlich Fragen haben werden und man für diese in einem angemessenen Forum gerne zur Verfügung stehe. In den USA gibt es Schulen, in denen in den Klassenzimmern sogenannte Schulgemeinde-Bücher ausliegen. In diese können Kinder und ihre Familien eine kurze persönliche Beschreibung eintragen – auch die Eltern des transidenten Mitschülers. Diese Art des offenen Redens kann für alle Beteiligten eine große Hilfe sein. Solche Ideen können einer einzelnen Familie die Bürde nehmen als etwas Eigenartiges aufzufallen. Stattdessen können alle an den jeweiligen Eigenheiten aller teilhaben.

Die Briefform der Offenlegung wird wohl am besten in liberaleren Gegenden und Schulen angebracht sein oder dann, wenn Eltern die Geschlechtervielfalt nicht als Einzige an der Schule vertreten. Dabei müssen die Vor- und Nachteile stets gut abgewogen werden. Manche Schulen werden erfahrungsgemäß die Auffassung vertreten, dass ein solcher Brief negative Reaktionen seitens anderer Familien hervorrufen wird und dass dadurch diesem einzelnen Kind zu viel Aufmerksamkeit gewidmet würde. Andere Schulen hingegen sehen darin eine Beförderung der Unterstützung und des Verständnisses auf Seiten der Elternschaft.

Allerdings ist die Briefform nicht unbedingt die Lösung für alle. Daher empfehlen wir diese Form nur dann, wenn die Eltern des Kindes damit einverstanden sind, die Schule diese Maßnahme unterstützt und Vorbereitungen für eventuelle Reaktionen getroffen werden können. Darüber hinaus sollte zur allgemeinen Sensibilisierung aller an den Schulen ein fortlaufendes Schulungsprogramm für Geschlechterfragen angeboten werden.

> „Dies ist Teil eines andauernden Prozesses für die Schule als Ganzes", kommentiert ein Elternteil eines transidenten Kindes hierzu „nicht eine Einzelmaßnahme für unser Kind. Die Schule hat die Notwendigkeit für diese Maßnahme erkannt, aber sie hat sich daraufhin auch verpflichtet, alle an der Schule über die menschliche Geschlechtervielfalt in entsprechenden Unterrichtsstunden aufzuklären."

Ein anderes Elternteil sagte:

> „Wir hatten ursprünglich gedacht, wir schicken einen Rundbrief. Wir hatten geglaubt, das würde das Hänseln unseres Kindes verhindern. Aber nachdem wir mit dem Schulleiter gesprochen hatten, hielten wir es für besser, den Lehrerinnen und Lehrern einen Kurs in Sachen Geschlechtervarianz anzubieten, und die Eltern zu einer Abendveranstaltung einzuladen, an der sie sich über das Thema Geschlechtervarianz informieren und aufklären lassen konnten. Wir dachten uns, so könnte Aufklärung stattfinden und die Reaktionen der Eltern würden sich auf diese Weise nicht so sehr auf unser Kind fokussieren, sondern sich mehr auf die Berücksichtigung solcher Fälle im Allgemeinen richten, z.B. in Schulordnungen oder bei Schuladministrationen. Im Nachhinein sind wir sehr froh und erleichtert, dass wir uns für diesen Weg entschieden haben."

Wir sind uns bewusst, dass Eltern hier Neuland betreten und innovativ vorgehen müssen. Deshalb empfehlen wir, dass sie sich hinsichtlich der Ideen und Möglichkeiten zur Aufklärung mit anderen Eltern zusammentun, um diese Angelegenheiten an den Schulen ihrer Kinder erfolgreich anzugehen.

Privatschule oder öffentliche Schule?

Einige Familien haben die Möglichkeit, zwischen Privatschule und öffentlicher Schule zu wählen; sei es, weil die finanziellen Verhältnisse der Familie dies ermöglichen, finanzielle Unterstützung gewährt wird oder weil das Schulgeld entsprechend niedrig ist.

Geschlechtsvariante oder transidente Kinder haben zwei wesentliche Vorteile an progressiven Privatschulen:

1. Die Schulen berücksichtigen das Thema der Geschlechtervarianz schon in ihrer Weltanschauung oder sie sind diesem Thema gegenüber zumindest offen eingestellt.
2. Kleine Klassen motivieren Lehrerinnen und Lehrer häufig eher, den betroffenen Kindern Verständnis und Respekt entgegenzubringen. Sicherlich setzen auch öffentliche Schulen hohe Maßstäbe in Bezug auf gegenseitige Achtung an. Dennoch nehmen private Schulen eher Kinder aus unterschiedlichen Familien auf. Sie versuchen auch eher authentische und positive Erfahrungen für die unterschiedlichen Kinder zu schaffen. Dies hat mit Sicherheit auch Auswirkungen auf die pädagogische Kompetenz der Lehrerinnen und Lehrer.

   Darüber hinaus haben Eltern, die ihre Kinder auf eine Privatschule schicken, häufig mehr Möglichkeiten, die Schulpolitik mitzugestalten, da die Elternschaft kleiner ist und in der Regel auch mehr Anteil an dem schulischen Leben nimmt. Während hier die eine oder andere Schule bereits zu den mehr progressiven Schulen im Lande gezählt werden kann, werden andere Schulen dann nachziehen, wenn sich Eltern entsprechend einsetzen und ihr Interesse vertreten.

Man muss aber immer im Auge behalten, dass die Bereitschaft der Schule, sich offen mit dem Thema Geschlechtsidentität auseinanderzusetzen, nicht frei vom Einfluss ihrer konfessionellen Ausrichtung, ihren philosophischen Grundlegungen und ihrer geographischen Situierung ist, ganz zu schweigen von dem Einfluss persönlicher Überzeugungen der Schulleitung, der Lehrerinnen und Lehrer und der Schuladministration.

Möglichkeiten des Hausunterrichts

In den USA unterrichten mehr und mehr Familien unterschiedlicher Herkunft ihre Kinder zu Hause oder lassen sie dort von Privatlehrern unterrichten. Dies gilt auch für Familien mit geschlechtsvarianten oder transidenten Kindern. Dies ist sicher eine Möglichkeit, die Eltern in Betracht ziehen, um ihr Kind vor Hänselei und Mobbing zu schützen. Sie müssen sich dabei aber auch im Klaren sein, dass ihr Kind dadurch möglicherweise nicht die Fähigkeit erwerben kann, sich in seiner Geschlechtsidentität und seiner entsprechenden Geschlechtsidentifikation in der Öffentlichkeit sicher zu bewegen. Diese Familien müssen darauf achten, dass ihr Kind nicht das Gefühl bekommt, dass mit ihm etwas nicht in Ordnung sei oder dass sie sich für ihr Kind schämen müssten. Mit anderen Worten, Eltern müssen sich über ihre eigentlichen Beweggründe und die Botschaften, die sie ihren Kindern mit ihrer Haltung vermitteln, im Klaren sein. Mit Sicherheit ist es keine gute Idee, sein Kind vor der Welt verstecken zu wollen, schon deswegen nicht, weil man seinem Kind damit Anlass gibt, sich zu schämen. Egal ob der Unterricht zu Hause oder mit anderen in einer Schule stattfindet, ist es wichtig, dass Eltern ihre geschlechtsvarianten oder transidenten Kinder darin unterstützen, Bewältigungsstrategien und Stolz zu entwickeln.

Auf der anderen Seite wählen manche Eltern den Hausunterricht, weil sie nach mehreren unfruchtbaren Versuchen mit der Schule ihres Kindes zusammenzuarbeiten, keine andere Möglichkeit mehr sehen; insbesondere dann nicht, wenn ihr Kind andauernder Diskriminierung ausgesetzt und seine geistige, seelische und körperliche Gesundheit gefährdet ist.

In solchen Fällen lohnt es sich auch nicht, das Gericht einzuschalten oder mit Hilfe gesellschaftlicher Interessenvertreter die Rechte des Kindes durchzusetzen. Dies alles kann langwierig sein. Gesellschaftliche Systeme ändern zu wollen, die nicht in der Lage oder nicht willens sind, sich mit der Diskriminierung der Geschlechtervielfalt auseinanderzusetzen, ist für den Einzelnen ein sehr mühsames Unterfangen. Zum Schutze des Kindes kann daher der häusliche Unterricht für eine bestimmte Zeit durchaus sinnvoll sein, zumindest bis man eine akzeptable Schule gefunden hat.

Ein Zeitpunkt, an dem häufiger zum Hausunterricht übergegangen wird, ist, wenn ein Teenager sich als transident definiert und seine Geschlechtswandlung nicht in der Schule vollziehen möchte. Nicht selten nehmen diese Jugendlichen dann für ein Jahr oder einen Teil des Jahres eine Auszeit, in der sie mit ihrer physischen Wandlung, z. B. durch Hormonbehandlungen, beginnen und lernen, in ihrer neuen Geschlechtsidentität zu leben. Eine solche Auszeit reduziert auch den Stress aller Betroffenen. Einige Jugendliche kehren mit ihrer neuen Identität an ihre vorhergehende Schule zurück, andere beginnen das neue Schuljahr an einer anderen Schule.

Die Informationen zum Thema Hausunterricht gelten so nur für die USA. Dort ist der Unterricht zu Hause in allen Bundesstaaten erlaubt. Auch in einigen europäischen Ländern, wie z. B. Großbritannien, Frankreich oder Österreich, wird er toleriert. In Deutschland ist der Hausunterricht mit wenigen Ausnahmen (z. B. bei schwerkranken Kindern) aufgrund der Schulpflicht verboten. Immer wieder haben deutsche Eltern versucht, gegen diesen Umstand gerichtlich vorzugehen, jedoch ohne Erfolg. Der Besuch einer Schule kann daher bis zum Ende des schulpflichtigen Alters sogar polizeilich erzwungen werden.

Besondere Bedürfnisse

Die Geschlechtsvarianz oder die Transidentität von Kindern und Jugendlichen stellt nur eine Dimension der Persönlichkeit dar. Wenn diese Kinder oder Jugendlichen noch weitere Besonderheiten aufweisen, sind sie immer wieder der Hänselei und der Diskriminierung ausgesetzt. Dies kann die Entwicklung der Geschlechtsidentifikation stören, weil andere Dimensionen, z. B. die Entwicklung von Abwehrverhalten, in den Vordergrund treten.

> „Mein transidentes Kind hat einen Sprachfehler. Anscheinend geben diese beiden gemeinsam auftretenden Eigenschaften den Mitschülern einen Anlass, meinen Sohn endlos zu belästigen. Es scheint auch, dass die Lehrerin nicht so häufig interveniert, wie sie das bei anderen Kindern tut. Es ist, als ob seine unausgesprochene Haltung andere dazu einlädt, ihn seiner beiden Eigenschaften wegen zu ärgern. Als ob er sich das aussuchen könnte!“ (Elternteil eines 8-jährigen geschlechtsvarianten Jungen)

> „Mein Sohn hat schon drei verschiedene Schulen besucht und ist erst in der zweiten Klasse. Weitere Schulen im Bezirk, in die er noch gehen könnte, sind nicht mehr vorhanden; und eine Privatschule können wir uns nicht leisten. Er zeigt ‚Verhaltensauffälligkeiten‘. Mir gelingt es nicht, anderen verständlich zu machen, dass mein Sohn jeden Tag aufs Neue wegen der Kleidung, die er trägt und wie er sich verhält, drangsaliert wird und er sich dann zur Wehr setzen und zurückschlagen wird. Was soll er denn sonst tun, wenn die Lehrerinnen und Lehrer sich nicht für ihn einsetzen? Ihre Reaktion mir gegenüber ist immer die gleiche: ‚Wenn er leidet, weil er Mädchenklamotten trägt und sich wie ein Mädchen verhält, dann schicken Sie ihn doch nicht mit diesen Klamotten zur Schule. Es liegt ja wohl an Ihnen, seine Erscheinungsweise zu ändern, damit er ins Bild passt.‘ Ich frage sie dann: ‚Wenn ich Ihnen sagen würde, er wird wegen seiner Hautfarbe gehänselt und gemobbt, würden Sie mich dann bitten, ihn weiß zu streichen?‘ Also es reicht! Wir können keine andere Schule finden, die sich seiner annimmt. Wir können ihm nicht sagen, er solle sich ändern. Wir haben es ja schon versucht. Daraufhin wollte er sein Zimmer nicht mehr verlassen. Er bat uns, ihn umzubringen, damit er zu Gott in den Himmel käme, der ihn verstehe.“ (Elternteil eines 7-jährigen geschlechtsvarianten Jungen)

Nur wenn Eltern eng mit den Schulen ihrer Kinder zusammenarbeiten, können sie sicher sein, dass den besonderen Bedürfnissen der Kinder entsprochen wird.

Belästigung und Diskriminierung der Kinder in der Schule

Sind lesbische, schwule, bisexuelle oder transsexuelle SchülerInnen einem erhöhten Risiko an Schulen ausgesetzt?

Ja. Mittlerweile weisen umfangreiche Indizien darauf hin, dass diese SchülerInnen unverhältnismäßig häufig in ihrer Schule Ziel von Belästigungen und Diskriminierungen sind. Wenn nicht interveniert wird, arten diese in physische Gewalthandlungen aus und werden daher nicht selten als Straftatbestände zur Anzeige gebracht. Dies wird in den USA insbesondere durch die National School Climate Survey von 2001 belegt, die feststellt, dass:

- über 80 % der lesbischen, schwulen, bisexuellen oder transsexuellen SchülerInnen angeben, sie werden wegen ihrer sexuellen Orientierung verbal belästigt; und
- nahezu 70 % dieser SchülerInnen berichten, dass sie sich in der Schule wegen ihrer sexuellen Orientierung unsicher fühlen.

Weitere Studien zeigen, dass das Lehrpersonal nur bedingt interveniert und in einzelnen Fällen sich sogar den Belästigungen und Diskriminierungen anschließt. Eine amerikanische Studie dokumentiert dieses Problem und stellt fest, dass:

- 80 % der Lehramtskandidaten eine negative Einstellung gegenüber lesbischen, schwulen, bisexuellen oder transsexuellen Menschen haben und
- 66 % der Vertrauenslehrer eine negative Einstellung gegenüber diesen Personen pflegen. (Quelle: National Center for Lesbian Rights)

Diskriminierung des Kindes an der Schule muss man unter keinen Umständen tolerieren. Ganz im Gegenteil, man muss zur Tat schreiten. Neben den Schulaufsichtsbehörden, Anwälten, Selbsthilfegruppen etc. gibt es auch Institutionen, bei denen man Beschwerden vorbringen kann. Schulen können nach geltenden Landesgesetzen und mittlerweile auch aufgrund von EU-Gesetzen haftbar gemacht werden, wenn sie ihre Fürsorge- und Aufsichtspflicht gegenüber SchülerInnen verletzen bzw. diesen nicht nachkommen, wenn Schüler wegen ihrer sexuellen Orientierung oder nicht konformen Geschlechtsneigungen belästigt und schikaniert werden. Als Eltern von geschlechtsvarianten oder transidenten Kindern sollte man dafür sorgen, den Verantwortlichen an den Schulen klarzumachen, dass man seine Rechte kennt und diese auch wahrnehmen wird. Wenn die Schule die Kinder nicht vor Belästigung, Schikane oder sonstigen Übergriffen schützt, muss sofort gehandelt werden.

Wie Schulen geschlechtsvarianten oder transidenten Kindern helfen können – Eine schrittweise Einführung

Um das Wohlbefinden und die Sicherheit von geschlechtsvarianten oder transidenten SchülerInnen spürbar zu erhöhen, kann jede Schule eine Reihe einfacher Maßnahmen entwickeln. Es bedarf nur der Verpflichtung seitens der Schule, diese Maßnahmen auch umzusetzen. Einige dieser Maßnahmen sind administrativer Natur und lassen sich von Eltern durch freiwillige Dienste durchführen. Größere Maßnahmen bedürfen einer teilweisen Veränderung des Gesamtsystems.

1. Die Schaffung einer organisatorisch gestützten Schulkultur

Um eine gut funktionierende integrierende Schulkultur zu schaffen, bedarf es eines umfassenden Ansatzes, der sich auf verbindliche Grundwerte stützt und kontinuierlich weiterentwickelt wird. Obgleich das Allgemeine Gleichbehandlungsgesetz (AGG), auch als Antidiskriminierungsgesetz bekannt, die Basis für Veränderungen in sozialen Organisationen bildet, bleiben Schulen hinter den Forderungen zur Integration der Schülerinnen und Schüler zurück. Eine Schule muss in authentischer Weise den Wert der Integration nach außen hin vertreten und in der Binnenorganisation auf allen Ebenen umsetzen. Alle Schülerinnen und Schüler, alle Lehrerinnen und Lehrer, die Administratoren, Mannschaftstrainer, Busfahrer, Eltern, Unterstützungskräfte, Hilfskräfte, Sicherheitskräfte, Kantinenkräfte sowie Aufsichtskräfte, die mit der Schule in irgendeiner Weise in Verbindung stehen, sollten von dem Auftrag wissen, dass sich die Schule verpflichtet hat, jeder Person gegenüber mit Achtung zu begegnen, die Verschiedenheit der Individuen wertzuschätzen und jeder Form von Belästigung, Diskriminierung und Gewalt energisch entgegenzutreten. Das bedeutet im schulischen Alltag, dass jedem in gleicher Weise mit Freundlichkeit und Respekt begegnet wird.

2. Null Toleranz gegenüber Diskriminierung

Schulen können einen nachhaltigen und starken Akzent setzen, wenn sie die Themen Geschlechtsidentifikation und Geschlechtsidentität mit in ihre offiziellen Antidiskriminierungsrichtlinien aufnehmen. Auf Recht und Gesetz beruhende Richtlinien, die die Diskriminierung aufgrund der wahrgenommenen sexuellen Orientierung, Geschlechtsidentität oder Geschlechtsidentifikation verbieten, signalisieren deutlich, dass Diskriminierungen und Belästigungen nicht toleriert werden. Die Existenz einer solchen Schulpolitik unterstützt auch die Lehrerinnen und Lehrer, damit sie angemessen und rechtssicher im Falle diskriminierender Handlungen eingreifen können. Dies gilt auch für die Verwirklichung dieser Grundwerte im Klassenzimmer.

Dabei ist es wichtig, dass eine solche Schulpolitik auch individuelle Überzeugungen in Bezug auf Geschlechterrollenverständnis und sexuelle Orientierung nicht verletzt. Mitgliedern der Schulgemeinschaft steht es natürlich frei, ihre eigene Meinung zu haben, solange sie im Rahmen der Schulordnungen und der Schulpolitik bleibt.

Schulen können dafür sorgen, dass alle an der Schule über diese Schulpolitik, insbesondere über die Antidiskriminierungsrichtlinien, Bescheid wissen. Dabei kann die Berücksichtigung der folgenden Punkte eine Hilfe sein:

- Relevante Dokumente den Arbeitsunterlagen eines jeden neuen Mitarbeiters beifügen. Dies betrifft nicht nur die Lehrkräfte, sondern auch die Fachkräfte und Busfahrer sowie das Betreuungspersonal vor und nach den Unterrichtszeiten.
- Die Implementierung dieser Politik in die tägliche Arbeit mit den Beschäftigten eingehend diskutieren, damit alle Mitarbeiter verstehen, was es bedeutet, für die Sicherheit von geschlechtsvarianten und transidenten Kindern und Jugendlichen zu sorgen.
- Diese Dokumente mit den jeweiligen Handbüchern und Orientierungshilfen allen Eltern zukommen lassen.
- Die Schulpolitik zu Beginn eines jeden Schuljahres aufs Neue mit jedem Kind und jedem Jugendlichen im Rahmen der Einführungsveranstaltungen und als Teil des Lehrplans im Unterricht diskutieren.
- Die Richtlinien an strategischen Orten in der Schule aushängen.

3. Richtlinien und Formblätter stets aktualisieren

Eine einfache, aber dennoch wichtige administrative Aufgabe besteht darin, alle schriftlich verfassten Verordnungen, Richtlinien, Hausordnungen etc. und alle Formblätter zu überarbeiten, sodass sie sprachlich in einer geschlechtsneutralen bzw. die Geschlechtervielfalt berücksichtigenden Sprache abgefasst sind. Dies bezieht sich auf alle Formblätter, wie z. B. Anmeldeformulare, Umfragen, Fragebögen etc. Wenn in Formblättern mehr als zwei Geschlechtskategorien angeboten werden, erhalten Eltern für ihre Kinder sowie Kinder und Jugendliche selbst die Möglichkeit eine entsprechend eindeutige Zuordnung vorzunehmen, die die eigentliche Geschlechtsidentität wiedergibt. Schon geringfügige sprachliche Änderungen auf den Formblättern in Bezug auf die grundsätzliche Akzeptanz der Geschlechtervarianz bzw. Geschlechtervielfalt sind wichtig.

Beispielsweise könnte ein Formular, in dem das Geschlecht erfasst werden soll, entsprechend ergänzt werden:

Geschlecht:
männlich
weiblich
transident
Wenn Sie andere Begriffe für Ihre Geschlechtsidentität haben, bitte entsprechend eintragen:
Bemerkungen: ....
Wenn Sie möchten, dass diese Information vertraulich behandelt wird, bitte hier entsprechend kennzeichnen.

4. Berücksichtigung der Namen und Pronomen

Auch die Berücksichtigung der von den geschlechtsvarianten bzw. transidenten SchülerInnen gewählten Namen und die Verwendung der entsprechenden Pronomen liegen in der Verantwortung der Schule. Dies ist besonders deswegen wichtig, weil viele der betroffenen SchülerInnen nicht ihre Geburtsnamen verwenden, sondern Namen, die ihrer Geschlechtsidentität entsprechen. Formblätter und Formulare sollten deshalb die Möglichkeit vorsehen, den gewählten Rufnamen eintragen zu können. Dieser Name muss dann auch von der Schule in alle Unterlagen eingetragen und in die Datenbanken eingegeben werden, so dass er auch auf Anwesenheitslisten erscheint. Diese Maßnahmen verringern tägliches Unbehagen oder gar die Angst geoutet zu werden, wenn Namen aufgerufen oder aufgelistet werden. Bei Zeugnissen ist es notwendig, dass der Geburtsname verwendet wird, jedoch kann der gewählte Name auch eingetragen werden, z. B. „David, geborene Karen Black". Das Gleiche gilt auch für die Pronomen. Die Schule muss mit dafür sorgen, dass die transidenten Kinder und Jugendlichen mit den korrekten Pronomen angesprochen werden. In Zweifelsfällen muss man die Betroffenen fragen. Die Entscheidung über das zu verwendende Pronomen liegt nicht im Ermessen der Schule, sondern wird einzig und allein von den Betroffenen selbst aufgrund ihrer erklärten persönlichen Geschlechtsidentität getroffen.

5. Richtlinien für transidente SchülerInnen erstellen

Mit Hilfe von in Geschlechtsfragen geschulten Fachkräften können Schulen auch Richtlinien für den Umgang mit transidenten SchülernInnen und den damit einhergehenden Problemen verfassen. Die Richtlinien können sich auf verschiedene Aspekte des schulischen Alltags beziehen, wie z. B.

auf das Tragen von Namenskärtchen, auf Verhaltensregeln in Umkleidekabinen, Sportclubs und Sportmannschaften, auf Schulausflügen mit Übernachtungen, bei nach Geschlechtern getrennten Klassen oder Aktivitäten, auf Toiletten und in Duschräumen, auf Änderungen der Geburtsnamen und die Einhaltung der Vertraulichkeit bei Transidentität – wenn gefordert – sowie auf die Abänderungen aller Unterlagen nach behördlich erfolgter Namensänderung.
Wir stellen im Folgenden einige Ausschnitte aus den Richtlinien über die Antidiskriminierung der Geschlechter des Bundesstaates Kalifornien und des San Francisco Unified School Distrikts vor. Den vollständigen Wortlaut dieser Richtlinien kann man im Internet finden.

http://law.justia.com/california/codes/2009/edc/200-201.html
http://law.justia.com/california/codes/2009/edc/220-221.1.html
http://ia600305.us.archive.org/20/items/ca.ccr.05.1/ca.ccr.05.1.pdf

Das kalifornische Gesetz verbietet die Diskriminierung der Geschlechter an öffentlichen Schulen

Der California Education Code erklärt, dass „alle SchülerInnen das Recht zur uneingeschränkten Teilnahme am Bildungsprozess haben, frei von Diskriminierung und Belästigungen“ (Cal. Ed. Code Sektion 201(a)). Sektion 220 des Education Codes erklärt, dass „niemand aufgrund seines Geschlechts im Rahmen von Programmen oder Aktivitäten einer Bildungsinstitution, die staatliche Finanzmittel erhält oder durch sie profitiert, Opfer der Diskriminierung werden darf.“

Der California Code of Regulations definiert „Geschlecht“ als: „das eigentliche Geschlecht einer Person bzw. das von einer Person für sich beanspruchte Geschlecht und beinhaltet die von dieser Person für sich beanspruchte Identität, Identifikation oder Verhaltensweise, unabhängig davon, ob diese Identität, Identifikation oder die Verhaltensweise, sich von dem unterscheidet, was traditionell mit dem Geschlecht dieser Person bei ihrer Geburt assoziiert werden würde.“ (5 CCR section 4910(k))

Richtlinie des Vorstandes des San Francisco Unifi ed School District verbietet Belästigungen aufgrund des Geschlechts

Namen und Pronomen

SchülerInnen haben das Recht mit demjenigen Namen und Pronomen angesprochen zu werden, die mit jener Geschlechtsidentität übereinstimmen, mit der sie ausschließlich und konsistent in der Schule auftreten. Um mit dem gewählten Namen angesprochen zu werden, der mit der Geschlechtsidentität übereinstimmt, haben SchülerInnen als Vorbedingung weder einen gerichtlichen Beschluss ihrer Namens- oder Geschlechtsänderung vorzulegen noch die Änderungen der offiziellen Unterlagen zu beantragen.

Offizielle Unterlagen
Die Schule wird mit Erhalt einer offiziellen Bestätigung gemäß den gesetzlichen Vorschriften Kaliforniens alle offiziellen Unterlagen einer Schülerin bzw. eines Schülers abändern, um die Namens- bzw. Geschlechtsänderung entsprechend zu dokumentieren.

Zugang zu Toiletten
SchülerInnen ist die Nutzung derjenigen Toilette zu gestatten, die mit jener Geschlechtsidentität übereinstimmt, mit der sie ausschließlich und konsistent in der Schule auftreten. Wo das möglich ist, soll allen SchülerInnen, die ein erhöhtes Bedürfnis nach Privatsphäre – ungeachtet des jeweiligen Grundes – haben, die Benutzung von Einzelkabinen in Toiletten und Duschräumen gestattet werden. Die Benutzung von Einzelkabinen wird ausschließlich von der jeweiligen Person bestimmt und keine Person darf genötigt werden, Einzelkabinen zu benutzen.

Zutritt zu Umkleidekabinen
Transidente SchülerInnen dürfen nicht genötigt werden, diejenigen Umkleideräume zu nutzen, die ihrem durch die Geburt festgelegten Geschlecht entsprechen.

Sport und Sportunterricht
Transidenten SchülerInnen ist die Teilnahme am Sportunterricht weder zu verweigern noch dürfen sie gezwungen werden, am Sportunterricht außerhalb der Sportunterrichtzeiten teilzunehmen. Grundsätzlich ist den SchülerInnen die Teilnahme an geschlechtergetrennten sportlichen Aktivitäten und am Sportunterricht in derjenigen Geschlechtsgruppe zu gestatten, die mit jener Geschlechtsidentität übereinstimmt, mit der sie ausschließlich und konsistent in der Schule auftreten.

Kleiderordnung
SchülerInnen haben das Recht, diejenige Kleidung zu tragen, die mit ihrer jeweiligen Geschlechtsidentität übereinstimmt, mit der sie ausschließlich und konsistent in der Schule auftreten, sofern sie sich an die Kleiderordnung ihrer Schule halten.

Die Möglichkeit des gesonderten Unterrichts
Durch bundesstaatliche Gesetze, die sich mit der Gleichbehandlung und dem Schutz des Bürgers befassen, steht in vielen Schulbezirken auch tran-

sidenten Kindern die Teilnahme an gesondertem Unterricht zu. Diese Möglichkeit wird von einigen Eltern in Erwägung gezogen, die ihre Kinder dadurch in einem eher geschützten Umfeld an öffentlichen Schulen unterrichtet wissen wollen. Für weiterführende Überlegungen sollten Eltern sich mit den jeweiligen Landes- oder Bezirksrichtlinien über gesonderten Unterricht befassen.

6. Weiterbildung der Lehrerinnen und Lehrer

Die in Schulen immer wieder festzustellende Unkenntnis, was die Themen Transidentität und Geschlechtsvarianz betrifft, macht es notwendig, Lehrerinnen und Lehrern Weiterbildungsmöglichkeiten in diesem Bereich anzubieten. Um der Diskriminierung effektiv entgegenzutreten, sollte sich die Schule auch verpflichten, für alle Mitarbeiter der Schule Einführungskurse anzubieten und eine kontinuierliche Arbeit am Thema zu ermöglichen. Aufklärung und Übungen sind wesentliche Momente zur Herbeiführung kultureller Veränderungen. Sie unterstützen die Verpflichtung der Schule, Möglichkeiten einer inklusiven Erziehung zu schaffen, und sie treten mit praktischen, wissenschaftsorientierten Informationen an die Stelle der herkömmlichen Mythen und Fehlwahrnehmungen in Bezug auf die Geschlechtsvarianz bei Kindern.

Dabei muss auch dem Wechsel von Lehrer- und Schülerschaft Rechnung getragen werden. Es reicht eben nicht nur eine neue Schulpolitik zu etablieren. Die Schule selbst muss auch neue Mittel und Wege finden, damit ihre Verpflichtung Wirklichkeit werden kann.

Professionelles Training des Personals ist eine zentrale Ressource im Rahmen der Implementierung einer die gesamte Schule umfassenden Geschlechter-Antidiskriminierungsrichtlinie. Alle Lehrerinnen, Lehrer und Angestellte der Schule sollten um die Geschlechterrichtlinien wissen, um z. B. auf Fragen von Familien kompetent antworten zu können. Das Trainingsprogramm sollte daher auch konkrete Vorschläge umfassen, wie man ein sicheres und förderndes soziales Umfeld schafft, in dem sich transidente Kinder und Jugendliche ihrer Geschlechtsidentifikation entsprechend bewegen können. Dieses Training ist außerdem als eine kontinuierliche Unterstützungsmaßnahme für die Lehrerinnen und Lehrer anzusehen. Ein solches Programm kann folgende Punkte enthalten:

- Erklärung relevanter Begriffe und Definitionen
- Erarbeitung von Entfaltungs- und Anpassungsstrategien zur Unterstützung geschlechtsvarianter und transidenter Kinder und Jugendlicher
- Erstellen von Handlungskonzepten zur Entwicklungsförderung geschlechtsvarianter und transidenter Kinder und Jugendlicher

- Ergründung von Zusammenhängen über den Prozess des aufkeimenden Bewusstseins der Geschlechtsidentität bei Kindern, und wie Familie und Schule diesen Prozess unterstützen können
- Diskussionen über den Zusammenhang von Geschlechtsidentität und sexueller Orientierung führen
- Identifizierung von Problemen und Herausforderungen, die die Gruppe der geschlechtsvarianten und transidenten SchülerInnen betreffen
- Zusammenstellung aller verfügbaren Mittel und Wege, um die geschlechtsvarianten und transidenten Kinder und Jugendlichen sowie ihre Familien und Freunde zu unterstützen
- Identifizierung von Warnsignalen, die auf Risiko-Schülerinnen und -Schüler hinweisen.

Die Programme für die Weiterbildung des Personals sollten sowohl lehrplanbezogene Themen als auch entwicklungsgemäße Sprachregelungen enthalten, die die Lehrerinnen und Lehrer im Klassenzimmer und auf dem Pausenhof verwenden können.

In den entsprechenden Veranstaltungen können die Trainer die Teilnehmerinnen und Teilnehmer in offene Diskussionen einbeziehen und zum Fragenstellen anregen. Die Trainingsveranstaltungen sollten praktische Lösungen anbieten und konkrete Handlungskonzepte für Soziales Lernen an die Hand geben. Einige Vorschläge werden im Folgenden skizziert:

- Erstellung und Durchsetzung einer Richtlinie, die verletzende Bemerkungen oder Witze über Volkszugehörigkeit, kulturellen Hintergrund, Geschlecht, Geschlechtsidentität, sexuelle Orientierung etc. verbietet
- Aufstellung von Plakaten und / oder Symbolen, die das Thema Integration darstellen und fördern
- Ausstattung der Schulbibliothek mit Büchern, Zeitschriften, Illustrierten und Videos, die von geschlechtsvarianten bzw. transidenten Personen und Themen handeln (z. B. „Ma vie en rose“)
- Einführung einer allgemeinen respektvollen und integrierenden Sprachregelung, die falsche Vermutungen über die Geschlechtsidentität einer Person vermeidet
- Schaffen von Gelegenheiten, bei denen sich LehrerInnen und SchülerInnen zum Dialog über dieses Thema treffen
- Einführung einer altersgerechten Sprache
- Einbindung einer geschlechtsspezifischen Sprache und eines entsprechenden Klassencurriculums, das der Entwicklung von sozialen Kompetenzen dient, um in Problemsituationen mit geschlechtsvarianten und transidenten SchülernInnen angemessen interagieren zu können

„Als wir davon hörten, dass Matthias transident war, konnten wir es nicht glauben. Er hatte unsere Schule von Anfang an besucht. Und jetzt als High School-Schüler mit 16 Jahren haben wir herausgefunden, dass er in Wirklichkeit ein Mädchen ist und sich seit zehn Jahren schon so fühlt. Das war für mich ein Wendepunkt in meiner 20-jährigen Karriere als Lehrer. Ich habe ihn in der Mittelschule unterrichtet und hatte keine Ahnung. Ich bin ja so froh, dass wir an diesem Training teilnehmen konnten. Jetzt verstehe ich, dass ich keine Vermutungen über meine SchülerInnen anstellen darf. Und nicht nur das. Vielmehr muss ich jetzt aktiv dafür sorgen, einen behüteten Raum zu schaffen, sodass meine SchülerInnen sich sicher fühlen können, dass es ok ist, einfach so zu sein, wie sie sind." (Lehrer der Naturwissenschaft an einer Mittelschule)

„Ich ging auf Carter zu und fragte ihn, wie es seinem Bruder ging. Er schaute mich an, als wäre ich ein Monster. Er drehte sich um und rannte weg. Erst später habe ich verstanden, was passiert war. Ich wusste nicht, dass sein Bruder jetzt seine Schwester war. Er wusste offensichtlich nicht, was er sagen sollte und musste deswegen das Weite suchen. Ich bin so froh, dass unsere Schule jetzt in diesen Dingen ein Training angeboten hat. Ich hatte keine Ahnung davon, wie viel es darüber zu lernen gibt und was für eine Last es für alle Familienmitglieder sein kann, in einer Gesellschaft zu leben, die in Sachen Transidentität schlicht unwissend ist. Ich hatte auf keinen Fall vor, Carter zu traumatisieren. Es war eine harmlose Frage – aber wohl eine, die er täglich fürchten muss." (Grundschullehrer)

7. Aufklärung der Elternschaft

Manche Schulen sehen es als sinnvoll an, die gesamte Elternschaft über ihre Geschlechterpolitik aufzuklären, z. B. über das Verteilen von Handzetteln. Im Folgenden präsentieren wir das Beispiel einer Mitteilung über den Umgang mit Geschlechterfragen. Eine solche Mitteilung kann an Grundschulen verwendet werden.

> An unserer Schule unterstützen wir die Vielfalt der Geschlechtsidentifikation unserer Schülerinnen und Schüler. Wir verstehen und unterstützen die Tatsache, dass das Geschlechtsbewusstsein einer einzelnen Person im Spektrum verschiedener Definitionen zwischen männlich und weiblich zu sehen ist. Für manche Erwachsene ist diese Tatsache neu und vielleicht verwirrend. Für Kinder aber sind diese Variationen problemlos.
>
> Für manche Kinder ist das Geschlecht etwas Fließendes: „Manchmal fühle ich mich, wie eine Junge, und manchmal fühle ich mich als Mädchen." Für andere Kinder stimmt die Geschlechtsidentität nicht mit der Anatomie überein: „Ich empfinde mich wie ein Junge in einem Mädchen-

> körper", oder umgekehrt. Andere Kinder wiederum behaupten, ihr Geschlecht sei weder männlich noch weiblich, während einige sich als beides empfinden. Anstatt diese Aussagen als Unfug abzutun oder diese Ansichten korrigieren zu wollen, erkennen wir diese Selbstaussagen der Kinder an und bejahen, dass die Freiheit sich selbst auszudrücken ein integraler Bestandteil bei der Entwicklung des Selbstwertgefühls ist.
>
> An unserer Schule achten wir das Recht eines jeden Menschen, selbst zu entscheiden, wer man ist. Es liegt nicht im Ermessen irgendeiner anderen Person, für andere zu entscheiden, wer sie sind. Aufgrund unserer Schulpolitik werden Ihre Kinder zu Hause möglicherweise von diesen Dingen sprechen und vielleicht sagen: „Ich glaub die Person ist männlich – aber ich kann es nicht wirklich wissen, bis ich sie gefragt habe" oder „Die meisten Jungs haben einen Penis, aber nicht alle." Auch wenn anatomische Begriffe über das Geschlecht in Gesprächen fallen, so wird das Thema Sexualität als Gegenstand des Lehrplans in unserer Schule nicht behandelt. Eltern werden von ihrem Kind vielleicht auch thematische Bezüge zur Zwiegeschlechtlichkeit hören oder zu Jungs, die in einem Mädchenkörper „stecken", zu Transidenten oder „typischen" Jungen oder Mädchen. Wenn Sie Fragen hierzu haben, sprechen Sie mit Ihrem Kind und kommen Sie zu uns. Wir stehen Ihnen gerne für Klärungen zur Verfügung.

Manche Schulen laden die Elternschaft zu Schuljahrsbeginn zu einer Abendveranstaltung über die Geschlechtervielfalt ein, um sie direkt anzusprechen. Am effektivsten ist die Aufklärung, wenn grundlegende Informationen über die Entwicklung der Geschlechtsidentität im Allgemeinen und der transidenten Kinder im Besonderen vermittelt werden und wenn den Eltern ausreichend Zeit und Raum für die Beantwortung von Fragen eingeräumt wird. In ihrer Arbeit bei Gender Spectrum hat Stephanie Brill die Erfahrung gemacht, dass manche Eltern bei diesen Abendveranstaltungen oft sehr verkrampft sind. Deshalb empfehlen wir, dass solche Aufklärungsveranstaltungen für Eltern von erfahrenen Fachleuten durchgeführt werden, die die betroffenen Eltern entsprechend beruhigen und mit professionellem Abstand zur Altersangemessenheit des Themas Auskunft geben können. Gender Spectrum-Trainingsveranstaltungen kombinieren daher informative und inspirierende Vorträge und Videovorführungen mit einem Forum, an dem geschlechtsvariante Personen und Eltern von transidenten Kindern teilnehmen, die über ihre Erfahrungen berichten, damit das Thema für die Eltern greifbar wird.

Elterntrainings sollten immer auch die Überprüfung der Geschlechterpolitik der Schule beinhalten sowie klären, wie mit möglichen Diskrepanzen zwischen persönlichen Überzeugungen und schulpolitischen Richtlinien umzugehen ist. Es ist wichtig, genügend Zeit für die Klärung von Begriffen und Sachverhalten zu haben. Dabei lernt man auch, sich von Mythen und Stereotypisierungen bezüglich transidenter Menschen zu verabschieden. Das Ziel der Abendveranstaltungen ist, ein gemeinsames Verständnis für das Thema bei den Eltern herbeizuführen. Folgende Fakten und Prinzipien spielen dabei eine Rolle:

- dass Anatomie und Geschlecht nicht untereinander austauschbar sind;
- dass manche Säuglinge, ähnlich wie bei intersexuellen Neugeborenen, mit nicht eindeutigen Geschlechtsorganen geboren werden;
- dass die Geschlechtsidentität eine subjektive Selbstempfindung ist;
- dass geschlechtsvariante Kinder eine Minderheitengruppe bilden, die Schutz verdient
- dass es mehr als zwei grundsätzliche Geschlechtsidentifikationen gibt, z. B. das Empfinden der Geschlechtslosigkeit oder der Verschmelzung der Geschlechter.

8. Aufklärung der SchülerInnen

Auch SchülerInnen bedürfen wie ihre Eltern der Aufklärung in Bezug auf die Geschlechterthematik. Jede Schule, die eine Antidiskriminierungspolitik verfolgt, muss ihre SchülerInnen über die Bedeutung und Wichtigkeit dieser Richtlinien aufklären. Dies ist auch eine gute Möglichkeit, die Schülerschaft mit der Geschlechtervielfalt bekanntzumachen. In manchen Fällen werden diese Veranstaltungen durch die schuleigene sogenannte „Gay-Straight Alliance“ ausgerichtet, die Sprecher oder zu Foren einlädt, die dann die Schulversammlung zum Thema Geschlechtervielfalt und Achtung derselben informieren. Die Veranstaltungen können auch dazu dienen, die SchülerInnen über die Konsequenzen bei Missachtung der Geschlechterpolitik der Schule oder bei Verstoß gegen diese aufzuklären.

Die von Stephanie Brill durchgeführten Schulveranstaltungen beginnen mit einer Vollversammlung, die sich im Laufe des Tages in kleinere Gruppen auflöst, in denen vertraulichere Gespräche geführt und Fragen beantwortet werden können. Dies ermöglicht SchülerInnen ihr Verständnis über die Geschlechtervielfalt zu vertiefen. Es vermittelt SchülerInnen auch ein Grundwissen, um Belästigungen und sprachliche Ausdrucksweisen der Diskriminierung zu erkennen. Und sie lernen, sich für geschlechtsvariante und transidente MitschülerInnen einzusetzen.

> „Ich habe wirklich nicht verstanden, was mit Mike los war. An einem Tag war er Mike; am nächsten sagte er uns, er sei in Wirklichkeit ein Mädchen und wollte Mikki genannt werden. Als sie zu uns kamen und mit uns sprachen, hab ich es dann endlich kapiert! Ich hatte Mikki nicht lauter persönliche Fragen stellen wollen, aber irgendwie konnte ich nicht aufhören, an die Fragen zu denken. Die Veranstaltung hat mich Mikki als Mädchen wahrnehmen und all die anderen Aspekte, die so merkwürdig erschienen, vergessen lassen.“ (Mitschüler eines transidenten High School-Schülers)

Die Aufklärung aller SchülerInnen, unabhängig von ihrem Alter, ist dann besonders wichtig, wenn ein Kind seine Geschlechtsangleichung in der Schule bekannt geben will. Damit ein Kind akzeptiert wird, muss es verstanden werden. Dies gilt insbesondere für Grundschulkinder. Altersspezifische Unterrichtseinheiten zum Thema Geschlechtervielfalt in Grundschulklassen sind relativ einfach vorzubereiten. Gender Spectrum arbeitet auch mit Grundschulen zusammen. Ziel dieser Kooperation ist es, SchülerInnen innerhalb des Unterrichts Zeit zu geben und LehrerInnen didaktische Unterstützung anzubieten, um im Klassenzimmer eine verständnisvolle Atmosphäre zu schaffen, um das Thema ansprechen zu können. Zu den zentralen Bausteinen, die die innere und äußere Sicherheit der geschlechtsuntypischen SchülerInnen gewährleisten sollen, gehören die Einführung eines strikten Hänselei-Verbots, sowie die Implementierung des klassenbezogenen Lehrplans mit einschlägigen Themen.

> „Wir waren sehr nervös, den Schüler als Mädchen in die Schule kommen zu lassen. Aber wir waren überzeugt, das Richtige zu tun. Wie können wir wahrhaftig sein, wenn wir die Vielfalt der Menschen respektieren und dann, wenn es darauf ankommt, doch selektieren?" (Vorsitzender einer Pfarrei-Schule)

Die Park Day School in Oakland, Kalifornien, die an Trainingsseminaren teilgenommen hat, die von Gender Spectrum organisiert worden sind, veröffentlichte einen Beitrag, in dem sie ihr Selbstverständnis zum Thema darlegt, und wie sie in Zukunft zu arbeiten beabsichtigt. Das von Susan Lee verfasste Dokument mit dem Titel „Wenn es darauf ankommt: Über Transidentität und Geschlechtsvarianz in der Grundschule", ist im Internet zu lesen (http://www.genderspectrum.org/images/stories/Teaching_About_Gender_Identity_and_Fluidity_in_Elementary_School.pdf).

Dieser Beitrag ist informativ und eine Anregung für Schulen und Familien, die ein allgemeines Bewusstsein von der Geschlechtervielfalt entwickeln wollen, das auch im Lehrplan und in der Geschlechterpolitik seinen Niederschlag findet. Nachstehend folgt ein kurzer Auszug aus diesem Papier:

> „Als verantwortliche PädagogenInnen können wir beobachten, dass das Tabu, über Transidentität zu sprechen, in den vergangenen Jahren zunehmend gebrochen worden ist. Von den Talkshows von Oprah Winfrey und Tyra Banks (prominentes Top-Model der USA und Fernsehmoderatorin) bis hin zu diversen Nachrichtenmagazinen, das Thema Transidentität taucht momentan häufiger denn je auf.
>
> Kindern nahezubringen, dass jedem Menschen die gleichen Rechte zustehen und jeder das Recht auf Selbstbestimmung hat, gehört zur grundlegenden Verantwortung der PädagogInnen, der sie sich auch konkret

stellen müssen. Wenn eine Diskussion über dieses Thema in einer Schule erlaubt wird, dann nehmen wir dies zum Anlass, das Thema in individueller und in gesellschaftlicher Hinsicht darzustellen. Am Ende eines jeden Arbeitstages können wir dann auch darauf stolz sein, dass wir die richtigen Schritte nach vorne gemacht haben, dass wir auf unser Bauchgefühl gehört und die Bedürfnisse der uns anvertrauten Kinder zu respektieren versucht haben.

Über das Thema der Transidentität zu sprechen, verwirrt die Kinder nicht, wenn die Gespräche kindgemäß und ernsthaft geführt werden. Unsere SchülerInnen aufzuklären, versetzt sie später in die Lage, als verständige und mutige BürgerInnen zu handeln."

9. Für Sicherheit in Toiletten sorgen

Alle Kinder haben ein Recht auf die Berücksichtigung ihrer körperlichen Grundbedürfnisse. Dies schließt das Recht ein, einen sicheren Zugang zu den Toiletten zu haben. Geschlechtsvariante Kinder und Jugendliche fühlen sich in der Regel im nach Geschlechtern getrennten Toilettensystem (männlich / weiblich) nicht wohl. Kinder im Alter von nur 3 Jahren bestätigen, dass der Entscheidungsstress, auf eine der beiden Toiletten gehen zu müssen, sie handlungsunfähig macht. Um diesen Stress zu vermeiden, halten sie ihr Pipi so lange ein, bis sie in die Hose machen. Oder sie wählen die geschlechtstypische Toilette und verunsichern sich dadurch selbst und vielleicht auch andere Kinder. Die Situation ist ein Dilemma.

Geschlechtsvariante und transidente Kinder und Jugendliche sind häufig Opfer von Hänselei, Spott und manchmal sogar Gewalt, wenn sie auf der „falschen" Toilette „erwischt" werden.

Schulen können hier für direkte und einfache Abhilfe sorgen, indem sie einzelne separierte Toiletten markieren und zur Verfügung stellen. Manche Toilettenanlagen können auch zu Unisex-Toiletten oder zu geschlechtsneutralen Toiletten erklärt werden.

Wichtig ist, dass diese Einzeltoiletten bzw. geschlechtsneutralen Toiletten allen Kindern zur Verfügung stehen, nicht nur den Kindern, die sich als geschlechtsvariant bzw. transident zu erkennen gegeben haben. Gleichwohl werden manche transidente SchülerInnen die für ihr Geschlecht vorgesehene Toilette nutzen, auch wenn Unisex-Toiletten bereitgestellt sind. Grundsätzlich gilt: Jede Person soll die Toilette benutzen können, die mit ihrer Geschlechtsidentität übereinstimmt, mit der sie „ausschließlich und konsistent" in der Schule auftreten.

10. Geschlechtsbedingte Belästigungen von SchülerInnen dokumentieren

Es ist notwendig, Richtlinien zur Dokumentation von geschlechtsdiskriminierenden Belästigungen von SchülerInnen zu entwickeln. Im Falle einer Belästigung ist eine sofortige und für alle erkennbare Reaktion der Schulleitung wichtig, um die Null-Toleranz-Regel gegenüber Gewalthandlungen oder Belästigungen deutlich zu demonstrieren. Wo es erforderlich ist, soll das Sicherheitspersonal der Schule über die Richtlinien informiert und entsprechend geschult werden.

Zur Auswertung der Richtlinien, sollte die Schule eine Akte anlegen, in der alle Vorfälle mit der jeweiligen Verlaufsgeschichte dokumentiert sind. Hilfreich erscheint es auch, ein Aufsichtsorgan zu benennen, das aus gewählten Lehrern und Eltern besteht und das sich regelmäßig mit den Beschwerdefällen befasst.

11. Den Familien mit geschlechtsvarianten Kindern zur Unterstützung Mittel und Wege aufzeigen

Heutzutage werden sich zunehmend jüngere Kinder ihrer Geschlechtsidentität bewusst. Dabei ringen die meisten Eltern damit, sich mit der Geschlechtsvarianz bzw. der abweichenden Geschlechtsidentifikation ihrer Kinder zu arrangieren. Sie bedürfen dringend der Information, der Begleitung und der Kontakte zu anderen Familien, mit denen sie ihre Erfahrungen teilen können.

Die Unterstützung der Eltern durch den Nachweis von Mitteln und Wegen durch die Schule kann zur Verbesserung des Schulklimas, aber auch zur förderlichen Entwicklung des kindlichen Selbstwertgefühls und seiner geistigen Gesundheit beitragen. Deshalb könnte in der Schule dafür gesorgt werden, dass Familien mit geschlechtsvarianten bzw. transidenten Kindern miteinander ins Gespräch kommen und durch sachliche Informationen unterstützt werden. Dadurch wird den Familien geholfen, ihre Situation besser zu verstehen. Familien, die sich in einer Krise befinden, sind für Informationen dankbar, die ihnen helfen können, den Konflikt zu lösen und die Harmonie in der Familie wiederherzustellen. Information, Aufklärung und Unterstützung dieser Art sind auch hilfreich, um die Interaktion innerhalb der Familie sowie ihr gegenseitiges Verständnis füreinander zu erhöhen und die Gefahr der Ablehnung des betroffenen Kindes durch die Familie zu vermindern.

Eine gute Hilfe und ein einfacher Weg, Informationen zu vermitteln, ist das Anlegen einer Mappe, in der relevante Materialien gesammelt und aktualisiert werden, die dadurch Eltern, Lehrpersonal und SchülerInnen zur Verfügung gestellt werden. Der Katalog sollte neben Informationsmaterialien über die Geschlechtervielfalt auch Daten über kompetente Therapeuten und Ärzte aus der Umgebung beinhalten. Außerdem sollte die Mappe auch stets aktualisierte Internetquellen und Internetportaladressen für Familien und Jugendliche enthalten, einschließlich Übersetzungen in verschiedene Sprachen für die Eltern und SchülerInnen mit unterschiedlichem Migrationshintergrund.

12. Überprüfung der Geschlechtersensibilität an der Schule

Für diese Aufgabe kann ein aus Lehrern und Eltern bestehendes Aufsichtsorgan zuständig sein. Es könnte sicherstellen, dass die Schule die Geschlechtervielfalt tatsächlich praktiziert, dass die gewünschte Sensibilisierung gegenüber den transidenten SchülerInnen verwirklicht wird und dass die Richtlinien zur Antidiskriminierung der Geschlechtsidentifikationen entsprechend greifen. Dasselbe Aufsichtsorgan kann auch Beschwerden entgegennehmen und in periodischen Abständen eine Überprüfung der Absichtserklärungen und Regelungen durchführen. Dieses Organ kann auch dafür sorgen, dass die Schule ein sicherer Ort für geschlechtsvariante SchülerInnen wird. Folgende Maßnahmen sind denkbar:

- Rollenvorbilder für Geschlechtervielfalt durch Mentorenprogramme für Mitschüler fördern,
- zu Diskussionen einladen, bei denen sich SchülerInnen, LehrerInnen und Eltern über die Thematik der Geschlechtervielfalt austauschen können,
- GastrednerInnen von Organisationen und Gesellschaften für Transidentität gewinnen, die vor SchülerInnen Vorträge halten,
- dafür sorgen, dass mindestens ein(e) MitarbeiterIn der Schule gewählt wird, die in Fragen der Geschlechtervielfalt kompetent und ansprechbar ist,
- alle Schulclubs auffordern, die Geschlechtervielfalt als Aufgabe der Integration zu begreifen,
- den „Erste Hilfe-Katalog“ für Eltern, Lehrpersonal und SchülerInnen führen und zu aktualisieren,
- den Lehrplan auf Unterrichtseinheiten hin überprüfen, ob die für alle Geschlechtsformen entsprechende Sprachregelung eingehalten wird.

Das Thema „Geschlecht“ im Klassenzimmer

> „Die Lehrerin meines Sohnes sagte uns, dass sie einmal eine Übung mit zwei Gruppen im Klassenzimmer durchzuführen hatte, bei der sie die Kinder bat, sich rechts und links in eine Jungen- und eine Mädchenreihe aufzustellen. Sie sagte uns dann, dass sich unser Sohn zu den Mädchen

in die Reihe stellen wollte, die ihn aber wieder in die Jungenreihe zurückschickten, worauf er ein langes Gesicht zog.“ (Elternteil eines 5-jährigen geschlechtsvarianten Kindes)

„Annahmen von Schulkindern sind für mein Kind schwierig – dass rosa für Mädchen und blau für Jungen ist und so weiter.“ (Elternteil eines 6-jährigen geschlechtsvarianten Jungen)

„Zurzeit beschäftigt Stevie, dass die meisten Kinder mit Spielzeugen spielen, die für ihr Geschlecht spezifisch sind. Wenn Stevie älter wird, werden trans- und homophobische Bemerkungen der anderen Kinder, die den Aussagen ihrer Eltern folgen, möglicherweise seine größten Probleme sein.“ (Tante des zuvor genannten 6-jährigen geschlechtsvarianten Jungen)

Damit LehrerInnen mit dem Thema der Geschlechtervielfalt im Klassenzimmer weniger Probleme haben, sind Trainingskurse und die ausdrückliche Unterstützung der Schuladministration von Nöten. LehrerInnen gehen wesentlich leichter mit „heißen“ Themen um (z.B. mit allen Antidiskriminierungsangelegenheiten), wenn sie sich der Unterstützung durch die Schule sicher sind. Aus diesem Grunde sollte, wie bereits gesagt, der erste Schritt darin liegen, Richtlinien für die gesamte Schule zu formulieren. Daraufhin kann jede(r) LehrerIn eine analoge Klassenzimmerordnung erstellen und weitere Ideen und Maßnahmen in ihren/seinen klassenspezifischen Lehrplan integrieren.

Hierdurch kann die Schule den Boden vorbereiten, dass Kinder ihre eigene Geschlechtsidentifikation sowie die Geschlechtsidentifikationen der anderen positiv wahrnehmen. Aber wie schaffen LehrerInnen solche Gelegenheiten im Klassenzimmer, und was machen sie selbst, wenn sie ein geschlechtsvariantes Kind in ihrer Klasse haben?

Der erste Schritt besteht darin, den LehrerInnen eine entsprechende Fortbildung zu ermöglichen und Materialien zur Verfügung zu stellen, die sie entsprechend in ihren klassenspezifischen Lehrplan integrieren können. Nachstehend zeigen wir einige Beispiele auf:

- Man sollte die geschlechtsneutrale Sprache so oft wie möglich verwenden. Auch wenn es am Anfang vielleicht etwas merkwürdig erscheint, wenn man sagt: „liebe Kinder“ statt „liebe Jungs und Mädchen“; „was macht denn das Kind da“ anstatt „was macht denn das Mädchen dort?“ oder „das gehört Catherine“ anstatt „zu ihm“ oder „zu ihr“. Mit zunehmender Übung, wird diese Sprache weniger befremdlich.
- Ebenfalls sollte man sich mit den geschlechtsvarianten und transidenten SchülerInnen solidarisieren und sich zu ihrem Interessenvertreter machen. Dadurch können LehrerInnen dazu beitragen, eine Kultur und eine Atmosphäre zu schaffen, in der jede Person so geschätzt wird, wie sie ist. Es ist auch wichtig, Diskussionen über die Geschlechtervarianz zu

initiieren; wenn diese ausbleiben, können sich geschlechtsvariante und transidente SchülerInnen nicht beachtet und nicht wertgeschätzt fühlen. Allerdings muss bei den Diskussionen darauf geachtet werden, dass man den Fokus nicht zu sehr auf eine einzelne Person richtet. Schließlich möchte man ja erreichen, dass sich die Kinder in der Schule wohlfühlen und sich nicht so fühlen, als säßen sie auf einem heißen Stuhl.

- Rückschläge müssen immer wieder verkraftet, Mythen und Stereotypisierungen unterbunden werden. Man muss auch zur Intervention bereit sein. In Situationen, in denen man als LehrerIn anwesend ist und in denen herabwürdigende Bemerkungen fallen oder in denen stereotypisiert, gespottet oder diskriminiert wird, muss man einschreiten und Partei ergreifen. So kann man demonstrieren, was es heißt, sich für die Geschlechtervielfalt stark zu machen.
- Die Privatsphäre von SchülerInnen muss respektiert werden; hierbei kann man sich an ihrem Verhalten orientieren. Wenn man sich über das Geschlecht der SchülerInnen nicht sicher ist, sollte man dies mit ihnen vertraulich klären, denn es ist das Vorrecht einer jeden Schülerin und eines jeden Schülers, ihr transidentes Geschlecht weder den LehrerInnen noch den SchülerInnen gegenüber zu erkennen zu geben.
- Das Thema Geschlechtervielfalt kann durch Filme, Artikel und Bücher, Plakate im Klassenzimmer und Gastredner in den Lehrplan integriert werden.
- Diskussionen initiieren, um über die Diskrepanz zwischen dem, was ein Mensch im Inneren fühlt und empfindet und dem, was er nach außen zeigt, zu sprechen – innen und außen – wie bei einer Kokosnuss. Solche Diskussionen bilden die Grundlage für weitere Auseinandersetzungen mit dem Thema.
- Auch kann man Diskussionen zur Koalitionsbildung anregen. Hierbei kann man Situationen von den Kindern als Rollenspiel simulieren lassen, in denen die einen die anderen um Unterstützung bitten. Oder man kann mit ihnen zusammen nach verschiedenen Möglichkeiten suchen, um sich gegenseitig zu helfen. Im Laufe der Übung kann man auch eine hypothetische Situation durchspielen, bei der es um ein Kind geht, das sich sowohl als Junge und als Mädchen empfindet: Wie würde man sich als SchülerIn solidarisieren, wie zum KoalitionspartnerIn dieses Kindes werden? Wie würde man sich gegenüber einem Jungen verhalten, der mit einem Kleid herumläuft?
- Wenn es altersgemäß ist, dann kann man auch mit seiner Klasse erkunden, wie es wäre, wenn eine Person in der Klasse zu ihrem Geschlecht nicht die zu erwartende Anatomie aufweisen würde. Würde das die Person anders erscheinen lassen, als vorher? Hier kann man auch den Bezug zu solidarischem und partnerschaftlichem Verhalten herstellen.
- Man kann SchülerInnen auch eine Übung aufgeben, bei der sie den ganzen Tag oder eine Woche lang, ausschließlich ohne Verwendung der geschlechtsanzeigenden Wörter sprechen und schreiben sollen.

- SchülerInnen können in Büchern nach Abbildungen von Personen suchen, die nicht ihrem Geschlecht entsprechend gekleidet oder frisiert sind, die geschlechtsuntypische Tätigkeiten ausführen oder deren Geschlechtsidentifikation nicht eindeutig zu sein scheint.
- Man kann die Klasse auch auffordern neue Pronomen zu erfinden, die man beim Sprechen und Schreiben verwenden kann; wie beispielsweise die nicht geschlechtsanzeigenden Pronomen, die gegenwärtig von der Trans-Gemeinschaft verwendet werden: hir, s/he und ze.
- Man sollte SchülerInnen nicht nach Geschlechtern trennen. Es lassen sich sicher auch andere Kriterien finden, Gruppen zu bilden.
- Eine weitere Übung für SchülerInnen kann darin bestehen, in einer Art Tagebuch aufzuschreiben, woher sie wissen, dass sie ein Junge oder ein Mädchen sind, und ob sie sich zum Teil sowohl als Junge und als Mädchen fühlen? Woher würden sie wissen, dass sie ein Junge oder ein Mädchen sind, wenn es ihnen nie jemand gesagt hätte? Und wenn sie nicht entscheiden dürften, würden sie es trotzdem tun? Solche Fragen fördern die Idee, dass nicht alle Menschen ihre Geschlechtsidentität im Einklang mit ihrer körperlichen Beschaffenheit entwickeln.
- Außerdem kann man SchülerInnen darüber nachdenken lassen, wie es wäre, wenn die beste Freundin bzw. der beste Freund sich wie ein „Junge“ bzw. ein „Mädchen“ oder sogar, wie ein „Es“ empfinden würde, auch wenn man selber immer dachte, sie seien eindeutig „Junge“ oder „Mädchen“.
- Und schließlich ein letztes Beispiel in dieser Aufzählung: Es sollte eine Unterrichtseinheit im schul- oder klassenbezogenen Lehrplan vorgesehen werden, in der man das Thema „Wir unterstützen die Geschlechtervielfalt in unserer Schule oder Klasse dadurch, dass wir …“ behandelt. Weitere Aktivitäten, die zum Teil auch oben genannt worden sind, können sich daran anschließen.

Wenn das eigene Kind zum Anstoß der Furcht anderer Eltern wird

Die Eltern anderer Kinder können große Furcht vor transidenten Kindern entwickeln, wenn sie von diesem Thema nichts wissen. Die Angst vor dem Unbekannten kann diese Eltern zu großer Sorge und entsprechenden Verhaltensweisen veranlassen. Diese manifestieren sich in der Regel darin, dass Forderungen laut werden, transidente Kinder nicht die Toiletten benutzen zu lassen, die ihrer Geschlechtsidentifikation entsprechen, dass sie nicht mit anderen Kindern spielen dürfen und dass die eigenen Kinder die transidenten Kinder öffentlich meiden sollen. Manche Eltern gehen soweit und verlangen den Verweis der transidenten Kinder von der Schule. In einigen Fällen haben aufgebrachte Eltern Verleumdungskampagnen gegen

Familien mit transidenten Kindern geführt, indem sie viele andere Eltern gegen jene aufhetzten.

Wenn solche Reaktionen in der Schulgemeinde passieren, dann muss man die Schulbehörde um Unterstützung bitten. In einem solchen Fall bewährt sich bereits die Anwendung der Antidiskriminierungsrichtlinien der Schule. Gerade hier wird deutlich, warum es wichtig ist, dass Eltern mit der Schule über die besonderen Bedürfnisse ihrer Kinder sowie über ihre eigenen Erwartungen diskutieren und dies noch vor Beginn des Schuljahres.

In Situationen, die eskalieren, ist es hilfreich, eine Analogie zur Völkerdiskriminierung herzustellen. Man stelle sich z. B. vor, Kinder mit spanischem Migrationshintergrund würden gezwungen werden eine eigene Toilette zu benutzen, der Besuch von Freunden würde ihnen untersagt werden oder es würde ihnen verboten werden, mit anderen spanischen Kindern zu spielen. Das würde uns allen die Sprache verschlagen! Diskriminierung ist und bleibt Fanatismus, egal wie man es dreht und wendet.

Die Unterstützung der SchülerInnen

Durch die Entwicklung verändern sich die Bedürfnisse der geschlechtsvarianten bzw. transidenten Kinder. Für die meisten Eltern dieser Kinder besteht der anstrengendste Part ihrer Zusammenarbeit mit der Schule in den ersten Jahren, wenn das Kind eingeschult wird, an eine neue Schule kommt oder die Wandlung seiner Geschlechtsidentifikation während seiner Schulzeit vollzieht. Es wird aber immer wieder unerwartete Situationen geben, in denen man erneut gegenüber der Schule eine aktive Rolle wird einnehmen müssen. Man sollte daher nicht davon ausgehen, dass man im neuen Schuljahr nicht mehr mit den LehrerInnen sprechen müsste, weil man doch in der vergangenen Zeit auf den verschiedensten Ebenen mit den LehrerInnen zufriedenstellend kooperiert habe. Ganz im Gegenteil, man muss mit den LehrerInnen des betroffenen Kindes jedes Jahr aufs Neue sprechen. Auch muss man den Schulleiter daran erinnern, die LehrerInnen auf die besondere Situation dieser Kinder aufmerksam zu machen. Immer wenn neue Fachkräfte an die Schule kommen, wie z. B. Sport- oder MusiklehrerInnen, werden die Eltern mit diesen über die Besonderheiten ihrer Kinder sprechen müssen.

Das gilt natürlich in gleicher Weise, wenn man ein weiteres Kind in derselben Schule hat. Eltern müssen sich auch immer wieder dafür einsetzen, dass die Schule allen LehrerInnen, Eltern und SchülerInnen entsprechende Aufklärungs- und Trainingskurse anbietet. Viele Eltern erkennen am Anfang nicht die Wichtigkeit dieser Vorgehensweise, haben dann aber den Wert dieser Unterstützungsarbeit für ihre Kinder zu schätzen gelernt.

„Es war nicht mein transidentes Kind, das sie gehänselt haben. Es war eigentlich ihre jüngere Schwester, die damit zu kämpfen hatte. Sie wurde erbarmungslos gehänselt. Ihre Lehrerin hatte kein Training erhalten und die Schule weigerte sich, das Training zu zahlen, weil unser älteres Kind nun in der Mittelschule und unser jüngstes in der Grundschule war. Nach langem hin und her haben wir dann einen privaten Trainer angestellt, der sich unserer Kinder annahm. Die Resultate waren erstaunlich. Wir bereuen, dass wir das nicht gleich von Anfang gemacht haben. Natürlich wird sich das herumsprechen, andere Kinder haben ja auch ältere Geschwister." (Elternteil eines 13-jährigen transidenten Sohnes und einer 10-jährigen geschlechtstypischen Tochter)

Ein geschlechtsvariantes oder transidentes Kind zu haben, verlangt von Eltern, die Rolle von Fürsprechern und Interessenvertretern zu übernehmen. Auch wenn man selbst zurückhaltend und scheu ist, muss man seine eigenen Ängste zum Wohle seines Kindes zu überwinden lernen. Die Zeit und die Energie, die man in die Unterstützung seines Kindes steckt, sind sehr gut investiert, und sie können über Leben oder Tod des Kindes entscheiden. Die Erfahrung, von Familie und Schule unterstützt zu werden, kann geschlechtsvarianten oder transidenten Kindern und Jugendlichen helfen, ein stabiles Selbstbewusstsein und eine starke Widerstandskraft zu entwickeln, die für die Bildung einer integralen, positiven und gesunden Identität, notwendig sind.

Auf zur Uni: Entscheidungen und Herausforderungen

Obgleich wir uns dessen bewusst sind, dass die Hochschulausbildung nicht das Ziel aller Schüler bzw. Schülerinnen ist, und dass sie nicht für jedes transidente Kind und dessen Familie finanzierbar ist, bleibt dieser Weg dennoch für viele junge Menschen eine Art „Ritual des Erwachsenwerdens". Eltern werden Ängste entwickeln und sich fragen, wie es wohl sein wird, wenn ihre Kinder einmal das Haus verlassen. Es kann aber auch eine erleichternde Vorstellung sein, dass es für ihr Kind eine Welt jenseits der Schule gibt. Während die High School recht insular und abgeschlossen wirkt, eröffnet die Hochschule Möglichkeiten, über das bisher Gewohnte hinauszuwachsen und weg vom Umfeld sowie von Einstellungen zu gelangen, die von jungen transidenten Personen möglicherweise als unterdrückend erlebt wurden. Ungeachtet einer möglicherweise begonnenen physischen Transformation, bietet die Hochschule in verschiedener Hinsicht offene Möglichkeiten für eine ggf. angestrebte Transformation. Daher wird das Verlassen der bis dahin geltenden Regeln und Rollenvorgaben in Familie, Gleichaltrigengruppe oder Schule als befreiend empfunden.

Immerhin ist die akademische Welt offener als die anderen Lebenswelten und offener auch, transidente Jugendliche aufzunehmen. Der nachfolgende Abschnitt befasst sich mit der Suche nach einem für das transidente Kind geeigneten Umfeld, sodass man das Kind beruhigt in seine Unabhängigkeit entlassen kann.

Empfehlungen für SchülerInnen, die an die Hochschule gehen

!

- Zunächst sollte man einen engen Freundeskreis aufbauen, der die Entwicklung der transidenten, atypischen oder variierenden Geschlechtsidentifikation der eigenen Person unterstützt.
- Dann sollte man unter den Mitarbeitern, den HochschullehrerInnen und den Tutoren nach Mitmenschen suchen, die transidenten Menschen, aber auch Lesben, Schwulen, Bisexuellen und Transsexuellen sowie ggf. auch Queers gegenüber wohlwollend eingestellt sind.
- Des Weiteren sollte man auch nach einer Gruppierung transidenter StudentInnen an der Uni Ausschau halten; wenn keine vorhanden ist, sollte man nach einer integrativen LGBTQ-Gruppe (Lesbian Gay Bisexual Transgender Queer) suchen.
- Ferner kann man in der Stadt, in der man zu studieren beabsichtigt, nach einschlägigen Szene-Treffpunkten, Kneipen, Beratungsstellen, Organisationen, Gesellschaften und Vereinen suchen, da man dort Informationen und Unterstützung finden kann.
- Und natürlich ist es hilfreich, auch zu anderen transidenten StudentInnen anderer Hochschulen Kontakte zu knüpfen – das Internet bietet hierzu viele Möglichkeiten.
- Schließlich empfiehlt es sich auch, sich in entsprechende E-Mailing-Listen einzutragen.

Die Suche nach der Transidenten-freundlichen Hochschule

Transidente SchülerInnen und ihre Eltern müssen sich bei der Suche nach einer adäquaten Hochschule nicht länger alleingelassen fühlen. Das Internet hat die Suche nach entsprechenden Informationen leicht gemacht. Die nachfolgend aufgeführten Links sind nur Auszüge möglicher Adressen, die man im Internet finden kann und die der ersten Orientierung dienen können. Da die Zahl der Portale ständig zunimmt, erübrigt sich der Anspruch auf Vollständigkeit.

Der erste Schritt bei der Informationssuche für die USA sollte auf den von der Organisation Campus Pride gesponserten Link Campus Climate Index im Internet führen (http://www.campusclimateindex.org/). Diese Organisation arbeitet speziell daran, die Hochschulzeit für LGBTQ-

StudentInnen so angenehm wie möglich zu gestalten. Dieses Internetportal wird auch von dem Consortium for Higher Education LGBTQ Resource Professionals unterstützt (http://www.lgbtcampus.org). Der Index ermöglicht StudentInnen und ihren Eltern, detaillierte Informationen über die Richtlinien und praktische Hinweise über die Hochschulen im Land zu finden. Transidente StudentInnen können auch eine Fülle an Informationen über das Transgender Law and Policy Institute erhalten (http://www.transgenderlaw.org/). Dieses Institut bietet auch ein Portal an, in dem aktualisierte Listen von Hochschulen geführt werden, die die Antidiskriminierungsrichtlinien akzeptiert haben und geschlechtsneutrale Unterkünfte anbieten.

Tatsächlich sind Studierende heute nicht mehr nur auf Broschüren oder Stippvisiten an den Hochschulen angewiesen, um herauszufinden, an welcher Hochschule sie sich wohlfühlen können. Das Internet bietet unzählige Möglichkeiten, eine geeignete Hochschule zu finden, angefangen mit der jeweiligen Homepage. Die Fülle an Informationen kann einen aber auch schier überwältigen und die Frage aufwerfen, wie man sich im Informationsdschungel auf der Suche nach Indikatoren zurechtfinden kann, um eine sichere und angemessene Bildungseinrichtung zu finden.

Als Erstes bedeutet dies, die Informationsflut einzuschränken. Es ist ratsam, mit der Homepage der Hochschule zu beginnen, auf der man sich anhand des Navigationsmenüs unter dem Stichwort „Immatrikulation“ informieren kann. Mit Sicherheit wird man nicht überall Willkommensgrüße für transidente StudentInnen erwarten können, aber man wird schnell sehen, ob die Bildungseinrichtung Wert auf Vielfältigkeit legt, die verwendete Sprache geschlechtsneutral ist und Offenheit allen StudentInnen gegenüber signalisiert. Der Begriff Vielfältigkeit („Diversität“) spielt heute eine zunehmende Rolle in progressiven Institutionen und wird dann auf den Websites der Hochschulen auch entsprechend hervorgehoben. Die entsprechenden Hochschulen signalisieren hiermit ihr Interesse, Studierende an ihren Campus zu holen, die eine möglichst große ethnische, kulturelle, soziale und wirtschaftliche Vielfalt darstellen und die auch unterschiedliche sexuelle Orientierungen haben. Schon die Bilder auf den Websites können darüber Auskunft geben, inwieweit die Hochschule es mit der Diversität ernst meint.

Zweitens sollte man nach bestimmten Schlagwörtern suchen, um festzustellen, ob die Hochschule die Antidiskriminierungsrichtlinien befolgt. In der Tat stellen diese Richtlinien ein wichtiges Schlagwort dar, nach dem auch gesucht werden sollte.

Die Erfahrung lehrt und Interessenvertreter transidenter Menschen weisen auch immer wieder darauf hin, dass bei einigen Hochschulen zwischen vorgestellten und verwirklichten Richtlinien eine Diskrepanz besteht. Bereits eingeschriebene Studierende, vor allem jene, die in den LBGTQ-

Gruppierungen aktiv sind und schon ein oder zwei Jahre an der Hochschule studieren, kennen die Diskrepanz zwischen der Absicht hinter den Richtlinien und der Praxis. Sie wissen auch, wie die Institution mit Beschwerden wegen Belästigungen und Diskriminierungen umgeht und ob die Hochschule in Bezug auf die Akzeptanz von transidenten Studierenden und ihren Interessenvertretern einen Fortschritt vorweisen kann. Auch wenn die Durchsetzung der Richtlinien über die „Geschlechtsidentität und Geschlechtsidentifikation“ nicht zu den Stärken der meisten Hochschulen gehört, ist es dennoch bemerkenswert, dass einige Hochschulen wenigstens Teilen der Richtlinien eine erste Beachtung geschenkt haben.

Es erscheint auch sinnvoll nachzuschauen, ob die gewählte Hochschule über ein LGBTQ-Zentrum oder -Programm verfügt. Die meisten LGBTQ-Zentren findet man im Internet.

Nicht zuletzt sollte man in den archivierten Beiträgen und Zeitungen der Hochschulen stöbern, wie hier das Thema Transidentität behandelt bzw. wie und mit welcher Häufigkeit über Transidente und ihre VertreterInnen berichtet wird. Man sollte auch einmal mal die Atmosphäre in jener Stadt prüfen, in der man studieren möchte und zwar in Bezug auf das Thema „Diversität“ und die vorherrschende Meinung gegenüber transidenten und LGBTQ-Menschen. Man möchte ja nicht in einer vorurteilsgeladenen Umgebung leben, selbst wenn die Hochschule dort zu den progressiveren zählt.

Checkliste zur Ermittlung einer Transidenten-freundlichen Hochschule

- Sind an der Hochschule Toiletten als „geschlechtsneutral“ gekennzeichnet oder gibt es Einzelkabinen? Sind diese Einrichtungen in einer öffentlichen Liste ausgewiesen?
- Gibt es geschlechtsneutrale Unterkünfte und Wohnheime an der Hochschule?
- Beziehen sich die Antidiskriminierungsrichtlinien der Hochschule auch auf „Sexuelle Orientierung“ und „Geschlechtsidentität und Geschlechtsidentifikation“?
- Ist die Hochschule ihrer Verpflichtung nachgekommen, Gesundheitsfachkräfte und PsychiaterInnen anzustellen und weiterzubilden, die sich mit den gesundheitlichen Bedürfnissen transidenter Studierender auskennen?
- Sind LGBTQ oder transidente Lehrkräfte und Angestellte als solche erkennbar und aktiv?
- Sind Formblätter und Formulare entsprechend angepasst worden, um StudentInnen das Eintragen ihrer Geschlechtsidentität zu ermöglichen?

- Gibt es an der Hochschule für alle Lehrkräfte und Angestellten Seminare, in denen es inhaltlich um die Sicherheit der transidenten Studierenden geht?
- Integrieren die Websites, Portale und Internetmaterialien auch LGBTQ-StudentInnen, und wird die Vielfalt hervorgehoben sowie eine geschlechtsneutrale Sprache verwendet?
- Bieten die Gesundheitseinrichtungen für betroffene Studierende auch Hormonbehandlungen an?
- Werden Verstöße gegen Respektlosigkeit und Belästigung aufgrund des Geschlechts von Seiten der Hochschuladministration verfolgt? Geschieht dies zügig oder schleppend?
- Gibt es Hinweise, dass transidente StudentInnen sich zusammengeschlossen haben und als Gruppe aktiv sind?

Unterbringung

Auf der Suche nach einer entsprechenden Hochschule sollten transidente StudentInnen auch nach spezifischen Maßnahmen Ausschau halten, die die Hochschule unternommen hat, um Sicherheit und Wohlbefinden der LGBTQ-StudentInnen zu gewährleisten. Auch wenn viele Maßnahmen auf bekennende Lesben und Schwule zugeschnitten sind, so haben transidente StudentInnen doch ihre eigenen speziellen Bedürfnisse, denen die Hochschule Rechnung tragen kann. Zu den wichtigsten zählt eine sichere und geborgene Unterbringung.

Hochschulen, die nicht mit den Veränderungen Schritt gehalten haben, werden sicher noch darauf bestehen, dass StudentInnen gemäß ihrem Geburtsgeschlecht untergebracht werden. Zukunftsorientierte Hochschulen dagegen bieten ausgewiesene geschlechtsneutrale Räumlichkeiten an. Hierbei handelt es sich in der Regel um StudentInnenwohnheime, in denen Studierende, ungeachtet ihres Geschlechts, miteinander wohnen können. Die meisten StudentInnen fühlen sich in solchen Einrichtungen durchaus wohl. Die Hochschulen registrieren aber auch den Unmut vieler Eltern transidenter Studierender, die die Einrichtung von Einzelzimmern oder Einzelapartments für ihre Kinder fordern. Wo solche Unterbringungsmöglichkeiten noch nicht zur Verfügung stehen, sollten Hochschulen Einzelzimmer bzw. Einzimmerapartments für anerkannte transidente Studierende einrichten, die nicht in anderen Unterbringungsmöglichkeiten wohnen möchten oder können. Wenn hierzu keine Möglichkeit besteht, muss man eine Unterbringung außerhalb des Hochschulcampus suchen.

Hormone und Gesundheitswesen

In den USA gehen mehr und mehr Hochschulen dazu über, auch Hormonbehandlungen in ihre Gesundheitsleistungen aufzunehmen. Wo Hormone nicht offiziell im Leistungspaket mit abgedeckt sind, werden diese aufgrund der Diagnose einer „endokrinen Mangelversorgung" von hochschuleigenen Ärzten der universitären Gesundheitseinrichtung an transidente StudentInnen verabreicht und von der Versicherung erstattet. Wenn eine Gesundheitseinrichtung die Verabreichung verweigert, können sich Studenten / Innen beim Studierenden-Netzwerk informieren, wie man anderweitig legal an die Hormone herankommt.

Transidente StudentInnen können mit Recht erwarten, dass Gesundheitsfachkräfte vorhanden sind, die für den Umgang mit transidenten Menschen und deren Behandlung qualifiziert sind. Diese Qualifizierung betrifft auch die soziale Kompetenz, transidente Menschen mit ihrem angenommenen Namen anzusprechen und sie nicht im Warteraum durch Aufruf mit dem nicht mehr verwendeten Geburtsnamen zu kompromittieren. Diese Feinfühligkeit sollte sich natürlich auch auf alle anderen medizinischen Kräfte und Angestellte in der Arztpraxis erstrecken. Allerdings kann dies nicht überall vorausgesetzt werden. In solchen Fällen muss man gegebenenfalls Fortbildungskurse für das Personal beantragen. Man kann sich auch mit LBGTQ-Organisationen zusammensetzen und solche Kurse verlangen.

8 Medizinische Maßnahmen: Hormonelle Behandlungen

Die meisten Familien haben ein großes Vertrauen in ihren Kinderarzt oder Hausarzt. Dennoch zeigt die Erfahrung, dass Kinderärzte eine nur unzureichende Ausbildung in Bezug auf Behandlung bzw. Betreuung von geschlechtsvarianten und transidenten Kindern und Jugendlichen erhalten. Zwar ändert sich diese Situation derzeit, aber eine flächendeckende Veränderung bleibt noch zu erwarten.

Stephanie Brill spricht zwar regelmäßig zu spezialisierten Klinik- und niedergelassenen Fachärzten für Kinderheilkunde, der Besuch der Vorlesungsangebote ist jedoch nicht Pflicht. Der Grund liegt darin, dass das Thema Transidentität nicht zum obligatorischen Lehrplan der Hochschulen in den USA zählt. Insofern ist das Beste, was Stephanie machen kann, an ausgewählten Schulen oder Krankenhäusern Kurse von mindestens 2-stündiger Dauer anzubieten.

Praktisch heißt das, dass die meisten Kinderärzte an keinem Seminar in Sachen transidente Kinder teilgenommen oder je ein Buch darüber in den Händen gehalten haben. Das wiederum bedeutet, dass sie allein mit ihren Meinungen und Vorurteilen an die Probleme herangehen, anstatt ihr Handeln auf fundierte wissenschaftliche und klinisch erwiesene Erkenntnisse zu stützen.

Das Gleiche trifft auch auf Kinderpsychiater, Psychoanalytiker und Therapeuten zu. Obgleich diese Fachleute in ihrer Ausbildung sicher schon einmal mit der Geschlechtsentwicklung von kleinen Kindern in Berührung gekommen sind, beschränkt sich ihr Wissen allein auf normative Erwartungen, mit mehr oder weniger Diskussionen über die natürlichen Abweichungen von diesen Normen. Insofern darf man nicht der irrigen Annahme verfallen, dass sich das Verständnis in Bezug auf das Thema der Geschlechtervarianz allmählich vertieft hätte oder die Behandlung transidenter Kinder professioneller geworden wäre. Darüber täuscht auch die Anzahl der besuchten Tagungen und akademischen Grade nicht hinweg. Es gibt natürlich einige fortschrittliche Ausbildungsstätten für Therapeuten zu unserem Thema, die auch externe Dozenten hinzuziehen. Es sind jedoch noch sehr wenige, die z. T. auch noch im ganzen Land (USA) weitverstreut sind. Experten auf diesem Gebiet betonen, dass die fachliche Kompetenz der Ärzte in Bezug auf das Thema Transidentität bei Kindern keine Frage der akademischen Grade ist, sondern vielmehr auf Erfahrungen und Verständnis beruht, die nur in einzelnen Kliniken erworben werden können.

Darüber hinaus verstehen noch immer viele progressive Therapeuten nicht, dass sexuelle Orientierung und Geschlechtsidentität verschiedene Dimensionen der Ich-Identität sind. Viele Ärzte versuchen daher in guter Absicht, ihren Klienten davon zu überzeugen, dass sie eigentlich schwul sind und nicht transident oder geschlechtsvariant. Möglicherweise sind einige dieser Menschen schwul oder werden es. Gleichwohl ist die Geschlechtsvarianz in keinem Fall ein eindeutiger Hinweis auf die sexuelle Orientierung eines Menschen. Der Versuch, die sexuelle Orientierung eines Menschen in seiner frühen Jugend vorherzusagen, hat wenig mit der vorliegenden Geschlechtsvarianz zu tun.

An diesem Punkt unserer gesellschaftlichen und medizinischen Entwicklung sind wir noch weit davon entfernt flächendeckend Ärzte und Therapeuten zu finden, die in Bezug auf geschlechtsvariante und transidente Geschlechtsidentität bei Kindern und Jugendlichen ausgebildet sind. Dr. Irene Sills, pädiatrische Endokrinologin, sagt über Kinderärzte: „der Mangel an Sachverstand ist enorm." Jana L. Ekdahl, Therapeutin, die mit transidenten Kindern arbeitet, empfiehlt Ärzten auf diesem Gebiet – wie sie dies auf jedem anderen Gebiet auch tun würde – Weiterbildungskurse zu besuchen: „Sie sollten nach meinem Dafürhalten einen Geschlechtsspezialisten hinzuziehen und / oder diese Kinder und Jugendlichen an einen Spezialisten überweisen, der Erfahrung mit geschlechtsvarianten Kindern hat." Leider sind viele Fachleute der irrigen Meinung, dass es keine anderen Fachleute außer ihnen gäbe, die eine hinreichende Erfahrung hätten. Infolgedessen müssen Familien mit einem geschlechtsvarianten oder transidenten Kind sehr vorsichtig und kritisch bei der Wahl von medizinischen Fachkräften sein.

Ungeachtet des mangelnden Wissens bei den professionellen Fachkräften ist die Geschlechtsvarianz bei Kindern und Jugendlichen ein Interessensgebiet, das in den Medien schnell an Aufmerksamkeit gewinnt. In der Tat scheint ein außerordentliches gesellschaftliches Interesse zu bestehen, mehr über biologisches Geschlecht, sexuelle Orientierung, Formen der Geschlechtsidentifikation und der Geschlechtsidentität zu erfahren. So bieten z. B. die nationalen Konferenzen für Therapeuten und Kinderärzte in den USA Workshops zu diesen Themen an, und es werden auch zunehmend mehr positive Beiträge von Fachleuten über diese Thematik publiziert. Diese Entwicklung lässt uns hoffen. Wir leben in einer aufregenden Zeit der systemischen und kulturellen Veränderungen. In der Gegenwart mögen viele Familien noch der Meinung sein, dass sie diejenigen sind, die die Ärzte über die neuesten Forschungsergebnisse informieren, aber dies wird sich durch den Zuwachs an Fortbildung der medizinischen Fachkräfte ändern, auch wenn immer noch Kinderärzte und Therapeuten aufgrund mangelnden Wissens Eltern raten, sie sollten durch erzieherische Maßnahmen das geschlechtsvariante Verhalten bei ihren Kindern verändern. Eltern, die solche Empfehlungen bekommen, sollten sich nach anderen Fachleuten umschauen. Wie wichtig es ist, aufgeschlossene Therapeuten zu finden, kann nicht genug betont werden, wenn man bedenkt, dass die Selbstmordrate und die Absicht sich umzubringen unter den geschlechtsvarianten und transidenten Kinder und Jugendlichen sehr hoch ist. Man muss deshalb eine therapeutische Fachkraft aufsuchen, die sich dieser Tatsache bewusst ist, und Eltern bei der Erziehung ihrer Kinder anhand fundierter wissenschaftlicher und klinisch erwiesener Erkenntnisse informiert und begleitet.

Auch wenn es an informierten Fachleuten in der eigenen Umgebung mangelt, muss man so lange suchen, bis man kompetente Fachleute findet, die sich den Eltern und dem Kind ohne Vorurteil widmen und die fachlich auf dem neuesten Stand sind. Wenn alle Stricke reißen, dann könnte man auch dieses Buch dem ausgewählten Arzt oder Therapeuten zur Lektüre empfehlen. Auch wenn Allgemeinärzte bis heute auf diesem Gebiet kaum ausgebildet werden oder über Erfahrung verfügen, ist es völlig legitim von den Eltern zu erwarten, dass sich diese informieren und dazulernen. Viele Kinderärzte sind zum Glück aufgeweckt und aufgeschlossen. Insbesondere wenn sie Familien schon viele Jahre betreuen, werden sie festgestellt haben, dass der Name des Kindes gegenüber seinem Geburtsnamen geändert wurde, dass das Kind geschlechtsvariantes bzw. Cross-Gender-Verhalten und entsprechende Gefühle zeigt. Problematisch wird es für Familien, wenn der bisherige Arzt diese an einen Spezialisten, z. B. einen pädiatrischen Endokrinologen, überweist, der den Sachverhalt nicht versteht oder transidente Kinder nicht behandeln möchte. Spätestens dann weiß man, dass es weiterhin sehr schwierig sein wird einen kompetenten Fachmann zu finden.

Manche Familien sind bereits derart verängstigt oder tief beschämt, dass sie bei jeder medizinischen Behandlung, die ihr geschlechtsvariantes Kind benötigt, dessen Besonderheit verschweigen. In der Regel aber wollen Eltern selbst feststellen, ob es sich bei ihrem Kind um eine vorübergehende Phase handelt oder nicht, bevor sie mit einem Arzt darüber sprechen. Um es klar und deutlich zu sagen: Wir empfehlen dieses Vorgehen auf keinen Fall. Eltern geschlechtsvarianter Kinder wissen sehr genau, dass ihre Lernkurve steil nach oben schnellt, wenn es um das Wohl ihres Kindes geht. Eltern, die dieses Buch lesen, sind an jenem Punkt angekommen, an dem sie wissen, dass es sich bei der Entwicklung ihres Kindes nicht mehr um eine vorübergehende Phase oder vielleicht sogar um eine verlängerte Phase handelt, die Auswirkungen auf die Familie eingeschlossen. Dies ist der Zeitpunkt, an dem die Eltern auf jeden Fall mit einem Arzt sprechen sollten. Im Falle eines Falles sollte man ihm auch Zeit lassen, sich über den neuesten Stand der Forschung über Geschlechtsvarianz und Transidentität bei Kindern und Jugendlichen zu informieren. Außerdem wird man während dieser Zeit auch feststellen, ob es notwendig sein wird, weitere Fachkräfte aufzusuchen.

„Mir ist gerade bewusst geworden, dass unsere Kinderärztin mein Kind in den letzten zwei Jahren nicht gesehen hat und sie gar nicht von seiner Wandlung (von weiblich zu männlich) weiß. Ich glaube, ich sollte sie anrufen und mich vergewissern, dass sie in der Geschlechtsthematik auf dem Laufenden ist." (Elternteil eines 7-jährigen Transjungen)

„Was ich anders gemacht hätte? Ich hätte die Ärzte besser unter die Lupe genommen, bevor ich ihren dürftigen Empfehlungen gefolgt wäre. Haben sie etwa geforscht? Wissen die überhaupt irgendwas über transidente Kinder?" (Elternteil eines 8-jährigen Transjungen)

Manche Eltern ziehen zunächst ein Gespräch mit dem Arzt ohne ihr Kind in Betracht. In einem solchen Fall ist es hilfreich, Aufzeichnungen, Unterlagen, Bücher und Anschauungsmaterial mitzubringen. Das macht auch immer einen guten Eindruck. Während des Gesprächs sollte man die Reaktionen des Arztes genau beobachten, einschließlich der Körpersprache. Nachfolgend ein Beispiel, mit dem Familien ein solches Gespräch mit ihrem Arzt eingeleitet haben:

> „Wir sind uns dessen bewusst, dass dieses Thema für viele Menschen schwierig ist. Aber uns ist auch bewusst, dass wir auf unserem bevorstehenden Weg ärztlicher Unterstützung bedürfen, die frei von persönlichen Vorurteilen ist. Wenn Sie uns aus welchem Grunde auch immer sagen, dass sie nicht der geeignetste Arzt sind, der uns weiterhelfen kann, werden wir dafür vollstes Verständnis haben. Wir wären Ihnen aber sehr dankbar, wenn Sie uns eine Kollegin bzw. einen Kollegen nennen könnten, die oder den Sie uns empfehlen können."

Wenn man im Gespräch authentisch ist und ohne Ausschweifungen die Probleme anschneidet, wird man an den Antworten erkennen können, ob weitere Besuche dem Interesse der Familie dienen.

Die telefonische Ermittlung von Ärzten

In der Regel ist man der Ansicht, dass die Angestellten in der Praxis eines Arztes über die Fachgebiete ihres Chefs Bescheid wissen. Häufig aber ist dies jedoch nicht der Fall. Um dieser Annahme nachzugehen, rief Stephanie Brill drei pädiatrische Praxen an, die derzeit junge transidente Kinder betreuen und wollte mit der Fachkraft dort sprechen, die sich mit dem Sachverhalt der Geschlechtsbildung bei Kindern am besten auskennt. Die Arzthelferinnen mussten drei bis vier Mal nachfragen, worum es denn gehe. Jedes Mal wurde es ihnen erklärt. Obwohl Stephanie wusste, dass die Ärzte mit transidenten Kindern arbeiten, war keine der angerufenen Arzthelferinnen über die Arbeit mit transidenten Kindern informiert. Als Stephanie noch einmal in einer Praxis anrief, dessen Arzt sie namentlich kannte, verneinte die Arzthelferin vehement, dass der Arzt sich in diesen Dingen auskenne. Und das obwohl Stephanie diesen Arzt erst zwei Wochen zuvor auf einem Workshop kennengelernt und sich mit ihm in einem informativen Gespräch just über dieses Thema unterhalten hatte.

Mit diesem Beispiel wollen wir darauf hinweisen, dass man sich nicht auf das Auftreten, die Aussagen, Meinungen oder Ansichten der Arzthelferinnen als Indikator für die Fachkenntnisse oder die Sensibilität ihres Chefs verlassen darf.

Auch wenn es einen erhöhten Aufwand bedeutet, sollte man mit dem Arzt persönlich am Telefon Termine vereinbaren. Das ist auch ein Grund dafür, warum sich Eltern organisieren sollten. Eine Organisation wie z. B. Gender Spectrum stellt Namen und Anschriften kompetenter medizinischer Dienstleister aus den verschiedensten Bereichen zusammen, die man – wenn nötig – mit Beratung erhalten kann.

Notfälle und was man beachten sollte

Jeder von uns kann in eine Situation kommen, in der er der medizinischen Notversorgung bedarf. Hier sind einige Punkte, an die vorsorglich zu denken ist.

In der Notaufnahme sollte in der Regel der offizielle Name des Kindes auf dem Aufnahmebogen vermerkt sein. Bei transidenten Kindern, bei denen die offizielle Namensänderung noch nicht durchgeführt worden ist, sollte man noch in dieser Situation das Personal entsprechend aufklären, etwa in dem man sagt: „Das ist mein Kind, David Nancy Carson." Wenn man früher schon einmal in der Notaufnahme desselben Krankenhauses war, sollte man sofort darauf hinweisen, dass der Name vorher wahrscheinlich unter Nancy Carson verzeichnet worden ist, das Kind aber jetzt David Nancy Carson heißt und so auch in der Patientenkartei erfasst werden sollte. So kann vermieden werden, dass das Kind im Warteraum geoutet wird.

Wenn es sich z. B. aber um einen gebrochenen Arm und nicht um Verletzungen im Intimbereich handelt und das Kind noch nicht in der Pubertät ist, kann von einer entsprechenden Erklärung abgesehen werden. Das Versorgungspersonal wird das Kind „Rainer" nennen und seinen Arm verbinden. Sollte dennoch jemand genauer hinschauen, kann man auf die Frage, warum man seinem Sohn den Namen „Maria“ gegeben hat, immer noch antworten, „Das ist eine lange Geschichte!“ Man ist auf jeden Fall nicht verpflichtet, persönliche Daten preiszugeben. Auch macht man keinen Fehler, wenn man das Kind bei seinem bevorzugten Namen ruft, Pronomen benutzt oder dem Personal nichts sagt, ausgenommen es handelt sich um eine akute Notversorgung. Man kann sich situativ entscheiden, ob und wem man was und wie viel sagt.

In Fällen, in denen man sich dazu entscheidet, die tatsächlichen Gegebenheiten zu äußern und man Zeit und Ort dafür passend findet, sollte man dies außerhalb des Zimmers tun, in dem sich das Kind befindet. Dies erspart dem Kind einerseits eine etwaige Beschämung durch die Offenlegung und andererseits die mitunter verwirrte Reaktion des Personals. In einer solchen Situation erscheint es mitunter angebracht, das Personal darauf hinzuweisen, dass die Geschlechtsidentität für die gegenwärtige Notfallbehandlung nicht relevant sei und man dankbar wäre, wenn man diesen Aspekt vertraulich behandeln würde, da es sich um etwas sehr Persönliches und Privates handelt.

Dabei kann man auch das Personal bitten, dem Kind keine Fragen zu seiner Geschlechtsidentität zu stellen, geschweige denn abfällige oder negative Bemerkungen darüber zu machen. Wenn nötig, muss man sehr direkt und unmissverständlich den gebotenen Respekt einfordern. Sollte sich das Personal nicht an diese Regelung halten, kann man bei der Leitung den Austausch des Personals, des behandelnden Arztes oder der Krankenschwestern beantragen. Eltern nehmen hier die Rolle des Anwalts ihrer Kinder ein.

Es ist natürlich nicht immer so einfach, wie hier dargestellt. Wenn man z. B. in einer Gegend lebt oder durch eine Gegend reist, wo Diskriminierung zu erwarten ist, sollte man immer auf kritische Situationen vorbereitet sein. Wenn möglich sollte man sich eine notariell beglaubigte Bescheinigung eines Arztes besorgen und diese stets mit sich tragen bzw. seinem Kind mitgeben, wenn es alt genug ist. Diese Maßnahme kann Problemsituationen entzerren, z. B. wenn eine durch das Kind irritierte Person das Jugendamt oder die Polizei verständigt. Ein Musterschreiben für diese Fälle stellen wir im Anhang dieses Buches vor.

Für den Fall, dass das Kind sich einer endokrinologischen Behandlung unterzieht bzw. mit sogenannten geschlechtsangleichenden *Cross-Hormones* behandelt wird, sollte das Kind ein medizinisch testiertes Armband tragen, aus dem hervorgeht, dass es derzeit in einer hormonellen Behandlung ist. Dies ist besonders wichtig in medizinischen Situationen, die nicht vorhersehbar sind. Auf dem Armband sollte allerdings nur die Telefonnummer des behandelnden Arztes stehen, der im Ernstfall Auskunft geben kann.

Was bedeutet Störung der Geschlechtsidentität?

Eltern geschlechtsvarianter oder transidenter Kinder haben bestimmt schon den Begriff der „Geschlechtsidentitätsstörung" (gängige internationale Bezeichnung: GID – Gender Identification Disorder) gehört. Der Begriff wird von medizinischen Fachleuten verwendet und taucht auch im sogenannten Diagnostic and Statistical Manual of Mental Disorders, kurz DSM-IV, auf. Zur offiziellen Diagnose der Geschlechtsidentitätsstörung müssen für Ärzte, Psychologe und Psychiater fünf Kriterien erfüllt sein. Darunter fällt der eindeutige Nachweis einer starken, häufig überwältigenden, sogenannten „Cross-Gender-Identifikation", d.h. der Identifikation mit dem anderen Geschlecht, die auch als *gender dysphoria* bezeichnet wird. Die Geschlechtsidentitätsstörung wird in der Regel vom Kindesalter an erlebt und ist nicht von kulturellen Einflüssen bestimmt, sondern entspringt dem angeborenen Selbstbewusstsein. Sie drückt sich durch anhaltendes Unbehagen gegenüber dem gesellschaftlich zugewiesenen Geburtsgeschlecht bzw. der zugewiesenen Geschlechtszugehörigkeit im Berufsleben aus. Den Nachweis der Intersexualität allerdings kann die Diagnose der Geschlechtsidentitätsstörung nicht erbringen (→ Kap. 1).

Es sollte erwähnt werden, dass keinesfalls alle transidenten Menschen der Meinung sind, dass die Definition der Geschlechtsidentitätsstörung widerspiegelt, wie sie ihre Identität empfinden. Ebenso sind sehr viele Menschen der Ansicht, dass Transidentität keine „psychische Störung" sei und verlangen daher eine Revision der Diagnose für die Geschlechtsidentitätsstörung bzw. die Entfernung dieser aus der DSM-Klassifikation, ähnlich wie im Jahre 1973, als die Homosexualität aus der Liste psychischer Störungen entfernt wurde. Aber solange die Geschlechtsidentitätsstörung in der DSM-Klassifizierung verbleibt, wird die Transidentität offiziell als psychiatrischer und nicht als medizinischer Zustand betrachtet werden. Eine GID-Diagnose wird zwar von Versicherungen anerkannt, um psychotherapeutische Behandlungen zu finanzieren, macht aber die Übernahme der Kosten für geschlechtsangleichende Maßnahmen unmöglich.

Benötigen geschlechtsvariante und transidente Kinder eine Therapie?

Diese Frage lässt sich nur aus sehr verschiedenen aber gleich wichtigen Blickwinkeln beantworten:

1. aus der Sicht der Bedürfnisse des Kindes,
2. aus der Perspektive von Eltern, die mit sich selbst im Konflikt sind über die angemessene Art und Weise ihr Kind zu erziehen, und sich andererseits fragen, wie sie ihr Kind unterstützen können,

3. in Bezug auf die Tatsache, dass Eltern ihr Kind vor Menschen schützen müssen, die ihnen vorwerfen, ihre Entscheidungen seien falsch und deswegen das Jugendamt oder andere Staatsorgane verständigen,
4. unter dem Gesichtspunkt, dass sich Familien mit der Tatsache arrangieren müssen, dass sich eines ihrer Kinder möglicherweise einer hormonellen Behandlung unterziehen wird, um den Eintritt der Pubertät zu verzögern oder um sekundäre Merkmale ihres angestrebten Geschlechts zu entwickeln. Diesen Punkten werden wir im Folgenden nachgehen.

Geschlechtsvariante und transidente Kinder und Jugendliche erleben den Stress, den sie wegen ihrer abweichenden Geschlechtsidentität erfahren, mit unterschiedlicher Intensität. Die größte Belastung kommt von der mangelnden gesellschaftlichen Akzeptanz und dem fehlenden Verständnis gegenüber der geschlechtsvarianten und transidenten Geschlechtsidentität und -identifikation. Infolgedessen leben Menschen mit abweichender Geschlechtsidentität Tag für Tag mit einem negativen Selbstbewusstsein, das ihnen von ihrer Umgebung gespiegelt wird.

> „Die Pubertät bei meinem Kind setzte mit seinem missmutigen Verhalten ein. Als mit seinem 12. Lebensjahr das Testosteron anfing besonders stark zu wirken, war er sich darüber im Klaren, dass etwas Abweichendes in ihm stattgefand. Er war in seinen Gedanken verloren, zerstreut und zog sich zurück in seine eigene Welt, um herauszufinden, was ihn so anders als alle anderen empfinden ließ.“ (Elternteil einer 20-jährigen Transfrau)

> „Meine Familie und ich unterziehen uns einer Therapie, um mehr über die ‚Transidentität‘ zu verstehen. Ich gehe immer noch hin, aber meine Mutter, die mich ziemlich unterstützt, geht nicht mehr hin. Ich finde, die Therapie hilft mir. Ich gehe seit nunmehr über drei Jahren hin, seit ich mit 14 anfing, mich zu wandeln.“ (17-jähriger Transjunge)

Die Gesellschaft tut sich schwer mit abweichender Geschlechtsidentität. Der damit oft einhergehende Mangel an sozialer Akzeptanz ruft häufig eine Kaskade innerer Empfindungen und Reaktionen beim betroffenen Kind hervor. Insofern ist die Unterscheidung zwischen bereits vorher da gewesenen Aspekten, koexistenten Zuständen und durch Geschlechtsangelegenheiten verursachten Stressreaktionen nicht immer leicht. Beispielsweise zeigen eine Anzahl der zur Therapie gehenden Kinder und Jugendlichen Problemverhalten, z.B. posttraumatische Stressstörungen, obsessiv zwanghaftes Verhalten, Angststörungen, aggressives Verhalten sowie Rückzugsverhalten und Selbstmordtendenzen. Einige Therapeuten behandeln diese Probleme um zu sehen, ob die geschlechtsbezogenen Aspekte verschwinden. Viel häufiger aber verschwinden diese Aspekte, nachdem die *gender dysphoria*, d.h. die Geschlechtsidentitätsstörung, zum Thema gemacht wird. In vielen Fällen konnten die meisten, wenn nicht alle, koexistenten Zustände beseitigt werden, nachdem man den Kindern gestattet hatte, im Einklang mit ihrer Geschlechtsidentität zu leben und ihre persönliche Geschlechtsidentifikation ganz natürlich auszuleben.

Ähnlich verhält es sich, wenn nicht kompetente Therapeuten betroffene Kinder behandeln. Sie diagnostizieren unter Umständen fälschlicherweise eine bipolare Störung oder ein anderes psychiatrisches Problem. Manche unterziehen das Kind einer sogenannten „reparativen Therapie", um es auf sein Geburtsgeschlecht hin zu re-orientieren. Eine solche Therapie hat oft schädigende Nebenwirkungen.

Andererseits kann eine gute Therapie ein Segen für Kinder und ihre Familien sein. Ein erfahrener Therapeut kann Kindern helfen, ihr Schamgefühl zu überwinden und ihr Selbstwertgefühl und ihre Widerstandskraft zu stärken, insbesondere in Bezug auf Verspottungen durch andere. Ein guter Therapeut kann Kindern auch helfen, die eigene Schuldzuweisung zu bearbeiten, die sie in Bezug auf die erhöhte Belastung der Familie entwickelt haben.

Ein guter Therapeut, der die Übertragung von Empfindungsstörungen eines Kindes auf den eigenen Körper erkennt und therapiert, kann auch die Wahrscheinlichkeit einer Selbstverstümmelung reduzieren.

Die eigene Familie schützen

Ein weiterer sehr wichtiger Grund eine Therapie für sein Kind in Erwägung zu ziehen ist, die eigene Familie zu schützen. Transidente und geschlechtsvariante Ausdrucksformen werden in der Gesellschaft noch immer nicht verstanden. Als Folge neigen manche Menschen dazu, zu glauben, Eltern würden ihrem eigenen Kind großen Schaden zufügen, wenn sie ihr Kind in seinem Verhalten unterstützen. Es ist daher wichtig, einen namhaften Therapeuten zu finden, der sich der ganzen Familie annimmt und der familiäre Entscheidungen kritisch begleitet.

Auch wenn es sehr viel Sinn machen würde, das betroffene Kind in die Obhut eines transidenten Therapeuten zu geben, wählen viele Familien anfangs doch einen geschlechtstypischen Therapeuten, der allerdings kompetent ist. Dadurch umgehen Eltern und ihr Kind eine mögliche Diffamierung durch Dritte.

Bei Elternteilen, die geschieden sind oder deren Ansichten in Bezug auf die Geschlechtsidentität bzw. -identifikation auseinandergehen, ist es unerlässlich einen Therapeuten aufzusuchen. Neben einer Orientierungshilfe für die Familie kann der Therapeut auch klarstellen, dass weder der befürwortende, noch der ablehnende Elternteil das Kind drängen darf, seine

Geschlechtsidentifikation nach der einen oder nach der anderen Seite vorzunehmen. Keiner der beiden Elternteile hat das geschlechtsvariante Verhalten ihres gemeinsamen Kindes verursacht. Auch gibt es niemanden, dem man die Schuld für die angeborene Geschlechtsidentität ihres Kindes geben könnte.

Elternteile, die mit ihrem geschiedenen oder getrennt lebenden Partner über die Art und Weise völlig uneins sind, wie mit der Geschlechtsvarianz des gemeinsamen Kindes zukünftig umgegangen werden soll, laufen Gefahr, dass ihnen auf richterliche Anordnung das Sorgerecht entzogen wird. Um sich vor einem solchen Fall zu schützen, ist es am besten, dass der Kinderarzt das Kind an einen Therapeuten überweist, der auf diesem Gebiet spezialisiert ist. So sorgen neutrale Stellen für die Betreuung und Versorgung des Kindes, wenn Eltern uneins sind.

Die AMA in Sachen Geschlechtsidentität

2007 änderte das Kuratorium der American Medical Association (AMA) die Sprachregelung seiner Richtlinien derart, dass sie Diskriminierung verhindert und den „Schutz und die Gleichbehandlung in Angelegenheiten der Geschlechtsidentität" gewährleistet. Die Richtlinien der AMA lauten nun: „Ärzte dürfen die Behandlung von Patienten nicht aufgrund ihrer Geschlechtsidentität ablehnen." Die AMA spricht sich auch gegen die Verweigerung von Leistungen wegen sexueller Orientierung oder der Geschlechtsidentität durch die Krankenversicherungen aus. Ärzte, die sich nicht an diese Richtlinie halten, können verwarnt werden oder es wird ihnen gar ihre Lizenz entzogen. Die sehr nachdrückliche Botschaft der AMA wird in der Ärztgemeinschaft spürbare Konsequenzen hinterlassen und schließlich eine positive Wirkung auf die Versorgung transidenter Menschen aller Altersgruppen haben.

Vorbereitung auf eine medizinische Betreuung in der nahen Zukunft

Einheitliche Richtlinien für die gesundheitliche Betreuung von geschlechtsvarianten und transidenten Kindern und über die spezielle Medikation bestehen derzeit nicht. Dies kann sich jedoch jederzeit ändern. Eltern müssen daher vor der Hormonbehandlung ihres Kindes darauf achten, ob entsprechende Richtlinien bestehen und prüfen, welche Bestimmungen auf ihr Kind zutreffen. Bei Kindern, die bereits in einer Therapie sind, können Eltern mit dem Therapeuten entscheiden, wie häufig die Therapiesitzungen stattfinden sollen, ob wöchentlich, monatlich oder weniger oft. Aber es ist ratsam, auf jeden Fall einen Therapeuten zu haben, wenn das Kind noch in der vorpubertären Phase ist. Eltern sollten hier auch schon an die Betreuung ihres Kindes in der Zukunft denken.

Medizinische Maßnahmen

In den folgenden Abschnitten werden wir die medizinischen Maßnahmen für transidente Kinder diskutieren, einschließlich „pubertätsverzögernder" Therapien, darunter auch die Behandlung mit Cross-Sex-Hormonen, d.h. mit Geschlechtshormonen (wie Testosteron oder Östrogen) des angestrebten, nicht des biologischen Geschlechts.

Die Pubertät verzögern

Eltern geschlechtsvarianter und transidenter Kinder erwägen mitunter die Pubertät hinauszuzögern, um unerwartete Folgen des Geburtsgeschlechts in der Pubertät zu verhindern, die den Körper des Kindes dauerhaft verändern würden. Das Hinausziehen der Pubertät ist auch eine Möglichkeit, die körperlichen Entwicklungen bei jenen Kindern anzuhalten, die erst kürzlich ihre transidente Geschlechtsidentität offengelegt haben. Mit dieser Maßnahme wird auch der Familie Zeit für weitere Beobachtungen gelassen, was denn nun wirklich in ihrem Kind vor sich geht.

Pubertätsverzögernde Hormone

Eines der pubertätsverzögernden Hormone ist der sogenannte GnRH-Inhibitor, ein Wirkstoff der die Ausschüttung des Gonadotropin-Releasing-Hormons oder Gonadoliberin hemmt. GnRHa, ein dem GnRH weitgehend entsprechender analoger Wirkstoff, ist ein solcher Inhibitor oder Hemmer. Ein solches Hormon-Analogon ist Leuprorelin oder Leuprorelinacetat, das synthetisch hergestellt wird. Der Stoff wirkt auf die Hirnanhangdrüse (Hypophyse), indem er nach einer kurzfristigen Stimulation die Hormonproduktion derjenigen Hormone drosselt, die in den Eierstöcken oder in den Hoden die Produktion der Geschlechtshormone steuern. (http://www.trans-eltern.de/?Im_Leben.Transsexualit%E4t_in_der_Kindheit.Infos_zur_pubert%E4tsverz%F6gernden_Therapie, 20.2.11)

Viele Familien nennen diese Medikamente auch einfach „Blocker". GnRH kann sowohl männlichen als auch weiblichen Kindern verabreicht werden. Die Wirkstoffe verhindern die gerade erwachenden adoleszenten Hormonschübe und bringen die Entwicklungen der Pubertät effektiv zum Stillstand. Die Verzögerung ist vollständig umkehrbar, sobald die Verabreichung der GnRH-Inhibitorpräparate ausgesetzt wird. Selbst wenn die Hormonbehandlung schon einige Jahre durchgeführt wurde, nimmt der Körper seine normalen Funktionen nach ca. sechs Monaten wieder da auf, wo er zuvor „angehalten" wurde. Nach dem Absetzen der Medikation ist zwar vorerst mit einer leichten Verzögerung der Entwicklung beim Kind zu rechnen. Diese nimmt aber schnell ab und die normale Entwicklung holt auf. Im Übrigen nehmen die körperlichen Veränderungen ihren normalen Verlauf und die Fortentwicklung vollzieht sich völlig natürlich, so als wäre sie nicht angehalten worden.

Auch wenn die Behandlung mit GnRH-Inhibitoren an transidenten Kindern in den USA noch nicht über einen längeren Zeitraum erprobt worden ist, können die Niederlande mit Erfolgen dieser Behandlung bei transidenten Kindern aufwarten. Da das niederländische Gesundheitswesen jeden berechtigt, Gesundheitsleistungen in Anspruch zu nehmen, verfügt das medizinische Versorgungswesen über standardisierte Verfahren („Richtlinien") für die Behandlung von anhaltend geschlechtsvarianten (crossgender) Kindern.

Die Behandlung mit GnRH-Inhibitoren in den USA seit den 1980er Jahren bezog sich auf Kinder, deren „vorzeitige Pubertät" (idiopathischer Pubertas praecox) bis zu einem angemessenen Zeitpunkt verzögert werden sollte. Aber in allen Fällen, sowohl in den USA als auch in den Niederlanden, bei denen diese Präparate angewendet wurden, konnte keine Indikation festgestellt werden, die das Anhalten der Pubertät als unsicher erwies. Darüber hinaus hat die Verzögerung der Pubertät weder offensichtliche Auswirkungen auf die Fruchtbarkeit, noch hat sie zu Geburtsfehlern bei Kindern geführt, deren Eltern sich einer Hormonbehandlung als Kind unterzogen hatten.

Den Ausführungen von Dr. Norman Spack vom Gender Management Service (GeMS) Clinic at Children's Hospital Boston zufolge, haben sich derzeit eine steigende Zahl von Ärzten aus den USA, den Niederlanden, Großbritannien, Belgien und Norwegen, die transidente Kinder behandeln und betreuen, darauf geeinigt, ihre Patientenaufnahmebefragungen dahingehend zu standardisieren, dass sie geschlechtsvariante und bestätigte transidente Kinder einem psychologischen Test zur Geschlechtsidentität unterziehen. Wenn alle medizinischen Einrichtungen bei ihren Patienten die gleichen „Screenings" (Aufnahmeverfahren) durchführen, kann dies zu einer verbesserten Statistik und letztendlich dazu führen, dass gemeinsam vereinbarte Verfahrensweisen international eingesetzt werden können.

Viele Ärzte sind auch davon überzeugt, dass bei verbesserter Standardisierung die Statistiken in Zukunft zeigen werden, dass nur sehr wenige der als transident bestätigten Kinder in Bezug auf ihre Geschlechtsidentität in ihrer Entwicklung zurückbleiben oder es bereuen, mit der Behandlung beizeiten angefangen zu haben.

Viel Kummer könnte verhindert werden, wenn es jüngeren transidenten 12- oder 13-jährigen Jugendlichen bereits im Tanner-Stadium 2 (→ Infokasten: Die Tanner Stadien) erlaubt wäre, mit einer Hormonbehandlung zu beginnen, anstatt sie warten zu lassen, bis sie 16 oder 17 Jahre sind und sie sich in ihrem Geburtsgeschlecht stetig weiterentwickelt haben. Darüber hinaus könnten Richtlinien für eine frühe Hormonbehandlung auch Krankenversicherungen dahingehend überzeugen, die Kosten für die effektivste Medikation zu übernehmen, auch wenn diese sehr teuer ist. Weitere Informationen auf diesem Forschungsgebiet, einschließlich der Unterschiede zwischen den niederländischen Verfahrensweisen und denen anderer Länder, finden Sie im Internet (www.gires.org.uk/Web_Page_Assets/Hormonal_Medication.htm#Developing).

Die Tanner-Stadien

Die Pubertät für beide Geschlechter kann in fünf Stadien, die auch als Tanner-Klassifikation bekannt sind, unterteilt werden.

- Stadium 1 ist die Stufe der Vorpubertät.
- Stadium 2 ist die frühpubertäre Stufe mit dem Ansatz der Brustknospe bei Mädchen im Alter von 11–12 Jahren und dem Wachstum des Hodenvolumens bei Jungen im Alter von 12–14 Jahren.
- Stadien 3–4 sind durch kontinuierliches Wachstum gekennzeichnet.
- Stadium 5 ist die Stufe des Erwachsenen.

Dr. Norman Spack vom Gender Management Service (GeMS) Clinic at Children's Hospital Boston zufolge, kann eine zuverlässige Bestimmung des Entwicklungsstadiums eines Kindes nur durch die Untersuchung eines in den Feinheiten der Tanner-Stadien geschulten Arztes sichergestellt werden. Dies ist insbesondere dann notwendig, wenn über die Hormonbehandlung eines Kindes nachgedacht wird. Die Tanner-Stadien sind in der Medizin zwar nicht allzu bekannt, nichtsdestoweniger kommt ihnen eine gewisse Bedeutung zu, wenn es um die Verschreibung pubertätsverzögernder Medikationen geht. In den Niederlanden wird mit der Vergabe von Hormonen häufig bereits im Tanner-Stadium 2 begonnen, das im sogenannten „Dutch Protocol" verankert ist. Weitere Informationen über die Tanner-Stadien finden sich in medizinischen Fachbüchern und im Internet.

Überlegungen zur Verzögerung der Pubertät

GnRH-Inhibitoren bringen die körperlichen Entwicklungen zum Stillstand, verhindern das Erleben der pubertären Wachstumsschübe und halten den Körper auf dem vorpubertären Stand. Als Folgeerscheinung während der Behandlung kann die Wachstumsdauer kürzer ausfallen und die Kinder können kleiner und jünger erscheinen als Gleichaltrige. Das ist aber nicht weiter beunruhigend, denn viele Kinder sind Spätentwickler und bei genauer Betrachtung wird man feststellen, dass es eine große Vielfalt an physischen Entwicklungsmöglichkeiten unter Kindern einer Altersgruppe gibt.

Die kognitive Entwicklung eines Kindes verläuft nicht analog zur Entwicklung nicht behandelter Kinder. Aber auch hier handelt es sich nur um eine Verzögerung und nicht um eine Hemmung der Entwicklung. So weit bekannt ist, hat die Verabreichung von GnRH-Inhibitoren keine permanenten Auswirkungen auf die Entwicklung. Andererseits muss man stets bedenken, dass jede Behandlung mit Östrogen und Testosteron dauerhafte oder zeitweilige Auswirkungen auf einen im Wachstum begriffenen Körper haben kann.

Wenn man sich nicht zur hormonellen Therapie zur Verzögerung der Pubertät seines Kindes entscheidet, muss man sich bewusst sein, dass man die Wahrscheinlichkeit zukünftiger chirurgischer Eingriffe beim Kind drastisch erhöht. Dies trifft insbesondere auf biologische Männer zu, da die Folgen des Testosteronhormons auf die strukturelle Entwicklung wesentlich dauerhafter sind, als die des Östrogens.

Wir wollen dies näher erklären: Wenn ein Körper sich aufgrund des Einflusses von Östrogen verändert, dann verbreitert sich das Becken, Brüste wachsen, der Menstruationszyklus setzt ein, die Haut wird weicher und Fettpolster werden im Körper angelegt, wie beispielsweise an der Hüfte. Diese Veränderungen „feminisieren" einen Menschen und wir nehmen diese Person als Frau wahr. Wenn Testosteron verabreicht wird, dann treten folgende körperliche Veränderungen ein: die Stimme wird tiefer, die Muster für das Haarwachstum, z. B. im Gesicht, auf der Brust, an den Armen und auf dem Rücken ändern sich nachhaltig; die Schultern werden breiter, der Adamsapfel entwickelt sich und die Knochenstruktur im Gesicht verändert sich. Diese Änderungen „virilisieren" bzw. vermännlichen einen Körper und wir nehmen diesen Körper als Mann wahr. Ein Großteil der Auswirkungen des Testosterons ist dauerhaft. Und dies ist es, was uns daran hindert, einen einst „virilisierten" Körper, später – selbst nach Verabreichung von Östrogen – als vollkommen weiblich wahrzunehmen, es sei denn nach mehreren chirurgischen Eingriffen.

Gerade weil Testosteron ein solch dominantes Hormon ist, kann einem Körper, der auf natürliche Weise die „weibliche" Pubertät durchlaufen hat, ohne weiteres Testosteron gegeben werden. Der Körper wird sich leichter in einen männlichen transformieren, den wir auch als solchen wahrnehmen. Am Ende mag ein etwas klein geratener Mann mit Brüsten dabei herauskommen, aber das Testosteron hat dafür gesorgt, dass diese Person allgemein als dem männlichen Geschlecht zugehörig wahrgenommen wird. Außerdem können Brüste relativ leicht „versteckt" oder später in einer einzigen chirurgischen Operation entfernt werden.

Einem Körper, der die „männliche" Pubertät durchlaufen hat, kann man zwar Östrogen verabreichen, um einige Veränderungen zu erzielen, aber kostenaufwendige Operationen werden nötig sein, um das Gesicht entsprechend zu verändern und das hervorlugen des Adamsapfels durch sogenanntes „Abschleifen" zu verringern. Ebenfalls werden Elektrolysen zur Entfernung der Barthaare und eine Stimmtherapie notwendig sein. Hinsichtlich der Körper- oder Knochengröße kann – bei Postadoleszenten, also nach der Pubertät – nichts mehr verändert werden. Als Folge werden viele transidente Frauen (Geburtsgeschlecht: männlich, Identitätsgeschlechts: weiblich), die sich keiner pubertätsverzögernden Medikation unterzogen, lebenslang als transident und nicht als weiblich wahrgenommen.

„Mein Kind ist seit über drei Jahren in der Hormonbehandlung. Sie beabsichtigt im nächsten Jahr die operative Feminisierung des Gesichts weiter durchführen und danach die SRS (sex reassignment surgery = operative Geschlechtsangleichung) vornehmen zu lassen; aber Geld ist ein großes Thema. Ich wünschte es hätte Blocker gegeben, als sie noch jung war." (Elternteil einer 22-jährigen Transfrau)

Nun, das Ziel ist nicht immer das Kind in das andere Geschlecht wechseln zu lassen. Aber die Eltern von transidenten Kindern und Jugendlichen, die in Bezug auf medizinische Eingriffe Entscheidungen treffen, müssen zu diesem Zeitpunkt über die weitreichenden zukünftigen Auswirkungen solcher Maßnahmen auf ihr Kind wissen. Indem Eltern ihren Kindern gestatten, ihre Pubertät aufzuschieben oder Cross-Sex-Hormone zu nehmen, ermöglichen sie ihnen, mit weniger Diskriminierung ihres Aussehens wegen leben zu können. Dies erhöht auch deren berufliche und persönliche Sicherheit, ganz zu schweigen von dem steigenden Selbstwertgefühl und dem positiven körperlichen Image.

Kosten und Versicherungsschutz

Ob und inwieweit in Deutschland die Medikation für die Behandlung von transidenten Kindern und Jugendlichen durch die Krankenkassen abgedeckt bzw. übernommen wird, hängt im Zweifelsfall davon ab, wie der Medizinische Dienst der Krankenkassen, kurz MDK, die Indikation im Einzelfall beurteilt.

Hormonelle Behandlungen einschließlich der Kostenübernahme werden vom betreuenden Therapeuten beantragt, wenn er die Therapie für medizinisch gerechtfertigt erachtet.

Da Hormone ganz normal auf Kassenrezept verschrieben werden und man sie nicht wie die Operationen vorher bei der Kasse beantragen muss, werden die Hormone auch ganz normal von der Kasse übernommen, ausgenommen der Eigenanteil, der je nach Hormonpräparat bei 5,00 Euro oder 10,00 Euro liegt (es sei denn, man ist von der Kostenbeteiligung befreit). Was man braucht ist eine Indikation vom Therapeuten für den Endokrinologen, mit der Hormonbehandlung beginnen zu können. Ein ausführlicher Arztbrief bzw. eine therapeutische Stellungnahme müsste aber auch genügen. Auch der Endokrinologe, ebenso wie Gynäkologen oder Urologen werden von der Kasse bezahlt.

Ebenfalls bezahlt die Krankenkasse anteilmäßig oder je nach Versicherungspolice die Operationen, den Chirurgen und den Krankenhausaufenthalt. Im Grunde genommen benötigt man lediglich eine Überweisung des behandelnden Arztes und dessen Indikation zur Operation, außerdem eventuell noch einen Kostenvoranschlag des Operateurs. Die Kostenübernahme wird dann von der Klinik geregelt. Leider muss man immer wieder das Antragsverfahren persönlich vorantreiben, was lange dauern kann, da die Kassen immer wieder differenzierte Gutachten oder Gutachten und Stellungnahmen Dritter z. B. von Experten, die der Kasse bekannt sind, einfordern.

Operationen in Privatkliniken müssen nur bezahlt werden, wenn es keine Alternative dazu gibt. Dies ist meistens ein großes Problem. Kommt man in die Lage, diese selbst beantragen zu müssen, sollte man sich kompetente Hilfe z.B. in fachkundigen Institutionen suchen (http://www.trans-eltern.de/?Wichtig.Krankenkassen%2C_Gesundheitswesen%2C_Wege%2C%0A____Standards.Wenn_die_Kassen_Stellungnahmen_verlangen)

Pubertätsunterdrückende Hormone

GnRH-Inhibitoren oder Blocker, wie sie von manchen Eltern genannt werden, wie beispielsweise das GnRH-Analogon, Leuprorelin, verhindern, dass die Hirnanhangdrüse (Hypophyse) im Zwischenhirn (Hypothalamus) Signale an die Keimdrüsen (Eierstöcke, Hoden) zur Produktion der Sexualhormone Östrogen und Testosteron gibt. Durch die Einnahme dieser Medikamente wird die Pubertät bei Vorpubertierenden angehalten bzw. verhindert. Diese Blocker können, wie die Endokrinologin Dr. Irene Sills es beschreibt, „einem die Möglichkeit geben, den eigenen Zeh ins Wasser zu halten, ohne gleich schwimmen gehen zu müssen" – und dies im Ozean der Hormone. Ursprünglich in Fällen eingesetzt, bei denen die Pubertät vor- oder frühzeitig einzusetzen drohte, wirken diese Blocker auf das natürliche im Hypothalamus produzierte Hormon Gonadotropin-Releasing-Hormon oder Gonadoliberin, kurz GnRH.

Diese Hormone halten das Kind in einer physikalischen Warteposition, bis das Kind selbst, seine Eltern und die Ärzte sich auf einen zukünftigen Therapieplan einigen. GnRH kann alle ein bis drei Monate intramuskuläre injiziert werden, als Nasenspray verabreicht oder als Jahresdepot implantiert werden. Noch gibt es keine abschließenden wissenschaftlichen Studien über die Langzeitwirkung dieser Präparate, aber bis heute haben keine Studien Kontraindikationen nach einigen Jahren der Anwendung gezeigt. Dennoch ist es sehr wichtig, mit einem versierten, gut informierten Arzt über die beste medizinische Maßnahme zu sprechen.

„Es war eine solch große Erleichterung. Ich wünschte, ich hätte gleich mit der Testosteron-Behandlung anfangen können. Aber meine Eltern sagten mir, dass ich mir meiner Entscheidungen wirklich sicher sein sollte. Ich war mir sicher. Ich war mir immer sicher gewesen. Aber sie brauchten ein bisschen Zeit. Das kann ich verstehen." (11-jähriger Transjunge)

Pädiatrische Endokrinologen

Warum sind es die pädiatrischen Endokrinologen, die am Ende doch die Behandlung der transidenten Kinder übernehmen? Weil diese Spezialisten, wie Dr. Irene Sills formuliert, „wissen, wie man Kinder durch die Pubertät bringt." Die andere Seite allerdings ist, wie Dr. Norman Spack ergänzt, dass Endokrinologen „auch wissen, wie man die Pubertät anhalten kann." Egal ob es um die Verschreibung und Verabreichung von Hormonpräparaten geht oder um die Beratung zur medizinischen Behandlung von Kindern, die ihre Pubertät verzögern möchten, die bereits Hormone einnehmen oder beabsichtigen, ihr Geschlecht zu ändern, in allen Fällen sind die Endokrinologen die Experten.

Allerdings gibt Dr. Sills Eltern immer wieder zu bedenken: die Behandlung transidenter Kinder „dreht sich nicht nur um die Hormone."

> „Ich nehme zurzeit Testosteron und ich habe über einen chirurgischen Eingriff nachgedacht. Ich plane das alles zu erledigen, wenn ich das Geld zusammen habe." (17-jähriger Transjunge)

Auf der Suche nach einem Arzt zur Verabreichung von pubertätsverzögernden Medikamenten

Es gibt Ärzte, die mit Familien an der Verzögerung der Pubertät ihres transidenten Kindes zusammenarbeiten. Die Zahl ist zwar klein, aber sie wächst. Viele Familien nehmen lange Reisen auf sich, um die medizinische Behandlung zu erhalten, die ihr Kind benötigt – manchmal sogar über die Landesgrenzen hinaus. Pädiatrische Endokrinologen, die die Behandlung transidenter Jugendlicher durchführen, versuchen diesen Umstand zu ändern. Sie stellen sich auf nationalen Konferenzen vor und ermutigen ihre Berufskollegen, solche Dienstleistungen ebenfalls in ihren Praxen anzubieten. Je mehr praktische Ärzte sich in Bezug auf die Verabreichung von Hormonpräparaten und die Medikationen weiterbilden und je mehr sie lernen, wie man mit transidenten Kindern und Jugendlichen umgeht, desto größer wird auch die Zahl der Ärzte, die eine hormonelle Behandlung durchführen können. Auch Dr. Sills, pädiatrische Endokrinologin, glaubt, dass man alle Kinderärzte sehr gut weiterbilden kann, wie man sowohl GnRH als auch Cross-Sex-Hormone sicher verabreicht und sagt: „Es ist an der Zeit, dass sich endlich auch andere Ärzte engagieren."

Die meisten Ärzte, die transidente Kinder und Jugendliche medizinisch therapieren, verlangen die Erfüllung bestimmter Voraussetzungen, bevor sie mit der Behandlung beginnen. Derzeit verlangen die meisten Ärzte z. B., dass eine Einverständniserklärung der Erziehungsberechtigten und ein psychologisches oder psychiatrisches Gutachten vorliegen. In einigen

Fällen genügt auch die Einverständniserklärung eines Elternteils, in anderen Fällen müssen beide Erziehungsberechtigte unterschreiben. Die Anforderungen an die psychologischen Gutachten sind sehr unterschiedlich. Einige Ärzte verlangen von den Therapeuten, mit denen sie zusammenarbeiten, eine psychologische Anamnese aller Familienmitglieder. Damit soll sichergestellt werden, dass das Kind sich über seinen transidenten Status im Klaren und unbeirrt ist ihn beizubehalten, dass es keine negativen psychischen Diagnosen gibt und dass das Kind nicht unter Druck gesetzt ist, von ihm selbst nicht gewollte Veränderungen an seinem Körper vornehmen zu lassen. In anderen Praxen genügt die Vorlage eines die Transidentität des Kindes bestätigenden Schreibens vom behandelnden Therapeuten durch die Eltern. Andere wiederum verlangen, dass das Kind in seinem Identifikationsgeschlecht eine gewisse Zeit gelebt hat, bevor es GnRH-Inhibitoren verabreicht bekommt. Dies ist aber in nur wenigen Fällen zu beobachten.

Mediziner wollen nicht für die Begutachtung des psychischen Zustands ihrer Patienten verantwortlich sein. Aber sie wollen in der Regel wissen, ob ein Gutachten eines anderen Arztes oder Spezialisten vorliegt. Dr. Sills zufolge, wollen pädiatrische Endokrinologen wahrscheinlich einen Nachweis über eine mindestens einjährige Therapie sehen, um sicher zu gehen, dass die Verabreichung von Hormonen wirklich der nächste richtige Behandlungsschritt in der Therapie eines transidenten Jugendlichen ist. Ein derart langer Zeitraum ist allerdings nicht unbedingte Voraussetzung für eine pubertätsverzögernde Medikation. Aus diesem Grunde ist es Familien möglich, die Pubertät ihres Kindes anzuhalten und sich während dieser Therapie in aller Ruhe mit den möglichen Auswirkungen von Cross-Sex-Hormonen auseinanderzusetzen.

Viele Eltern sind frustriert über die psychischen Untersuchungen, denen ihr Kind sich im Laufe der Behandlung unterziehen muss. Diese negativen Erfahrungen sollten aber nicht dazu führen, dass man seinem Kind die Behandlungen versagt. Auf jeden Fall ist es vernünftig, dass man auf eine genauere Begutachtung drängt, bevor die Cross-Sex-Hormone verabreicht werden, denn sie rufen anhaltende Veränderungen am Körper eines Kindes hervor. Will man aber zunächst einmal nur die Pubertät verzögern, dann wird man durchaus auch einen Arzt finden, der eine Therapie nach einer kurzen Untersuchung verschreibt.

Cross-Sex-Hormone

Da transidente Menschen häufig von anderen so gesehen werden wollen, wie sie sich selbst wahrnehmen, wählen viele die Möglichkeit, sich behandeln zu lassen, um ihrer Geschlechtsidentifikation auch optisch zu entsprechen. Andere möchten ihren Körper nicht durch Medikamente oder chirurgische Eingriffe verändern. Wieder andere würden sich gerne mit Cross-Sex-Hormonen behandeln lassen, können dies aber nicht aufgrund bestehender medizinischer oder psychiatrischer Gründe. Bei alledem steht fest: Eine vollkommene Form Transidentität zu leben gibt es nicht. Dies zu begreifen ist für Eltern sehr wichtig; denn das Ziel einer Behandlung ist das Wohl des Kindes und nicht das „gute Gefühl" der Eltern. Das Kind soll sich selbst in seinem Körper so wohl wie möglich fühlen. Deswegen liegt die Entscheidung, Änderungen am Körper vornehmen zu lassen, einzig und allein beim Kind und sollte nicht von ehrgeizigen Eltern, Ärzten, Therapeuten oder Familienangehörigen vorgenommen werden.

Cross-Sex-Hormone können verabreicht werden, um die Entwicklung des Geburtsgeschlechts zu stoppen, in manchen Fällen sogar, um die Entwicklung rückgängig zu machen. Dr. Irene Sills zufolge, werden Hormone benötigt, um die „Pubertät des Kindes im falschen Geschlecht anzuhalten, um sie im richtigen Geschlecht fortzusetzen". Östrogen beispielsweise wird Kindern verabreicht, die als weiblich identifiziert wurden, um ihre Körper zu feminisieren, während Kinder, die als männlich identifiziert wurden, Testosteron erhalten, um die Körper zu „virilisieren". Diese Hormone stimulieren aber auch die Entwicklung der physischen und emotionalen Eigenschaften des jeweils angestrebten Geschlechts. Jana Ekdahl, Psychotherapeutin und Spezialistin für Geschlechtsfragen, schreibt: „Diese Option ermöglicht es heranwachsenden Jugendlichen, sich wohler zu fühlen und mehr im Einklang mit sich selbst zu sein, was wiederum zu einer positiven Erfahrung in der Schule führt, vor allem im sozialen Umfeld." Wenn Teenagern die Einnahme von Cross-Sex-Hormonen gestattet wird, insbesondere, wenn sie zuvor Hormon-Blocker genommen haben, entwickeln sie viele Eigenschaften des anderen Geschlechts, einschließlich der Gesichts- und Knochenstruktur, der Stimmlage, dem Wachstum der Brüste (bei einer Veränderung hin zur Frau), dem Längenwachstum und der Gesichts- und Körperbehaarung.

Die Injektion von Hormonen kann sowohl vom Arzt als auch vom Patienten selbst vorgenommen werden. Ferner können Hormontherapien mittels Gel, Pflaster, Nasenspray, subkutaner Testosteronpelletdepots sowie wöchentlicher Unterhautinjektionen durchgeführt werden. Dr. Norman Spack zufolge, zählen die Injektionen zu „den wirksamsten Mitteln, um die Menstruation zu unterdrücken".

Anatomische Männer

Wenn ein biologisch männliches Kind sich nicht über das frühe Tanner Stadium 2 hinaus entwickelt, bevor es GnRH-Inhibitoren verabreicht bekommt und während dieser Therapie Östrogene erhält, wird es nur die weibliche Pubertät erleben. Mit anderen Worten, die männliche Pubertät wird gestoppt und durch die Verabreichung von Östrogen beginnt die weibliche Pubertät. Solange das Kind Östrogene erhält, wird es nur die weibliche Pubertät erleben, einschließlich der daraus resultierenden Feminisierung. In der Tat wird der vormals männliche Körper weicher und Brüste entwickeln sich, die Stimme wird nicht tiefer und der Haarwuchs wird nicht männlich ausfallen. Auch die Muskeln und das Fettgewebe werden eine weibliche Form annehmen. Natürlich wird das Kind niemals menstruieren, denn es hat ja eine männliche Reproduktionsanatomie. Das einzig „Männliche" an dem Kind werden seine äußeren Geschlechtsorgane sein. Es wird allgemein empfohlen, die Verabreichung von Östrogenen zusammen mit den GnRH-Inhibitoren solange fortzusetzen, bis die Hoden entfernt werden. Wir kommen auf die chirurgischen Eingriffe im weiteren Verlauf dieses Kapitels noch zu sprechen.

Überlegungen zur Fruchtbarkeit

Wenn der vormals männliche Körper, wie oben erwähnt, weiterhin Cross-Sex-Hormone und Östrogen verabreicht bekommt und nicht durch die männliche Pubertät geht, wird er nie Spermien produzieren. Spermien werden nur dann produziert, wenn der Körper die männliche Pubertät mit ihren Veränderungen durchläuft. Technisch ist der Körper solange in der Lage, Spermien zu produzieren, solange die Hoden vorhanden sind. Auf jeden Fall sind transidente Frauen (biologische Männer mit weiblicher Geschlechtsidentifikation), die eine männliche Pubertät durchlaufen, bevor sie Östrogen verabreicht bekommen, in der Lage, Spermien zu produzieren.

In Stephanies Zeit als Hebamme hat sie mit einer Reihe von Transfrauen gearbeitet, die Kinder haben wollten. Um diesen Wunsch zu realisieren, mussten sie die Einnahme von Östrogenen vollkommen einstellen. Mit der Zeit und einer entsprechenden Betreuung konnte die Produktion von Spermien derart gesteigert werden, dass eine intrauterine oder in vitro Befruchtung durchgeführt werden konnte. Dies gilt auch dann, wenn die Zahl der Spermien körperlich-technisch gesehen noch im Bereich der Sterilität liegt. Wenn das Östrogen abgesetzt wird, „vermännlicht" sich der Körper natürlich wieder. Wie man sich vorstellen kann, ist dieser Prozess der Vermännlichung für die Transfrauen keine reine Freude, nachdem sie sich so viel Mühe gemacht haben, ihren Körper zu feminisieren.

Wenn wir diesen Gedanken weiterspinnen, könnte ein biologisch männliches Kind, das die Pubertät noch nicht durchlaufen, GnRH-Inhibitoren und danach Östrogen verabreicht bekommen hat, als Erwachsene dann entscheiden, Spermien zu produzieren. Theoretisch würde der Körper, nachdem er für einen Zeitraum von sechs Monaten vollkommen von einer

Medikation befreit wäre, eine männliche Pubertät durchlaufen. Theoretisch bestünde dann die Möglichkeit, dass der Körper mit der Zeit Spermien produzieren könnte, wenn auch keine Garantie dafür bestünde, dass die Spermien fruchtbar wären. Aus diesem Grunde führt die Entscheidung, nach der Einnahme von GnRH-Inhibitoren nun Östrogene zu verabreichen, ohne die männliche Pubertät durchlaufen zu haben, zur eindeutigen Preisgabe der eigenen Fruchtbarkeit. Vor diesem Hintergrund sollte sich die Familie mit ihrem Kind einer eingehenden Beratung unterziehen.

Manche Eltern erwägen die Verabreichung von Blockern, um die Pubertät zu verzögern, bis ihr Kind alt genug ist, Spermien zu produzieren und diese in einer Samenbank zu deponieren, bevor mit der Hormontherapie begonnen wird. Aber auch hier gibt es einiges zu berücksichtigen. Die meisten jungen, anatomisch männlichen Teenager, die sich als Mädchen fühlen, würden nicht einmal in ihren schlimmsten Alpträumen daran denken, eine Samenbank aufzusuchen, um Spermien zu spenden, ganz zu schweigen von der Tatsache, dass sie die Samenbank mehrmals aufsuchen müssten, um eine ausreichende Zahl an Spermien zu deponieren. Dabei muss man natürlich auch wissen, dass man eine Familie auf sehr unterschiedliche Weise gründen kann. Dem Kind zu gestatten, auf seine Fruchtbarkeit zu verzichten, heißt nicht notwendigerweise, dass es auch seine Elternschaft einbüßen muss, falls es diese später einmal realisieren möchte. Wenn die transidente Tochter sich als Elternteil vorstellt, dann als Mutter – nicht als biologischer Vater. Den Körper zu zwingen, sich zu virilisieren, um die theoretische Möglichkeit, ein Kind biologisch zeugen zu können, aufrecht zu erhalten, wird bleibende und nicht gewollte körperliche Veränderungen mit sich bringen und nicht zuletzt ernsthafte Konsequenzen für das Eltern-Kind-Verhältnis haben.

Für anatomisch männliche Kinder, die Östrogen verabreicht bekommen, sind die Folgen im Großen und Ganzen umkehrbar. Wenn die Einnahme von Östrogenen abgesetzt wird, wird früher oder später das körpereigene Testosteron wieder einsetzen und die Überhand gewinnen. Die Brüste werden sich zurückbilden und das weibliche Fettgewebe und die Muskeln werden sich nach männlichem Muster umverteilen. Wenn jedoch der Hoden entfernt wurde, wird der Körper nicht ausreichend Testosteron bilden, um die Feminisierung rückgängig zu machen. Auch wenn andere chirurgische Eingriffe vorgenommen wurden, wird der Körper Spuren dieser Eingriffe aufweisen.

Anatomische Frauen

Ein biologisch weibliches Kind, dem GnRH-Inhibitoren vor der Entwicklung der Brüste und vor Einsetzen der Menstruation verabreicht wurden, und das danach mit der Behandlung des Cross-Sex-Hormons Testosteron beginnt, wird lediglich die männliche Pubertät durchlaufen. Dies ist sehr wichtig zu verstehen. Das Kind wird tatsächlich einen männlichen Körper entwickeln, auch wenn seine Geschlechtsorgane weiblich sind. Es wird keine Brüste entwickeln; stattdessen werden Haare im Gesicht und auf der Brust wachsen, die Stimme wird tiefer sein, Muskelmasse wird sich aufbauen und ein typischer männlicher Sexualtrieb wird sich ausbilden. Wahrscheinlich wird das Kind auch aufgrund des Testosterons intensive Wutausbrüche und Euphorieschübe erleben. Auch werden sich seine Genitalien verändern, d. h. die Klitoris wird sich zu einem kleinen penisähnlichen Organ verlängern. Alle diese Veränderungen wären allerdings wesentlich tiefgreifender und dramatischer, wäre der Körper vorher nicht feminisiert worden.

Überlegungen zur Fruchtbarkeit

Mit der Geburt des Mädchens ist die gesamte Anzahl der Eizellen im Eierstock bereits für das ganze Leben festgelegt. Allerdings kommen die Eizellen erst von der Pubertät an zur Reife, beginnend mit dem ersten Eisprung und der ersten Menstruation, und sie sind von da an befruchtungsfähig. Wenn nun ein anatomisch weibliches Kind mit einer GnRH-Inhibitoren-Therapie vor Beginn der Menstruation und dem regelmäßigen Eisprung beginnt, sind die weiblichen Reproduktionsorgane noch nicht voll entwickelt. Ein chirurgisches Verfahren, dem Eierstock bereits in diesem Stadium Eizellen zu entnehmen, um sie für eine spätere Befruchtung aufzuheben, gibt es gegenwärtig noch nicht. Das ist erst möglich, nachdem der Körper die Pubertät durchlaufen hat; mit anderen Worten: Ungefähr ein Jahr nach der ersten Menstruation können Medikationen verabreicht werden, um die Eizellen reifen zu lassen, damit diese dann entnommen und aufbewahrt werden können. Dieses Verfahren ist außerordentlich teuer, abgesehen davon, dass es praktisch unmöglich sein wird, eine Klinik zu finden, die bereit ist, diesen Eingriff vor dem 18. Lebensjahr vorzunehmen.

Um die Fruchtbarkeit des anatomisch weiblichen Kindes zu erhalten, muss das Kind also die weibliche Pubertät durchlaufen. Um die Unversehrtheit des Fötus sicherzustellen, ist es darüber hinaus besser bis nach der ersten Schwangerschaft überhaupt kein Testosteron zu verabreichen. Wenn die Fruchtbarkeit erhalten werden soll, dann sollte ein transmännliches Kind bis zur Volljährigkeit mit 18 Jahren vollkommen auf die Behandlung mit Hormonen verzichten und dann – wenn gewünscht – die Eizellen entnehmen und für eine spätere Befruchtung einfrieren lassen. Werden die Eizellen auf diese Weise gewonnen, dann kann mit ihnen z. B. eine zukünftige Partnerin oder eine Ersatzmutter mit Spermien eines Spenders in vitro befruchtet werden.

Wie bei anatomisch männlichen Kindern, würde die Verabreichung von GnRH-Inhibitoren und Testosteron vor der Pubertät und die nachfolgende Absetzung beider Medikationen mit großer Wahrscheinlichkeit dazu führen, dass der Körper mit der Fortsetzung der weiblichen Pubertät dort einsetzen würde, wo sie zuvor unterbrochen wurde. In diesem Fall würde der Körper seine männliche Erscheinungsform beibehalten, wohl aber Brüste entwickeln, Fettgewebe umverteilen und zu menstruieren beginnen. Wobei es wahrscheinlich bis zu 18 Monate dauern würde, bis eine Schwangerschaft frühestens – wenn überhaupt – möglich wäre. Deshalb führt die Entscheidung, – wie bei anatomischen männlichen Kindern auch – GnRH-Inhibitoren oder Cross-Sex-Hormone zu verabreichen, im Grunde zur Preisgabe der Fruchtbarkeit.

Als Hebamme hat Stephanie Brill mit einer Reihe von Transmännern (biologischen Frauen mit männlicher Geschlechtsidentifikation) zusammengearbeitet, die sich für ein Kind entschieden haben, nachdem sie sich einer Testosterontherapie unterzogen hatten. Dies kann ein langwieriger und komplizierter Prozess sein, um nicht zu sagen, es kann ziemlich lange dauern, bis sich eine regelmäßige Menstruation einstellt. Und es kann häufig zu negativen Nebeneffekten kommen, die die Fruchtbarkeit betreffen, wie beispielsweise die recht hohe Häufigkeit des Polyzystischen Ovarialsyndroms (kurz PCO-Syndrom). Bisher gibt es keine Untersuchungen hinsichtlich der Zunahme an Geburtsfehlern bei Transmännern aufgrund von Testosteronbehandlungen vor der Schwangerschaft. Lediglich in Alltagserzählungen scheint die Häufigkeit höher zu sein.

Obgleich das Thema Fruchtbarkeit für Eltern einen sehr großen Stellenwert einnimmt, bedeutet es für Teenager deutlich weniger. Im Gegenteil, für transidente Jugendliche kann die Freiheit vom Zeugungszwang schlichtweg die Befreiung sein, überhaupt über diese Dinge nachzudenken. Und wenn sie sich tatsächlich dazu entscheiden sollten, Eltern werden zu wollen, dann wird ihre Elternschaft eine gänzlich andere Form annehmen, als die ihrer Eltern, so der Familientherapeut Reid Vanderburgh (selbst von Frau-zu-Mann transformiert), der viel mit Familien mit transidenten Kindern arbeitet. Tatsächlich, sagte er: „werden Eltern erleben, dass ihr Transsohn sich selbst eher in der Vaterrolle sieht, als in der Mutterrolle und dass das umgekehrt auch für die Transtöchter zu beobachten ist. Die Eltern, mit denen ich gearbeitet habe, haben dadurch besser zu akzeptieren gelernt, dass das Verlangen sich in sein angestrebtes Geschlecht zu wandeln stärker ist, als der Wunsch nach einem biologisch gezeugten Kind, da das Bedürfnis des Kindes sich zu transformieren einen Antrieb darstellt, der sich lange vor dem Erwachen des Verlangens nach Reproduktion gebildet hat."

Natürlich ist nicht auszuschließen, dass Entscheidungen, die als Kind oder Jugendlicher getroffen worden sind, später einmal bereut werden können. Deswegen sollen diese Entscheidungen – nach bestem Wissen und Gewissen – zwischen Eltern und ihren transidenten Kindern immer gemeinsam getroffen werden.

Die zweifache Pubertät: Ist das erste Mal nicht genug?

Wenn Kindern keine GnRH-Inhibitoren verabreicht werden und man ihnen irgendwann doch die Behandlung mit Cross-Sex-Hormonen gestattet, ist man als Eltern in einer sonderbaren Situation: man durchlebt mit seinem Kind zweimal die Pubertät – einmal je Geschlecht!

Eltern, die diese Erfahrung gemacht haben, fühlen sich häufig emotional völlig erschöpft nach den umfassenden pubertären Veränderungen. Wir empfehlen Eltern in diesem Fall, Vitamine einzunehmen und Ruhe zu bewahren, wenn die hormonelle Achterbahn beginnt!

Hormone: Nein danke!

Es gibt eine wachsende Zahl von Jugendlichen, die sich selbst als transident und geschlechtsvariant identifizieren und die sich als „No Ho's" bezeichnet. Sie sagen: „Hormone, nein danke!" und zeigen damit an, dass sie keine Hormonbehandlungen wünschen. Diese Jugendlichen möchten keine körperlichen Veränderungen vornehmen lassen; stattdessen wollen sie die Welt verändern. Vielleicht aber sind sie noch nicht soweit, sich endgültig definieren zu können. Wie Dr. Harvey Makadon von der Harvard University sagt, „ist ein Trend unter einigen jungen Menschen zu beobachten, ihre Sexualität oder ihr Geschlecht nicht eindeutig definieren zu wollen." Wie bereits in früherem Zusammenhang erwähnt (→ Kap. 1), ist es besonders wichtig, dass transidente Kinder und Jugendliche eine Reihe von unterschiedlichen Formen der Transidentität und Geschlechtsvarianz kennenlernen, z. B. durch den Besuch von Familienkonferenzen und Elterntreffs (http://www.ejanssen.de/tagung/blog/, http://www.trans-eltern.de/?Trans-Eltern).

Auf diesen Veranstaltungen versammeln sich sehr unterschiedliche Menschen und ermöglichen auch den Austausch unter Jugendlichen über Themen, die ihnen wichtig sind. Hier kann man erleben, dass Menschen unterschiedliche Entscheidungen treffen und das wählen, was ihnen am sinnvollsten erscheint. Insofern können Kinder und Jugendliche durchaus auch in ihrem vorhandenen Körper, so wie er ist, verbleiben wollen. Diese Entscheidung schmälert in keiner Weise die empfundene Geschlechtsidentität, jedenfalls nicht mehr, als die Entscheidung anderer Kinder oder Jugendlicher, etwa sich einer Hormonbehandlung oder einem chirurgischen Eingriff zu unterziehen.

Chirurgische Eingriffe

Durch die Verabreichung von GnRH-Inhibitoren und Cross-Sex-Hormonen können chirurgische Eingriffe – außer den genitalen Rekonstruktionen – vermieden werden. Vor diesem Hintergrund ist die Behandlung mit pubertätsverzögernden Medikamenten (Blockern) ein gutes Argument.

Ehe wir uns nun der chirurgischen Geschlechtsanpassung im Detail zuwenden, möchten wir betonen, dass die genitale Rekonstruktion eine wirklich sehr persönliche Entscheidung ist. Für manche transidenten Menschen ist sie eine kritische und krisenhafte Selbsterfahrung, andere wiederum sind mit ihren angeborenen Genitalien zufrieden. Insofern gibt es keine richtige oder falsche Einstellung zur operativen Geschlechtsanpassung.

Es ist ebenso wichtig zu begreifen, dass viele transidente Menschen, die sich für die operative Geschlechtsanpassung entscheiden, ihre sexuelle Erregbarkeit und Orgasmusfähigkeit verlieren.

Jugendliche, die über wenig sexuelle Erfahrung verfügen, werden wohl nicht vollständig begreifen, was es bedeutet, sich einer operativen Geschlechtsanpassung zu unterziehen. Viele transidente Erwachsene, die sich gegen eine operative Geschlechtsanpassung entschieden haben, geben Eltern transidenter Kinder und Jugendlichen nachdrücklich zu verstehen, dass die operative Geschlechtsanpassung nicht das einzige Ziel der Geschlechtsanpassung ist.

Im Allgemeinen dürfen an Kindern ohne Einwilligung der Erziehungsberechtigten keine chirurgischen Eingriffe vorgenommen werden (→ Infokasten: Medizinische Versorgung bei Minderjährigen). Dennoch sind Operationen in jedem Alter möglich, wenn die Eltern zustimmen und Chirurgen keine Einwände haben. Das bedeutet z. B., dass der Hoden auch dann entfernt werden kann, wenn die operative Geschlechtsanpassung verzögert stattfindet. Tatsächlich ist es sogar von Vorteil, den Hoden zu entfernen, da die Menge der Cross-Sex-Hormone, die zur Medikation benötigt wird, um das Testosteron außer Kraft zu setzen, deutlich reduziert werden kann. Teenager Transjungen können ihre Brüste entfernen lassen, was auch zunehmend von Chirurgen bei Jugendlichen über 16 Jahren vorgenommen wird. Diese beiden operativen Eingriffe, auch wenn sie eine längere Heilungsphase erfordern und einige Komplikationen mit sich bringen, sind bei den meisten transidenten Teens begehrt.

Die „bedrohlichen", d. h. die totalen Operationen – die genital-rekonstruktiven Geschlechtsanpassungen – sind schwerwiegende Angelegenheiten. Sie sind in der Regel sehr kostspielig, und sie verursachen signifikante Veränderungen im Körper. Viele transidente Erwachsene wählen aus diesen Gründen keine operativen Geschlechtsanpassungen. Mit der Zeit lernen sie aber mit dem möglichen Tausch zwischen ihrer sexuellen Unversehrtheit und der gravierenden Veränderung ihres Körpers besser umzugehen. In gewisser Analogie sind die meisten Eltern transidenter Kinder der Auffassung, dass es besser für ihre Kinder sei, aus dem adoleszenten Alter herauszuwachsen und erst als Erwachsene permanente Veränderungen an ihrem Körper vornehmen zu lassen.

Wie treffen Eltern medizinische Entscheidungen für ihre Kinder?

> „Ich werde nie vergessen, wie er zum ersten Mal fragte, wie alt er werden müsse, bevor er seinen ‚Pullermann' würde abschneiden lassen können." (Großelternteil eines geschlechtsvarianten 6-jährigen Jungen)

Mit Sicherheit ist es für Eltern transidenter Kinder keine leichte Aufgabe, medizinische Entscheidungen für ihre Kinder zu treffen. Für manche Eltern stellen die medizinischen Entscheidungen eine Art letzte Grenze dar, ein eindeutiges Zeichen für die Unumkehrbarkeit einer Veränderung, der sie als solcher zustimmen müssen. Wenn das Kind allerdings bereits in Übereinstimmung mit seiner Geschlechtsidentität lebt und sich darin wohlfühlt, erscheinen die Entscheidungen leichter. Je länger Kinder transident leben und je länger Eltern Zeit hatten, verschiedene Entscheidungsmöglichkeiten zu bedenken, umso leichter fällt es, sich mit diesen zu arrangieren. Dagegen kann die Entscheidung für einen medizinischen Eingriff wesentlich schwieriger sein, wenn junge Kinder oder Teenager unverhofft bekannt geben, sie seien transident. Diese Mitteilung ist fast immer schockierend und schwer zu erfassen.

Ein Teenager, mitten in der Pubertät, kann aufgrund seiner körperlichen Veränderungen verständlicherweise ein starkes Gefühl für die Dringlichkeit einer Operation verspüren. Der immense Druck kann dazu führen, dass der junge Mensch potenziell unumkehrbare Entscheidungen trifft, ohne ausreichend Zeit zur inneren Auseinandersetzung und zur sachverständigen Information gehabt zu haben. Gerade in dieser Phase sind die Eltern herausgefordert, ihr Kind zu unterstützen und sich gemeinsam die Zeit zu nehmen, wohlüberlegte und informationsgestützte Entscheidungen zu treffen. Es muss nicht eigens erwähnt werden, dass die gemeinsame Orientierung in dieser Angelegenheit ohne sich gegenseitig zu entfremden, selbst unter den besten Bedingungen, nicht einfach ist.

Körperliche Veränderungen bei transidenten Kindern und Jugendlichen zu ermöglichen, die allgemein als „zum angestrebten Geschlecht überzugehen" (Transition) oder als „Geschlechtsangleichung" bezeichnet werden kann (→ Kap. 5), werfen neue Fragen auf: über Ethik, Religion, Fruchtbarkeit und Natur. In dem Maße, wie Eltern auf diesen Gebieten dazulernen, werden sie einerseits manche ihrer Ängste beschwichtigen können, andererseits auch neue hervorbringen. Manche Eltern werden um die Wunschbilder trauern, die sie sich von ihren Kindern gemacht hatten, ohne diese in der Zwischenzeit durch neue Vorstellungen ersetzen zu können. Gleichwohl ist die Möglichkeit, dass die jungen Menschen ihren Körper dahin entwickeln können, wo sie sich zutiefst als unverwechselbare Person fühlen, die größte Zeit der Selbstbejahung im Leben transidenter Kinder und Jugendlicher.

Die Unterstützung durch die Familie in dieser Zeit der Wandlung kann nicht hoch genug eingeschätzt werden. Es ist daher wichtig, dass Eltern sich die Zeit nehmen und ihr Kind jederzeit wissen lassen, dass sie es unterstützen. Auch sollten Eltern die Kommunikation mit ihrem Kind offen halten und Alternativen gemeinsam ausloten. Der Austausch gemeinsam erarbeiteten Wissens trägt zur besseren Information der gesamten Familie bei und verschafft die nötige Zeit, neue Entscheidungen zu treffen oder sich an alte anzupassen. Natürlich muss man dabei im Auge behalten, dass Eltern und Kinder durchaus abweichende zeitliche Vorstellungen für die Umsetzung bestimmter Schritte haben können. Eltern sollten also dafür Sorge tragen, dass sich ihr Kind nicht deswegen abgelehnt fühlt, weil lebenswichtige Entscheidungen hinausgeschoben werden müssen.

Während der Zeit, in der medizinische Entscheidungen anstehen, ist es nicht ungewöhnlich, dass Familien auch interne Konflikte erleben und Streit haben. Hier ist es an der Zeit, sich unterstützende Beratung und Beistand zu holen, um gemeinsam schwierige Entscheidungen angehen und treffen zu können.

Zum Schluss: Auch wenn es sich drastisch anhört, man verschafft sich und seinem Kind notwendige Zeiträume, wenn man pubertätsverzögernden Behandlungen zustimmt.

Können Minderjährige selbst entscheiden?

Im Hinblick auf Minderjährige gilt es einige Punkte zu bedenken. Wenn man zu oft in Angelegenheiten „Nein“ sagt, die für betroffene Teenager in ihrer spezifischen Gefühlslage Leben oder Tod bedeuten, dann können sie den Unterschied zwischen Leben und Tod ernsthaft erleben. Auch wenn dies für die Eltern nicht immer nachvollziehbar zu sein scheint, so ist diese Erfahrung gerade für transidente und geschlechtsvariante Teenager eine herzzerreißende Realität. Versagt man ihnen beispielsweise die gewünschte Hormonbehandlung, können und werden Teenager die Medikamente auch auf der Straße finden. Hier könnten die Hormonpräparate z. B. verunreinigt sein. Auch wären die Jugendlichen nicht unter ärztlicher Betreuung, sodass weder die Dosierung der Präparate noch etwaige Nebenwirkungen kontrolliert werden könnten.

Juristisch betrachtet können „emanzipierte Jugendliche“, wenn man ihnen diese Freiheit gestattet, durchaus auch selbständig Entscheidungen treffen und Ärzte können sie legal behandeln. Gerade wenn Eltern sich nicht in der Lage sehen, der hormonellen Behandlung ihres Kindes zuzustimmen, aber sich des Risikos bewusst sind, dass ihr Kind weglaufen oder sich selbst die Hormonpräparate beschaffen könnte, sollten sie erwägen, ihrem Kind nachzugeben und ihm eine legale Behandlung gestatten.

Medizinische Versorgung bei Minderjährigen/Einwilligungspflicht der Erziehungsberechtigten

Viele Ärzte zögern, transidente Jugendliche unter 18 Jahren einer Hormonbehandlung oder einem chirurgischen Eingriff zu unterziehen.

Internetquellen zum Thema:

Trans-Eltern:
http://www.trans-eltern.de/?Im_Leben.Transsexualit%E4t_in_der_Kindheit.Was_darf_ich_als_minderj%E4hriger_TS_ohne_Erlaubnis_von_Fachleuten_bereits_tun%3F

http://www.trans-eltern.de/?Im_Leben.Transsexualit%E4t_in_der_Kindheit.%C4rzteliste_-_Begleittherapie_%2F_Pubert%E4tsverz%F6gerung

Medizinischer Dienst des Spitzenverbandes Bund der Krankenkassen e.V. (MDS):
http://www.main-ts.de/downloads/MDS-RL_Transsex_2009.pdf

The World Professional Association for Transgender Health Inc. (WPATH): http://www.wpath.org/documents/Med%20Nec%20on%202008%20Letterhead.pdf

Begleitende medizinische Betreuung bei transidenten Jugendlichen

Transidente Jugendliche oder solche mit signifikanter Geschlechtsvarianz (gleichviel ob sie in Hormonbehandlung sind oder nicht) sollten einen Arzt aufsuchen, der sie in ihrer Besonderheit versteht und respektiert und sie hinsichtlich ihrer allgemeinen und spezifischen medizinischen Bedürfnisse zu beraten weiß. Wenn man in seiner Umgebung keinen geeigneten Arzt findet, bleibt der Versuch in der nächstgelegenen Großstadt entsprechende Einrichtungen bzw. Therapeuten aufzusuchen, die sich auf geschlechtsvariante Jugendliche spezialisiert haben. Medizinische Fachkräfte, die transidente oder geschlechtsvariante Jugendliche ernst nehmen und mit ihnen entsprechend umgehen, z.B. in Bezug auf die Benutzung von Pronomen und Namen, ihnen sachliche Fragen zu ihrer Sexualität stellen, leisten für diese Jugendlichen eine lang anhaltende Aufwertung ihres Selbstwertgefühls.

Es ist ebenso wichtig, dass Teenager gut beraten und an Hand neuester Informationen in Bezug auf Safer-Sex-Praktiken, Geschlechtskrankheiten, PAP-Abstriche und Verhütungsmethoden aufgeklärt werden. Häufig fällt es Eltern schon sehr schwer mit ihren geschlechtstypischen Kindern über Sex und Sexualität zu sprechen. Wenn Eltern obendrein ein transidentes Kind haben, können selbst die besten Versuche sehr kompliziert werden, mit ihrem Kind aufgeklärt und sensibel über Sex und Safer Sex, Intimität und Liebesbeziehungen zu sprechen. Dagegen erweist sich das Internet als eine hervorragende Informationsquelle und Aufklärungshilfe für geschlechtsvariante Jugendliche. Auch können einschlägige Organisationen für transidente oder geschlechtsvariante Menschen Mentoren nennen, die mit den Jugendlichen über ihre Angelegenheiten und Fragen sachlich sprechen können. Gleichwohl ist es für Jugendliche wichtig, einen Arzt ihres Vertrauens zu haben, der ihnen die nötige Betreuung und die neuesten Informationen geben kann. Wenn Eltern dies sicherstellen, helfen sie ihren Jugendlichen auf eine ganz konkrete Art und Weise. Man kann Ärzte entsprechend ihrer Einstellung und Kompetenz in Geschlechterfragen im Vorfeld überprüfen. Eltern können sich darüber hinaus auch dafür einsetzen, dass Ärzte oder medizinisches Fachpersonal einschlägige Weiterbildung und Training erhalten, damit sie fachgerecht mit ihrer jungen Klientel umgehen und ihren Bedürfnissen genügen können. Nicht zuletzt bleiben als Informationsquellen natürlich noch die Universitäten und Hochschulen, die im Zweifelsfall über entsprechende Fakultätseinrichtungen für Lesben, Schwule, Bisexuelle und / oder Transsexuelle verfügen.

Besuch in einer Klinik für Geschlechtsangleichung

Im Februar 2007 initiierten die beiden Ärzte Dr. Norman Spack, Endokrinologe, und Dr. David Diamond, Urologe, beide im Children's Hospital Boston beschäftigt, eine monatliche Sprechstunde zur Betreuung von transidenten Kindern und Jugendlichen. Beide Ärzte betreuten bereits Eltern mit transidenten Kindern sowie Kinder mit sehr unterschiedlichen intersexuellen Befindlichkeiten, doch haben sie mit dieser neuen Einrichtung ihrer Verpflichtung auch formal Ausdruck verliehen, der wachsenden Zahl an betroffenen Kindern zu helfen. Die monatlich stattfindende GeMS-Klinik (Gender Management Service) ist die erste einer solchen Klinikeinrichtung in den USA und wird von dem Children's Hospital Boston gefördert und unterstützt. In einem kürzlich erschienenen Beitrag im Publikationsorgan der Klinik „Children's News“ wurde diese Einrichtung vorgestellt. Auf der Website des Children's Hospital Boston wird die Einrichtung sogar als „das erste bedeutende Programm in den Vereinigten Staaten von Amerika betrachtet, das nicht nur Störungen der sexuellen Differenzierung bei Kindern behandelt, sondern sich auch mit transidenten Kindern und jungen Erwachsenen befasst".

Das Children's Hospital Boston ist eine große und angesehene Klinik, die sich inmitten eines Campus der medizinischen Fakultäten und in unmittelbarer Nähe des Museums der Schönen Künste befindet. Die Klinik selbst erscheint als eine freundliche Einrichtung und besteht aus einem modernen Bau mit einem lichtdurchfluteten, luftigen Foyer, in dem Kunstwerke von Kindern an den Wänden hängen, und dessen Ambiente in weichen violett, grün und blau gehaltenen Farben gestaltet ist.

Die GeMS-Klinik befindet sich im 5. Stockwerk innerhalb der Abteilung für Endokrinologie. Sie hat keinen ausgewiesenen Warteraum. Die Patienten melden sich beim allgemeinen Empfang an, wo es bemerkenswerter Weise drei Toiletten gibt – eine für Männer, eine für Frauen und eine dritte für geschlechtsneutrale Menschen. Die Besucher werden in verschiedenen Untersuchungsräumen aufgenommen, wo sie mitunter auch den Psychologen Dr. Laura Edwards-Leeper, Dr. Spack oder Dr. Diamond begegnen können. Zum Team von Dr. Spack zählen auch Krankenschwestern für Endokrinologie, Urologie und Internisten, die sich auf dem ständig ausweitenden Gebiet zu spezialisieren beginnen.

Noch immer jedoch wird die für die Arbeit mit transidenten Patienten benötigte Ausbildung „nicht an medizinischen Fakultäten der Hochschulen gelehrt", wie das Dr. Harvey Makadon, außerordentlicher Professor der Harvard Medical School, feststellt, der an den freitags stattfindenden Sprechstunden anwesend war. Dr. Spacks stimmt dem zu und sagt: „wir werden durch die Erfahrung mit unseren eigenen Patienten ausgebildet." „Zum Glück", fügt er hinzu, „entscheiden sich zunehmend mehr StudentInnen auf Gebiete zu spezialisieren, die der Behandlung von transidenten Kindern dienen."

Während unseres Besuches, wurde uns ein Treffen mit einer neuen Patientin namens Jewel ermöglicht, die Dr. Spack als „dem weiblichen Geschlecht zugehörig" bzw. als Transmädchen bezeichnete. Jewel ist gerade 17 Jahre alt geworden und sagt von sich, dass sie bereits mit 10 Jahren, als sie begann, sich als Mädchen zu kleiden, schon wusste, dass sie weiblich sei. Sie ist kleinwüchsig, hat langes glänzend schwarzes Haar, stechende blaue Augen, behutsam aufgetragenes Make-up und einige Gesichtspiercings. Sie trägt die typische Kleidung einer Teenagerin: geschichtete Tank Tops, engsitzende Bluejeans und einen mit Ornamenten reich verzierten Gürtel sowie eine kleine Handtasche.

Jewel ist schon seit mehr als einem Jahr in therapeutischer Behandlung und zeigt uns den Brief ihres Therapeuten, der ihren transidenten Status bestätigt. Weil ihre Eltern ihre transidente Geschlechtsidentität nicht akzeptieren konnten, ist sie in der Klinik in einer Wohngruppe untergebracht. Sie kommt in Begleitung ihres bestellten Betreuers. Auf Dr. Spacks

Frage, was ihr sehnlichster Wunsch sei, antwortet Jewel sehr klar, dass sie sobald wie möglich mit der Hormonbehandlung beginnen möchte und sich in einem Jahr dann einer operativen Geschlechtsanpassung unterziehen will.

Dr. Spack verbringt eine geraume Zeit mit Jewel und unterrichtet sie über die verschiedenen Möglichkeiten, wie die Behandlung mit dem weiblichen Hormon Östrogen das Testosteron in ihrem Körper unterdrücken würde. Er erklärt ihr auch, dass sie eine Dosis Östrogen verabreicht bekommen müsste, die der vierfachen Menge entspräche, die von biologischen Frauen produziert werde. Diese hohe Dosis sei notwendig, um den Testosteronspiegel in ihrem 17-jährigen Körper so abzusenken, damit jene physischen und emotionalen Wirkungen erzielt werden können, nach denen sie sich sehnt. Ferner macht er ihr klar, dass sie wahrscheinlich bis zu ihrer Volljährigkeit wird warten müssen, bis ein Chirurg sich bereiterklärt, bei ihr die operative Geschlechtsanpassung durchzuführen. In der Zwischenzeit, ermahnt er sie, mit ihrer Gesundheit „verantwortungsbewusst" umzugehen: nicht zu rauchen, keine Hormonpräparate von der Straße zu nehmen. Sie nickt ernsthaft und lächelt verlegen.

Dr. Spack vereinbart einen neuen Termin mit Jewel und der Psychologin Laura und verspricht, dass sie später alle zusammen über den günstigsten und geeignetsten Behandlungsablauf entscheiden werden. Jewel fühlt sich nach dieser Sprechstunde hoffnungsvoll. Zusammen mit ihrem Betreuer dankt sie Dr. Spack für die Zeit, die er ihr gewidmet hat. Und jetzt ist Jewel der Verwirklichung ihrer Wünsche einen Schritt näher gekommen, endlich die Frau zu werden, die zu werden sie bestimmt ist.

9 Bedenkenswerte rechtliche Aspekte

Solange Kinder und Jugendliche noch minderjährig sind, tragen die Eltern im juristischen Sinne auch für sie die Verantwortung. In Bezug auf ihr transidentes Kind ist es für die Eltern sehr wichtig, sich über den ständig ändernden Stand der Gesetzgebung zu informieren. Dieses Kapitel gibt einen Überblick über wichtige Rechtsfragen, mit denen Eltern und ihre transidenten Kinder und Jugendlichen konfrontiert werden können.

Zu den interessantesten Rechtsfragen zählen insbesondere die gesetzlichen Voraussetzungen für die Änderung der Vornamen und Anredeformen in Dokumenten, wie z. B. Personalausweis, Geburtsurkunden, schulischen Formularen, Zeugnissen und Führerschein. Insbesondere in der Wandlungsphase (Transition) zeichnen sich zudem versicherungsrechtliche Aspekte ab, die geklärt sein müssen. Auch die Regelung des Sorgerechts in Bezug auf Ex-Partner bzw. neue Partner zählt dazu, wenn es sich dabei um Scheidungs- bzw. Trennungsfälle handelt.

Die rechtlichen Bestimmungen hinsichtlich transidenter Kinder, Jugendlicher und Erwachsener werden ständig überarbeitet und Änderungen unterzogen. Mehrheitlich handelt es sich hierbei um positive Veränderungen seitens des Gesetzgebers. Gleichwohl können Regelungen einzelner Bundesländer voneinander abweichen, weil die Länder immer dabei sind, neue Gesetzgebungen des Staates in ihre Regelwerke einzubauen.

Die Mehrzahl der rechtlichen Fragen lassen sich durch Recherche entsprechender Informationen klären. Dabei muss stets berücksichtigt werden, dass sich die meisten Institutionen nicht mit den entsprechenden Gesetzen und Verordnungen für transidente Menschen auskennen und infolgedessen nicht immer wissen, wie im Einzelfall vorzugehen ist oder welche Durchführungsverordnung anzuwenden ist. Indem sich Eltern über die gesetzlichen Regelungen auf dem Laufenden halten, tragen sie nicht nur dazu bei, dass die Rechte ihrer eigenen Kinder gewahrt werden, sondern auch dass die gesellschaftliche Situation für alle Menschen mit geschlechtsvarianter Identität offener wird.

Ungeachtet einer sich allmählich abzeichnenden positiven Veränderung gesetzgeberischer Regelungen ist es noch immer eine große Herausforderung für die Eltern, sich für die Gleichheit, die Gleichstellung und die Chancengerechtigkeit ihrer und aller transidenten Kinder und Jugendlichen einzusetzen. Die öffentliche Behandlung der Angelegenheiten transidenter Menschen, wie beispielsweise in Gerichtsverhandlungen, stößt allerdings leider immer noch beim konservativen Kern der Gesellschaft auf Unverständnis, Widerstand und Diskriminierung.

Formulare und Dokumente

Die Anlässe, bei denen Eltern die Personenstandsdaten ihrer transidenten Kinder und Jugendlicher in offiziellen Dokumenten ausweisen müssen, sind zahlreich. Darüber hinaus stimmen bei vielen transidenten Menschen Vornamen und Geschlechtszugehörigkeit, wie sie in offiziellen Dokumenten (z. B. Geburtsurkunde, Führerschein) eingetragen sind, nicht mit der tatsächlichen Geschlechtsidentität überein.

Hier sehen sich Eltern von transidenten Kindern und Jugendlichen vielen Fragen ausgesetzt: Welcher Name soll im Aufnahmeformular der Schule eingetragen werden? Was passiert, wenn die Angaben in der Geburtsurkunde von dem tatsächlichen Personenstand des Kindes abweichen? Können transidente Kinder und Jugendliche ihren Namen ändern lassen? Diese und viele andere Fragen werden unter Umständen vom Einzelfall abhängen und spezifische Lösungen erfordern, vielleicht können sie aber auch schon in allgemeiner Form beantwortet werden. Die nachfolgenden Informationen sollen erste Hinweise auf mögliche Problemfelder liefern, die transidente Kinder und Jugendliche betreffen können.

Zur rechtlichen Situation in **Deutschland** bietet sich die Website der Deutschen Gesellschaft für Transidentität und Intersexualität e.V. als eine hilfreiche Quelle an:
http://web.archive.org/web/20051221144557/www.dgti.org/jus.htm
Für Österreich:
http://www.trans-austria.org/
Für die Schweiz:
http://www.transgender-network.ch

Offizieller Name und Personenstand des Kindes

Mit der Eintragung des Namens nach der Geburt steht der offizielle Name eines Kindes fest. Dieser Name erscheint dann in allen offiziellen Ausweisen, Dokumenten der Sozialversicherung und Krankenkassen und ist der Name, der stets bei allen anderen offiziellen Angelegenheiten (Schulanmeldung, Führerschein, Ehe oder nicht-eheliche Partnerschaft etc.) angegeben werden muss. In der Regel können Eltern für ihre transidenten Kinder und Jugendlichen in jedem Alter die Änderung ihrer Vornamen beantragen.

> Die dgti bietet einen sog. Ergänzungsausweis an:
> „In der Phase des Alltagstests stimmen die Personalpapiere und das äußere Erscheinungsbild häufig für einige Zeit nicht überein, was unangenehme Nachfragen zur Folge haben kann, die auf uns belastend und erniedrigend wirken. [...] Der dgti-Ergänzungsausweis enthält alle personenbezogenen Daten des Personalausweises. Zudem ist ein Passfoto in den Ausweis eingeschweißt, so dass keine Diskrepanz zwischen den Papieren und der Person bestehen bliebt. Seine Dreisprachigkeit in Deutsch, Französisch und Englisch ermöglicht die Verwendung auf Reisen ins Ausland. [...] Derzeit ist er die einzige standardsierte Form eines Ausweispapieres, das der besonderen Situation betroffener Menschen Rechnung trägt. Er ist allen Innenministerien der Länder, dem Bundesministerium des Inneren, sowie verschiedenen anderen Behörden, Ministerien sowie verschiedenen Organisationen und Gesellschaften in Deutschland bekannt." (http://www.dgti.info/ergaus1.html)

Nach erfolgter amtlicher Namensänderung können auf Antrag entsprechende Dokumente abgeändert werden. Dies gilt natürlich auch für die Schule. Für diese Möglichkeit entscheiden sich Eltern häufig, wenn ihr Kind noch sehr jung ist. Manche allerdings belassen es dabei, ihr Kind nur mit dem „neuen" Namen anzusprechen, ohne eine amtliche Namensänderung zu beantragen. In der Regel sind Schulen und andere Einrichtungen leider noch nicht überall verpflichtet, den noch nicht amtlich bestätigten neuen Namen anzuerkennen oder einfach zuzulassen. Shannon Price Minter vom National Center for Lesbian Rights (NCLR), Anwalt und Spezialist auf dem Gebiet der Transgender Gesetze (in den USA), sagt hierzu:

> „Wir haben mit vielen Eltern zusammengearbeitet, die mit Erfolg gegen die Schulen ihrer Kinder klagten, um sie zur Verwendung der neuen Namen zu veranlassen, obwohl keine gesetzliche Vornamensänderung beantragt worden war. Da es keine Gesetze gibt, die eine Schule daran hindern könnte, den von transidenten SchülerInnen gewählten Namen zu verwenden, bedarf es in der Regel nur ein wenig Aufklärung, damit die Schule den Sinn und Zweck versteht und auch als pädagogisch sinnvoll anerkennt."

Eltern sollten auch hier alle Möglichkeiten, die ihnen zur Verfügung stehen, nutzen und sich als Anwälte ihrer Kinder begreifen und einsetzen.

Sozialversicherungsdaten

Nach erfolgter gesetzlicher Namensänderung können auch die Einträge bei den Sozialversicherungsträgern beantragt werden. Entsprechende Websites der Versicherungen lassen sich im Internet finden.

Namensänderung bei den deutschen Sozialversicherungsträgern

Deutsche Gesellschaft für Transidentität und Intersexualität e. V.:
http://www.dgti.info/erstehilfe.html
Trans-Eltern:
http://www.trans-eltern.de/?Wichtig.Rechtliches.Medizin-_und_Sozialrecht.%C4nderung_der%0ASozialversicherungsnummer
Für Österreich:
http://www.trans-austria.org/
Für die Schweiz:
http://www.transgender-network.ch

Angaben zum Geschlecht in amtlichen Dokumenten

In den meisten Fällen werden staatliche Stellen und öffentliche Institutionen das Geschlecht aus der Geburtsurkunde entnehmen, wie etwa bei der Bewilligung von Sozialleistungen, beim Ausstellen des Führerscheins, des Personalausweises oder Reisepasses. Wenn die Eintragung des Geschlechts in der Geburtsurkunde von dem des angestrebten Geschlechts des transidenten Kindes abweicht, kann man bei den entsprechenden Stellen eine Vornamensänderung beantragen bzw. einen Ergänzungsausweis ausstellen lassen.

Behördliche Vornamensänderung

Deutsche Behörden und staatliche Stellen werden in der „alten" Akte entsprechende Vermerke anbringen, die eine eindeutige Identifizierung jederzeit ermöglichen.
Deutsche Gesellschaft für Transidentität und Intersexualität e. V.:
http://www.dgti.info/erstehilfe.html
Trans-Eltern:
http://www.trans-eltern.de/?Wichtig.Rechtliches.Name_und_Personenstand.Geschlechtseintrag%0Aim_Geburtenbuch
Für Österreich:
http://www.trans-austria.org/
Für die Schweiz:
http://www.transgender-network.ch

Rechtliche Angelegenheiten in der Schule

Grundsätzlich ist das Schulleben durch Schulordnungen geregelt. Besondere Gesetze zum Schutz von geschlechtsvarianten oder transidenten SchülerInnen gibt es sicher, so z. B. in Kalifornien, denn allen Schulen obliegt die gesetzliche Verantwortung, alle SchülerInnen mit gebotenem Respekt zu behandeln und für eine Umgebung zu sorgen, in der der Bildungsauftrag für alle realisiert werden kann.

> In Deutschland finden das Grundgesetz und andere Gesetze des Bürgerlichen Gesetzbuches sowie das Transsexuellengesetz (TSG) prinzipiell auch im schulischen Bereich Anwendung (http://bundesrecht.juris.de/bundesrecht/tsg/). Ein neues Transgendergesetz (TrGG) liegt seit 31.10.2000 als Entwurf den Vertretern des Deutschen Bundestages und der Regierung vor. In Österreich und in der Schweiz gibt es kein sog. Transsexuellengesetz.

Medizinische Daten sind immer vertraulich. Dies gilt auch für die Schulen. Es ist Schulen daher nicht erlaubt, medizinische Daten von SchülerInnen an Dritte weiterzugeben; die Weitergabe stellt einen mitunter strafrechtlich verfolgbaren Tatbestand dar (in Deutschland: Verstoß gegen das Bundesdatenschutzgesetz). Außerdem verstößt es ebenfalls gegen die Regelungen, z.B. einen Rundbrief an alle Eltern zu versenden, in dem die Schulleitung auf die Transidentität eines ihrer SchülerInnen – aus welchen Gründen auch immer – hinweist.

Wie Shannon Price Minter von der NCLR bestätigt, „stellen die Schulleitungen im ganzen Lande [USA] fest, dass sie transidente SchülerInnen ohne jegliche rechtliche Schwierigkeiten für die Schule und ohne negative Folgen für die geschlechtsvarianten SchülerInnen selbst aufnehmen können." Auch Jenn Burleton von TransActive Education & Advocacy bestätigt, „die überwältigende Mehrheit der Schuladministratoren möchte gerne das Richtige tun." Aber wie sie sagt, liegt es an den Eltern, den Schulleitungen zu signalisieren, dass es gesetzliche Regelungen gibt, die ihre Forderungen – wenn sie denn gestellt werden müssen – begründen. Immerhin suchen Schulen Klagen wegen Nichteinhaltung von Vorschriften und/oder Gesetzen zu vermeiden, egal in welchem Bereich.

Nochmals: Eltern sind die Anwälte ihrer Kinder; Partei für sie zu ergreifen trägt immer zur Verbesserung der Situation ihrer Kinder bei. Eltern, die nicht wissen, was sie tun sollen oder sich darüber im Unklaren sind, welche rechtlichen Schritte sie unternehmen sollen, finden einige ausgewählte Verweise im ersten Drittel und am Ende dieses Kapitels.

Da gerichtliche Verfahren mitunter sehr lange dauern können, ist es für Eltern wichtig, so früh wie möglich bei der Schulleitung vorzusprechen und sie über die Transidentität ihres Kindes aufzuklären. Dabei kann man auch die entsprechenden Rechte – für die man gegebenenfalls auch aktiv eintritt – besprechen. Häufig reicht schon ein bestimmtes Auftreten, um die Schule zu veranlassen, sich mit den einschlägigen Gesetzen vertraut zu machen – wenn bisher noch nicht geschehen. Eltern, die sich alleine noch nicht ein solches Handeln zutrauen, können sich bei Freunden oder aktiven Gemeindemitgliedern oder bei Selbsthilfegruppen Rat und Verstärkung holen.

Manche Eltern werden sogar in Förderschulen eine alternative schulische Versorgung sehen, da ihr Kind dort in einem geschützteren Umfeld aufgehoben ist. Dies sollte auf Basis des Einzelfalles abgewägt werden.

Die nachfolgenden drei Dimensionen gehören für geschlechtsvariante und transidente schulpflichtige Kinder zu den ernstzunehmenden Problemfeldern (→ Kap. 7):

- Namen und Pronomen
- Toilettenbenutzung
- Sportunterricht / Sportverein

Mit geschlechtsspezifischen Aktivitäten, Formularen und Dokumenten richtig umgehen

Nach erfolgter gesetzlicher Namensänderung ist die Durchführung der Namensänderung auf weiteren Dokumenten nicht mehr problematisch. In den Fällen jedoch, wo Eltern nicht mehr im Besitz des Nachweises einer gesetzlichen Namensänderung ihres transidenten Kindes sind, verfügen sie hoffentlich noch über eine fachärztliche Stellungnahme oder ein Gutachten über die Feststellung einer Transidentität oder sie müssen sich erneut um diese bemühen (→ Anhang – Musterbrief 1 und 2).

Diese Dokumente sind insbesondere im Hinblick auf die Teilnahme an sportlichen Aktivitäten in und außerhalb der Schule hilfreich. In der Regel wird ein eingehendes Gespräch mit den verantwortlichen SportlehrerInnen und TrainerInnen dazu führen, Lösungen zu finden, die eine Teilnahme am Sport ermöglichen und Ausgrenzungen vermeiden. In manchen Fällen werden transidente SchülerInnen vom Schwimmunterricht befreit (ohne Auswirkung auf die Schulnoten). Wenn Einzelduschen vorhanden sind, kann auch dieses Problem durch kluge Regelungen nach dem Sport gelöst werden.

Ebenfalls lässt sich auch hier die Toilettenfrage durch Regelungen lösen, wie z.B. durch die Nutzung der Lehrertoilette mittels separatem Schlüssel. Auch können separate geschlechtsneutrale Toiletten neu eingerichtet werden (→ Kap. 7).

Sportvereine

Mit ein bisschen Engagement wird es den meisten Eltern gelingen, ihre transidenten Kinder bereits vor der Pubertät in einem Sportverein ihres angestrebten Geschlechts unterzubringen. Dies kann durch entsprechende Gespräche mit TrainerInnen und / oder Vereinsleitungen arrangiert werden, wobei auch hier sich die Vorlage eines entsprechenden Schreibens einer fachärztlichen Kraft oder eines Therapeuten als hilfreich erweisen kann. Sollte man als Eltern hierbei auf Argwohn oder Ablehnung stoßen, kann man sich an Selbsthilfegruppen oder letztlich an einen Anwalt wenden.

Wenn Kinder jedoch bereits zu pubertieren begonnen haben, wird die ganze Angelegenheit etwas kniffliger, insbesondere wird bei männlichem Körperbau des / der Heranwachsenden, ein physischer Vorteil unterstellt. Das wird sich nicht oder nicht so sehr im schulischen Sportunterricht auswirken, wo jedes Kind bzw. jeder Jugendliche seiner dauerhaft gelebten Geschlechtsidentifikation entsprechend – unter den genannten Voraussetzungen – teilnehmen kann, wohl aber in Sportvereinen.

Das Internationale Olympische Komitee (IOC) hat die Existenz transidenter Athleten an Sportwettkämpen zur Kenntnis genommen und entsprechende Regelungen für ihre Teilnahme an Wettkämpfen in ihrem angestrebten Geschlecht erlassen. Zusätzlich erarbeitet das National Center for Lesbian Rights in Zusammenarbeit mit anderen Organisationen ähnliche Regelungen für den athletischen Wettkampf an Schulen im Sekundarbereich. Aber auch ohne eine schriftliche Richtlinie wird vielen transidenten Jugendlichen gestattet, in ihrem angestrebten Geschlecht an Sportveranstaltungen teilzunehmen. Hieran sollten sich die Sportvereine orientieren.

„Mein Ringkampf-Trainer hat mich in das Team aufgenommen. Er weiß, dass ich Trans bin, aber es macht ihm nichts aus. Er behält es für sich." (14-jähriger Transjunge)

„Mein Sohn benötigte eine Geburtsurkunde, um sich für die Tee-Ball Mannschaft einzutragen. Natürlich weisen die Papiere ihn als weiblich aus, also wurde er als Mädchen einem geschlechtlich gemischten Team zugeordnet. Ich sagte dem Trainer, dass mein Kind eigentlich ein kleiner Junge sei – körperlich sei er zwar ein Mädchen, aber er leide unter einer Geschlechtsidentitätsstörung bzw. sei transident. Der Trainer war klasse. Er stellte keine weiteren Fragen; mein Junge wurde einfach einer der kleinen Jungen, die Tee-Ball spielen. Als wir ihn aber bei den Wölflingen [jüngste Pfadfindergruppe] anmelden wollten, haben sie uns gesagt, dass er nicht aufgenommen werden könne, solange die Geburtsurkunde den Eintrag ‚weiblich' ausweisen würde. Also wird er stattdessen Schwimmen gehen oder an Martial Arts [Kampfsport] teilnehmen." (Elternteil eines 7-jährigen Transjungen)

„Wir haben ein transidentes Mädchen in unserer Cheerleader-Truppe. Sie ist klasse! Wir haben (ihretwegen) unsere Oberteile neu gestaltet, damit sie nicht so ‚betont' weiblich wirken und es deshalb auch nicht so offensichtlich wurde, dass sie keine Brüste hatte. Ich dachte zunächst, das sei merkwürdig. Aber was soll's, ich arbeite an einer High School, diese Dinge halten mich jung.“ (High School Trainer)

Sorgerechtsstreitigkeiten und Scheidungsfolgen

Es ist wichtig, sich darüber klar zu werden, dass der Weg ans Gericht, um Familienstreitigkeiten zu lösen, nicht immer der effektivste ist. Dies gilt auch für Familien mit geschlechtsvarianten oder transidenten Kindern. Die Familien müssen also versuchen, stets im Kontext zu denken und zu handeln: Wenn transidente Kinder in getrennten Haushalten aufwachsen und Eltern die Geschlechtsidentifikation ihres Kindes nicht in gleicher Weise akzeptieren und sich nicht darüber einig werden, was für das Kind das Beste ist, sollte der erste Schritt darin bestehen, einen Therapeuten und / oder einen Mediator aufzusuchen. Die Eltern sollten sich zumindest darüber einig werden, wie sie mit ihrem gemeinsamen Kind auch gemeinsam vorzugehen gedenken. Möglicherweise müssen sie sogar einen Kompromiss eingehen, insbesondere dann, wenn das Kind noch klein ist. Dieses Ergebnis kann, wenn es auch nicht ideal ist, im Verhältnis zum Gang vors Gericht, doch die bessere Lösung sein.

Familienparteien, die sich bereits in einem gerichtlichen Verfahren wegen der Sorgerechtsklärung oder ihrer Scheidung befinden, sollten unverzüglich nach fachanwaltlicher Hilfe suchen, die in Angelegenheiten geschlechtsvarianter oder transidenter Kinder bewandert ist. Elternteile, die sich darüber sorgen, dass ihr Ex-Partner ihre Erziehungsweisen vor dem Hintergrund der Geschlechtsidentifikation des Kindes in Frage stellen wird, sollten proaktiv vorgehen und jeden Schritt absichern.

Es empfiehlt sich in dieser Situation auch, Ärzte und Therapeuten aufzusuchen, die im Falle eines Falles vor Gericht in Bezug auf die demonstrierte Geschlechtsidentifikation des Kindes bzw. generell zur Transidentität fachlich Auskunft erteilen können. Diese Experten sollten in der Lage sein, sich mit beiden Elternteilen auseinanderzusetzen und auf ein gemeinsames Verständnis hinsichtlich der weiteren Erziehung des Kindes hinzuarbeiten.

Wenn Eltern bereits im gerichtlichen Verfahren sind, sollten beide einvernehmlich sicherstellen, dass der Anwalt oder die Anwältin sich mit Angelegenheiten der Geschlechtsvarianz und der Transidentität auskennt.

Grundsätzlich haben Eltern ein durch die Verfassung geschütztes Recht, ihre Kinder so zu erziehen, wie sie das für richtig halten, mit Ausnahme von sexuellem Missbrauch und physischer Gewaltanwendung. Wenn sich nun zwei Elternteile derart zerstritten haben, dass dies eine

Bedrohung für das Kind darstellt, dann muss ein Richter entscheiden. Die am häufigsten angewendete Formel lautet: „zum Wohle des Kindes". Was das im Einzelfall bedeutet, kann von Richter zu Richter und von Bundesland zu Bundesland, geschweige denn im internationalen Vergleich, unterschiedlich sein.

Wir sind uns natürlich bewusst, dass das nur der Auftakt für weiterfolgende juristische Auseinandersetzungen sein mag, die man als Eltern für sein Kind eingehen und durchstehen muss. Dennoch tragen wir uns mit der Hoffnung, dass die rasche Veränderung von Einstellungen und Gesetzen dazu beitragen wird, dass die Angelegenheiten transidenter Kinder und Jugendlicher und ihrer Familien leichter zu bewältigen sein werden.

Wir hoffen, wir konnten einen Beitrag hierzu leisten, Maßnahmen aufzeigen und Anregungen weitergeben, wie am besten in der eigenen Gemeinde vorzugehen ist.

Wir können es zum Schluss nicht lassen, noch einmal darauf hinzuweisen, dass Eltern die ersten Anwälte ihrer Kinder sind. Sie sind es, die für die Rechte ihrer Kinder eintreten. Eltern sind in dieser Sache nicht allein; tausende anderer Eltern sind auch auf dem gleichen Weg und handeln in ähnlicher Weise. Und es gibt (mittlerweile) eine Fülle an unterstützenden Organisationen und Selbsthilfegruppen im Internet, die Rat geben und weiterhelfen.

In diesem Sinne wünschen wir allen Eltern, die bestmögliche Unterstützung bei den vielen Mühen, denen sie sich unterziehen müssen; aber auch die Freude bei jedem Fortschritt, den sie erzielen können.

Organisationen in den USA

Transgender Law Center: http://www.Transgenderlawcenter.org/
National Center for Transgender Equality: http://www.transequality.org/
Transgender Law and Policy Institute: http://www.transgenderlaw.org/links.htm

Informationsquellen für Deutschland

Bundesministerium der Justiz: http://bundesrecht.juris.de/tsg/index.html
Trans-Eltern: http://www.trans-eltern.de/?Wichtig.Rechtliches.
Deutsche Gesellschaft für Transidentität und Intersexualität e. V.: http://www.dgti.info/erstehilfe.html
Gender Kompetenz Zentrum: http://www.genderkompetenz.info/genderkompetenz-2003-2010/gender/genderkompetenz.html
Transsexuellengesetz: http://de.wikipedia.org/wiki/Transsexuellengesetz

Informationsquellen für Österreich

http://transgender.at/index.html
http://www.transx.at
http://www.trans-austria.org

Informationsquellen für die Schweiz
http://transidentitaet.ch
http://www.transgender-network.ch
http://www.ags-initiative.ch

Schlussfolgerungen

Geschlechtsvariante und transidente Kinder heute zu erziehen, ist eine aufregende Aufgabe, denn zum ersten Mal möchten viele Menschen diese Kinder verstehen und mehr über sie erfahren. Alleine dieses Buch zu lesen bedeutet, dass Sie künftig besser verstehen wollen, was Sie als Eltern, ErzieherIn oder BetreuerIn tun können, um der Person in Ihrem Leben zu helfen, die Sie inspiriert hat, sich mit diesem Thema auseinanderzusetzen. Herzlichen Glückwunsch! Sie tragen dazu bei, die Welt zu verändern.

Durch die enge Berührung mit einem signifikant geschlechtsvarianten oder transidenten Kind oder Teenager, wird einem sehr schnell klar, dass es in erster Linie die eigenen Überzeugungen sind, die verändert werden müssen und nicht dieses Kind.

Diese Kinder sind es, die die Bewegung ins Leben gerufen haben. Und es sind ihre liebevolle Eltern, die den sozialen Wandel anführen. Die beharrliche Behauptung seiner eigenen Identität, die dem Mainstream der bipolaren Geschlechtsidentifikation zuwider läuft, verlangt von einem Kind außerordentlich viel Mut und Tapferkeit. Und genau das demonstrieren diese geschlechtsvarianten oder transidenten – oftmals hoch intelligenten, künstlerisch veranlagten und sensiblen – Kinder. Sie lassen sich in ihrem unermüdlichen Ringen um ihre Geschlechtsidentifikation von ihrer inneren Integrität führen und offenbaren der Welt gegenüber wieder und wieder, wer sie sind. Alles, was sie wollen, ist sie selbst sein zu können.

Wir hoffen sehr, dass Sie inzwischen realisiert haben, dass Sie als Elternteil über eine außerordentliche Befähigung verfügen, das Leben dieser Kinder jeden Tag aufs Neue positiv zu beeinflussen.

In ähnlicher Weise teilen auch Erzieher, Ärzte, Therapeuten und alle anderen, die mit der Betreuung von Kindern beauftragt sind, die gemeinsame Verantwortung, der nächsten Generation dieser Kinder – die im Hinblick auf die Geschlechtervielfalt ein erweitertes Bewusstsein und eine größere Sensibilität aufweisen wird – mit Verständnis und Respekt zu begegnen.

Eltern können den geschlechtsvarianten und transidenten Kindern genau den Raum verschaffen, den diese benötigen, um sie selbst zu sein. Mit Liebe, Unterstützung, Leidenschaft und Aufmunterung können sie ihren Kindern beibringen, dass sie ein Recht auf Leben haben und ihnen zeigen, dass sie bereit sind, sich für ihre Kinder einzusetzen, und sie können demonstrieren, dass sie sich aktiv gegen Diskriminierung wehren.

Unterschätzen Sie niemals die Kraft der Liebe. Lassen Sie sich durch die Energie der Liebe zum Handeln inspirieren. Es geht nicht darum, riesige Schritte zu tun. Indem Sie auf Ihr Kind stolz sind und es ohne Scham und Verlegenheit annehmen, wie es ist, verändern Sie schon die Welt. In dem Maße, wie Sie den mutigen Lebensgeist Ihres Kindes fördern und fordern, fordern und fördern Sie die Vielfalt in der Welt.

Natürlich gibt es auch hier eine Lernkurve: kein Wachstum ohne Schmerzen. Aber nur so gelangt man zu erweiterten Perspektiven und einer tieferen Befriedigung im Leben. Wir alle wollen Geist und Herz flexibel halten, während wir älter werden und weiter wachsen. Als Erwachsene müssen wir deshalb all das verlernen, von dem wir bislang geglaubt haben, es sei unumstößlich wahr, um uns für eine neue und umfassendere Wahrheit zu öffnen. Und was könnte eingefahrene und verkrustete Grundsätze, von denen man einst so überzeugt war, mehr aus den Angeln heben als ein geschlechtsvariantes oder transidentes Kind?

Nachdem Sie dieses Buch gelesen haben, wird es bestimmt Dinge geben, die Sie nicht wissen, werden Sie immer noch Ängste haben, die Sie nicht beruhigen können und sich Aufgaben gegenüber sehen, denen Sie sich noch nicht gestellt haben. Mit der entsprechenden Aufklärung, dem geeigneten Rüstzeug und einer unterstützenden Gemeinschaft, werden Sie diese Aufgabe meistern.

Wir fordern Sie auf, an der Herbeiführung der Geschlechtergleichheit, der Geschlechtervielfalt und den Rechten Ihres Kindes weiterzuarbeiten. Setzen Sie sich mit anderen Eltern zusammen und kämpfen Sie für die gesetzlichen, sozialen und bildungspolitischen Rechte dieser Kinder. Unterstützen Sie diese Kinder in ihrem Wachstum und erfreuen Sie sich an ihrem Wohlergehen.

Wir hoffen dieses Buch war Ihnen eine Hilfe, denn wir hatten Sie und Ihre Familie vor Augen, als wir es geschrieben haben. Wir haben es auch veröffentlicht, damit Fachkräfte über die Bedürfnisse von geschlechtsvarianten und transidenten Kindern und ihren Familien mehr Informationen erhalten und ihnen gegenüber größere Empathie entwickeln können.

Lassen Sie uns wissen, was für Sie am hilfreichsten war und was Sie in einer zukünftigen Ausgabe gerne noch berücksichtigt sehen würden. Sie können mit uns unter www.genderspectrum.org Kontakt aufnehmen.

Dieses Buch ist allen geschlechtsvarianten und transidenten Kindern und Teenagern der Gegenwart gewidmet, die uns bestätigen, dass wir der Situation gewachsen sind. Es ist natürlich auch all jenen gewidmet, die diese Kinder lieben und unterstützen.

Wir verneigen uns und ziehen vor ihnen den Hut.

Nicht vergessen, wir können diese Welt wirklich verändern – und wir werden das auch!

Stephanie Brill und Rachel Pepper

Nachwort der Übersetzer zur 2. Auflage

Eine Übersetzung geschieht nie 1:1 als Transfer von Fakten. Sie lebt von der Erfassung der Bedeutsamkeit der kulturellen Inhalte, die in der jeweiligen Sprache zum Ausdruck gebracht werden.

In diesem Sinne haben wir den Text von Stephanie Brill und Rachel Pepper, der in der US-amerikanischen Gesellschaft und (Wissenschafts-)Kultur seine Wurzeln hat, übersetzt bzw. auf deutsche Verhältnisse übertragen. Dementsprechend haben wir den zentralen Begriff der Autorinnen, nämlich „Transgender", der sich am positiven Verhalten der Akteure orientiert, im Deutschen als „Transidentität" wiedergegeben. Damit folgen wir der aktuellen Diskussion in Deutschland, in der die Perspektive der Betroffenen in den Blick genommen wird. Die deutsche Ausgabe ergänzt die US-amerikanische Perspektive und schließt selbstverständlich das Verhalten – oder wie wir besser sagen: das Handeln aller Betroffenen mit ein.

In der zweiten Auflage haben wir nichts an unserem Text verändern müssen. Wir haben aber die Überschriften einiger Kapitel und Unterkapitel lesefreundlicher formuliert und stärker an den Perspektiven der Eltern orientiert.

Das Glossar haben wir speziell für die deutschsprachigen Leserinnen und Leser entwickelt. Die Kapitel über „Modellbildende Personen für unser Kind", „Beispiele für medizinische Gutachten", „Internetadressen", „Film und Funk" sowie „Literatur" wurden von uns an deutschsprachigen Beispielen ausgerichtet.

Dezember 2015 — Friedrich W. Kron und Raimund Fender

Anhang

Modellbildende Personen für unser Kind

Ungeachtet der Tatsache, dass sehr viele transidente Menschen in der Vergangenheit sehr zurückgezogen gelebt haben, wissen wir, dass es sie schon immer gegeben hat.

Wenn man nun nach Rollenvorbildern für seine Kinder sucht, sind nachfolgend einige Menschen unserer Zeit exemplarisch aufgeführt.

Charlotte von Mahlsdorf (gebürtig Lothar Berfelde; * 18. März 1928 in Berlin-Mahlsdorf; † 30. April 2002 in Berlin) begründete das Gründerzeitmuseum im Gutshaus Mahlsdorf.

Balian Buschbaum (* 14. Juli 1980 in Ulm) war unter dem Namen Yvonne Buschbaum als erfolgreiche deutsche Leichtathletin im Stabhochsprung aktiv und beendete im November 2007 die Sportlerlaufbahn.

Andreas Krieger (* 20. Juli 1965 in Berlin als Heidi Krieger) ist eine ehemalige deutsche Kugelstoßerin.

Kim Petras (* 27. August 1992 in Köln geboren als Tim Petras) ist eine deutsche Sängerin, die auf Grund ihrer früh entdeckten Transsexualität zu weltweiter Bekanntheit kam.
http://de.wikipedia.org/wiki/Kim_Petras

Caroline „Tula“ Cossey (* 31. August 1954 in Brooke, Norfolk, England) ist ein britisches transsexuelles Model, das auch als Schauspielerin und Tänzerin arbeitete.

Beispiele für medizinische Gutachten

Die nachfolgenden zwei Musterbeispiele sind Briefe, die Ärzte ausstellen können, um die Eltern transidenter Kinder in ihren Anstrengungen um die Anerkennung ihrer Kinder in der Öffentlichkeit zu unterstützen. Ärzte können das Muster entsprechend anpassen, um die spezifischen Umstände des Einzelfalles zu berücksichtigen.

Wir empfehlen Eltern, dass ihre transidenten Kinder den ersten Brief als wichtiges Dokument stets bei sich tragen.

Der zweite Brief kann dazu dienen, die geschlechtsspezifische Teilnahme des transidenten Kindes an sportlichen Veranstaltungen zu erreichen.

Wir danken Dr. Nick Gorton für die freundliche Genehmigung, diese Briefe als Muster verwenden zu dürfen.

Brief 1

Ich bin Dr. Manfred Mustermann und Arzt für Allgemeinmedizin und Chirurgie in XY-Stadt.

Ich habe persönlich die Untersuchung von Tom D. durchgeführt. Tom ist ein transidenter Junge. Er wurde mit der Störung der Geschlechtsidentität in der Kindheit (302.6) diagnostiziert.

Ein Teil der Behandlung von DSM-IV-TR 302.6 in der Kindheit, wie im Falle von Tom, beinhaltet die Erlaubnis, in der Geschlechtsrolle zu leben, die der (psychologischen) Geschlechtsidentität entspricht. In Toms Fall ist das die männliche Geschlechtsidentität.

Im Laufe der Zeit kann es notwendig sein, dass sich Kinder mit der Diagnose DSM-IV-TR 302.6, die in die Adoleszenz kommen, einer Hormonbehandlung bzw. einem chirurgischen Eingriff unterziehen.

Bei präadoleszenten Patienten sind die Maßnahmen jedoch auf soziale und psychologische Behandlungen beschränkt. Es ist daher unbedingte Voraussetzung für die körperliche, geistige und seelische Gesundheit dieser Kinder, dass ihnen gestattet wird, ihr Leben vollkommen in der entsprechenden Geschlechtsrolle zu verwirklichen.

In Bezug auf Tom bedeutet dies, dass ihm die Teilnahme an allen Aktivitäten gestattet ist, die jedem anderen Jungen in seinem Alter auch zugebilligt werden kann.

Sollte Tom, aus welchem Grund auch immer, mit anderen Kindern nach Geschlechtern getrennt werden, ist es unabdingbar, dass Tom gestattet wird, bei den Jungs seines Alters mitzumachen. Tom bei der Geschlechtertrennung den Mädchen zuzuordnen, kann irreparable psychologische Schäden verursachen.

Ferner soll Tom gestattet sein, bei jeder nach Geschlechtern getrennten Einrichtung (Toilette, Umkleideraum) diejenige, die für Jungen vorgesehen ist, zu nutzen.

Ebenfalls ist unabdingbar, dass Toms medizinische Anamnese vertraulich behandelt wird. Seine transidente Identität offenzulegen, kann nicht nur potentiell psychologische Schäden verursachen, sondern würde auch gegen die Geheimhaltung seiner privaten medizinischen Krankengeschichte verstoßen.

Vielen Dank im Voraus für Ihre Hilfe, die Sie Tom zugute kommenlassen, um ihm eine unterstützende und fördernde Umgebung zu ermöglichen.

Sollten Sie weitere Fragen haben, stehe ich sehr gerne jederzeit für Sie zur Verfügung. Sie erreichen mich in meinem Büro unter 123456789 oder in Notfällen auf meinem Mobiltelefon unter der Rufnummer 123456789.

Mit freundlichen Grüßen

Dr. M. Mustermann

Brief 2

Ich bin Dr. Manfred Mustermann und Arzt für Allgemeinmedizin und Chirurgie in XY-Stadt.

Ich habe persönlich die Untersuchung von Tom D. durchgeführt. Tom ist ein transidenter Junge. Es wurde eine Störung der Geschlechtsidentität bereits in der Kindheit (302.6) diagnostiziert.

Als Teil seiner Behandlung lebt Tom schon seit mehreren Jahren vollkommen in der männlichen Geschlechtsrolle. Tom möchte jetzt gerne am Jugendsport teilnehmen. Aus medizinischen Gründen, ist es angemessen, dass er als männlicher Sportler teilnimmt.

Die Frage nach der Teilnahme von transidenten Menschen an Sportveranstaltungen ist bereits auf unterschiedlichen Ebenen und an verschiedenen Stellen im Sport beantwortet worden, einschließlich der Stellungnahme des Internationalen Olympischen Komitees (IOC), die transidenten erwachsenen Sportlern entsprechend ihrer Geschlechtsidentität die Erlaubnis zur Teilnahme erteilt hat. Dem IOC ist ebenfalls bewusst, dass transidente Sportler einen entsprechenden Hormonspiegel aufweisen werden, der dem Geschlecht in angemessener Weise entsprechen wird, für das sie antreten. D.h. bei einem erwachsenen transidenten männlichen Sportler (vormals Frau) ist zu erwarten, dass er zusätzliches Testosteron (Sexualhormon) verabreicht bekommt, damit sein Testosteronspiegel dem eines durchschnittlichen männlichen Sportlers entspricht. Dies geschieht, weil es Unterschiede in der sportlichen Leistung von Männern und Frauen gibt, die durch die Wirkung von Hormonen auf das muskuloskeletale System bedingt sind.

Bei präadoleszenten Kindern, wie im Fall von Tom, ist der Hormonspiegel zwischen den Geschlechtern noch nicht signifikant unterschiedlich, sodass ein etwaiger hormonell bedingter Vorteil oder Nachteil unerheblich wäre. Während die Geschlechtertrennung im Sport auch bei präadoleszenten Kindern praktiziert wird, hat das rein soziokulturelle Gründe und basiert nicht auf signifikanten physiologischen Unterschieden.

Die Teilnahme Toms am Jugendsport, setzt ihn weder einem größeren oder kleineren Verletzungsrisiko aus, noch wird er einen Vor- oder Nachteil im Vergleich zu anderen nicht transidenten Jungen in seinem Alter haben.

Wenn allerdings Tom die Möglichkeit der Teilnahme an alters- und geschlechtsadäquaten Aktivitäten mit anderen Jungs in seinem Alter vorenthalten werden, kann das potenziell signifikante psychologische Schäden nach sich ziehen.

Vollkommen in der neuen Geschlechtsrolle zu leben ist ein wichtiger Teil der Behandlung für transidente Patienten, also auch für Tom. Seine Teilnahme auszuschließen kann, wie gesagt, ein psychologisches Trauma verursachen, das zu bewältigen, aus meiner Sicht für ein Kind erheblich schädlicher ist als für einen Erwachsenen.

Aus diesen Gründen empfehle ich mit Nachdruck, die Teilnahme Toms beim Fußball der Jungs zu gestatten.

Ferner ist unabdingbar, dass Toms medizinische Anamnese vertraulich behandelt wird. Seine transidente Identität offenzulegen kann nicht nur potentiell psychologische Schäden verursachen, sondern würde auch gegen die Geheimhaltung seiner privaten medizinischen Krankengeschichte verstoßen.

Sollten Sie weitere Fragen haben, stehe ich sehr gerne jederzeit für Sie zur Verfügung. Sie erreichen mich in meinem Büro unter 123456789 oder in Notfällen auf meinem Mobiltelefon unter der Rufnummer 123456789.

Mit freundlichen Grüßen

Dr. M. Mustermann

Weitere Musterbriefe

Deutsche Gesellschaft für Transidentät und Intersexualität e.V.:
http://www.dgti.info/musterbriefe.html

Glossar

Alltagstest (RLT real life test): Bei transsexuellen Menschen wird erwartet, dass sie in einem mehr oder weniger unbestimmten Zeitraum im gewünschten Geschlecht ihre Erfahrungen im Alltag machen; d.h. dass sie im Wunschgeschlecht Tag ein Tag aus leben.

Bio-Frau / Bio-Mann / Bio-Mädl / Genetic Girl (GG) / CIS Mann / CIS Frau: Deutsche bzw. Englische Ausdrücke für eine mit ihrem Geburtsgeschlecht identische Person, bzw. umgekehrt für Nicht-Transgenderpersonen.

Contragenetisch: Personen, die sich entgegen dem gegebenen genetischen Geschlecht dem anderen Geschlecht zugehörig empfinden.

Cross Dresser bzw. Cross-Dressing: Das Tragen der spezifischen Kleidung des anderen Geschlechts, unabhängig vom jeweiligen Beweggrund.

Drag-King (DRAG = dressed as a guy): Frauen, die sich aus reiner Performance dazu entschließen – oftmals sehr übertrieben – als Mann aufzutreten und sich auch entsprechende Männernamen geben. Die Erfahrung zeigt, dass sich hier einige Frau-zu-Mann (FzM) Transsexuelle in der Anfangsphase ausprobieren.

Drag-Queen (DRAG = dressed as a girl): Meist homosexuelle Männer, die sich bei Gelegenheit in parodistischer Manier als oftmals extrem überzeichnete Frau verkleiden.

Fetischisten: Menschen, die rein zur sexuellen Stimulierung die Kleidung des anderen Geschlechts tragen.

GA-OP, engl. Surgery: Die medizinischen Termini für Genital-Angleichende Operation (Operation von Transsexuellen), Genital-Anpassende Operation (Operation von Intersexuellen). Die beiden Begriffe werden gerne verwechselt.

„gender dysphoria": Darunter werden verschiedene klinische Erscheinungsbilder zusammengefasst, die eine Problematik der geschlechtlichen Identität signalisieren. Diese sind vielgestaltig und von verschiedener Intensität und reichen von einem milden Unbehagen an Geschlechtsrollen-Stereotypien bis hin zu transsexuellen Verläufen, in denen ein „Geschlechtswandel" im Sinne einer körperlichen Umgestaltung angestrebt wird. Außerdem sind sie oftmals als zusätzliche Krankheitserscheinungen innerhalb des Spektrums psychischer Erkrankungen zu verstehen. Allerdings sind die pathologisierende Bezeichnung und der ärztlich-therapeutische Umgang nur ein Zugang neben anderen zu einem Phänomen, das auch auf der gesellschaftlichen Ebene vielgestaltig ist und dem viele Bedeutungen zukommen.

Geschlechtsvariantes Verhalten: von der Geschlechtsrolle abweichendes Verhalten.

Geschlechtswechsler (nur in Deutschland gebräuchlich als die sog. „kleine Lösung"): Menschen, die eine andere Geschlechtsidentität leben, aber aus den verschiedensten Gründen wenig oder keine Absicht haben, juristisch den Personenstand zu ändern.

Hermaphroditismus / Schein Hermaphroditismus: Menschen die bei der Geburt Geschlechtsmerkmale beider Geschlechter zeigen oder vereinen oder Geschlechtsmerkmale abweichend vom genetischen Geschlecht besitzen.

HRT (hormon replacement therapie): Hormon Ersatz Therapie. Die eigenen Geschlechtshormone werden geblockt, gegengeschlechtliche Hormone werden verabreicht. Dies führt zu einer Verweiblichung bzw. Vermännlichung körperlicher Merkmale.

Intersexuelle: Menschen die aufgrund von genetischen Besonderheiten geschlechtlicher und / oder körperlicher Art schwer einem der beiden Geschlechter zuzuordnen sind.

Neofrau / Neomann: Menschen die sich dem Wunschgeschlecht als vollständig zugehörig empfinden.

Präoperative Transsexuelle: Personen, die andauernd oder zeitweise im biologisch konträren Geschlecht leben und die auch so empfinden, sich aber noch nicht der geschlechtsanpassenden Operation unterzogen haben.

Postoperative Transsexuelle: Diese Personengruppe hat sich der geschlechtsanpassenden Operation unterzogen und lebt seit diesem Zeitpunkt mit allen Konsequenzen im richtigen Identitätsgeschlecht.

Shemale / Hegirl: bezeichnet eine Person mit Brüsten und männlichen Genitalien. Der Begriff wird oftmals in Zusammenhang mit diversen Männerfantasien verwendet.

Transgender: Aktueller Überbegriff für alle Personen, die Geschlechtergrenzen überschreiten, die in einer Gesellschaft vorgegeben sind. Viele Personen, die sich nicht in eine der nachstehenden Kategorien einordnen wollen / können, bezeichnen sich selbst auch gerne als Transgender.

Transidentität: Deutschsprachiges Wort für English „transsexual", das fälschlicherweise mit Transsexuell übersetzt wurde. In der Transidentität geht es inhaltlich gesehen um die Ich-Identität einer Person, die die Geschlechtsidentität einschließt und nicht um Sexualität. „Transidentität" ist ein in den 1980er Jahren in Deutschland eingeführter Alternativbegriff. Seit den 1990ern setzt sich auch der allerdings wesentlich weiter gefasste Begriff Transgender zunehmend durch. Transgender wird zum einen als Oberbegriff für Menschen verwendet, die sich mit dem bei der Geburt zugewiesenen Geschlecht nicht arrangieren können, und zum anderen dient der Begriff als Bezeichnung für Menschen, die sich zwischen den Geschlechtern empfinden, sich also nicht 100 % als „Mann" oder als „Frau" definieren können. Im deutschen Sprachraum allgemein verbreitet sind diese Begriffsalternativen seit Mitte der 1990er.

Transvestiten/Crossdresser: Menschen, die aus verschiedenen Beweggründen die Kleidung des anderen Geschlechts tragen, jedoch nicht (unbedingt) an ein Leben im anderen Geschlecht denken. Transvestie kann in manchen Fällen Vorstufe der Transsexualität/Transidentität sein, d. h. die Person erkennt erst später, ob sie transsexuell ist. Transvestiten meiden häufig die Öffentlichkeit und unterdrücken dabei einen wesentlichen Teil ihrer Persönlichkeit.

Travestie: Eine Kunstform, bei der das andere Geschlecht, meist in parodierender Form dargestellt wird.

Transfrau/MzF/TS-Frau/TF: Ein biologisch männlich zur Welt gekommener Mensch, der sich im falschen Körper geboren fühlt und sich selbst als weiblich einstuft und fühlt. Es treten somit Differenzen zwischen den äußeren Geschlechtsmerkmalen und der Geschlechts- und Ich-Identität auf.

Transmann/FzM/TS-Mann/TM: Ein biologisch weiblich zur Welt gekommener Mensch, der sich im falschen Körper geboren fühlt und sich selbst als männlich einstuft und fühlt. Es treten somit Differenzen zwischen den äußeren Geschlechtsmerkmalen und der Seelenidentität auf.

Transsexualität oder Transsexualismus: ist laut ICD-10, der „Internationalen Klassifizierung von Krankheiten" der Weltgesundheitsorganisation (WHO), eine Form der Geschlechtsidentitätsstörung (vergleiche auch Transgender als nicht-klinischen Begriff). Sie liegt vor, wenn ein Mensch körperlich eindeutig dem männlichen oder weiblichen Geschlecht angehört, sich jedoch als Angehöriger des anderen Geschlechts empfindet und danach strebt, sich auch körperlich diesem Geschlecht so gut wie möglich anzunähern.

Literatur

o. A. (2002): Intersexualität. In: Kroll, R. (Hrsg.): Metzler Lexikon Gender Studies – Geschlechterforschung. Ansätze – Personen – Grundbegriffe. Metzler, Stuttgart, 189–190

– (2002): Androzentrik / Androzentrismus. In: Kroll, R. (Hrsg.): Metzler Lexikon Gender Studies – Geschlechterforschung. Ansätze – Personen – Grundbegriffe. Metzler, Stuttgart 10–11

– (1992): Die soziale Konstruktion der Zweigeschlechtlichkeit und ihre Reifizierung in der Frauenforschung. In: Knapp, G. A., Wetterer, A. (Hrsg.): TraditionenBrüche. Entwicklungen feministischer Theorie, Freiburg i. Br. 1992, 201–254.

Baer, S., Kletzing, U. (2004): Strategien der Gleichstellungspolitik – Zur Debatte um Gender Mainstreaming. Zeitschrift für Frauenforschung & Geschlechterstudien, 4, 3–18

Brückner, M. (2004): „Re"- und „De-Gendering" von Sozialpolitik, sozialen Berufen und sozialen Problemen. Zeitschrift für Frauenforschung & Geschlechterstudien, 2 / 3, 25–39

Butler, J. (1997): Das Ende der Geschlechterdifferenz? In: Huber, J., Heller, M. (Hrsg.): Konturen des Unentschiedenen: Interventionen / Museum für Gestaltung Zürich, Basel; Frankfurt / M.

Butler, J. (1995): Körper von Gewicht. Die diskursiven Grenzen von Geschlecht, Berlin

Degele, N. (2004): Differenzierung und Ungleichheit: Eine geschlechtertheoretische Perspektive. In: Schwinn, Th. (Hrsg.): Differenzierung und Ungleichheit. Die zwei Soziologien und ihre Verknüpfung. Frankfurt / M. 371–398

Dericks-Tan, J., Martin, G. (2000): Onans Kinder: Merk-Würdiges zu Sexualität und Fortpflanzung aus Geschichte und Medizin. Abadi, Alzenau

Eugenides, J. (2002): Middlesex. Picador, New York

Foerster, K., Dreßing, H. (Hrsg.) (2008): Psychiatrische Begutachtung: Ein praktisches Handbuch für Ärzte und Juristen, 5. Aufl. Urban & Fischer in Elsevier, München

Foucault, M. (1977): Der Wille zum Wissen; Sexualität und Wahrheit, Frankfurt / M.

Fröhling, U. (2003): Leben zwischen den Geschlechtern: INTERSEXUALITÄT – Erfahrungen in einem Tabubereich. Links, Berlin

Gildemeister, R., Wetterer, A.: Wie Geschlechter gemacht werden. Die soziale Konstruktion der Zweigeschlechtlichkeit und ihre Reifizierung in der Frauenforschung. In: Knapp, G. A., Wetterer, A. (Hrsg.): TraditionenBrüche. Entwicklungen feministischer Theorie, Frankfurt, 201–254

Gildemeister, R. (2004): Geschlechterdifferenz – Geschlechterdifferenzierung: Beispiel und Folgen eines Blickwechsels in der empirischen Geschlechterforschung. In: Buchen, S., Helfferich, C., Maier, M. S. (Hrsg.): Gender methodologisch, Wiesbaden, 27–45

Kasten, H. (2003): Weiblich – Männlich. Geschlechterrollen durchschauen. 2. Aufl. Ernst Reinhardt, München / Basel

Knapp, G. A (2001): Grundlagenkritik und stille Post. Zur Debatte um einen Bedeutungsverlust der Kategorie „Geschlecht". In: Heintz, B. (Hrsg.): Kölner

Zeitschrift für Soziologie und Sozialpsychologie, Sonderheft 41: Geschlechtersoziologie, Wiesbaden, 54–74

Lang, C. (2006): Intersexualität – Menschen zwischen den Geschlechtern, Campus, Frankfurt/M

Lorber, J. (2004): Man muss bei Gender ansetzen, um Gender zu demontieren: Feministische Theorie und Degendering. Zeitschrift für Frauenforschung & Geschlechterstudien, 2/3, 9–24

Murken, J., Cleve, H. (1984): Humangenetik, Stuttgart

Neue Gesellschaft für Bildende Kunst (2005) (Hrsg.): 1-0-1[one ´o one] intersex – Das Zwei-Geschlechter-System als Menschenrechtverletzung, Berlin

Pschyrembel, W. (2004): Klinisches Wörterbuch, 260. Aufl., de Gruyter, Berlin

Reuter, P. (2004): Springer Lexikon Medizin, Springer, Berlin

Schanzler, N. (2001): Wörterbuch der Medizin, München

Schwartz, H. (2000): Déjà vu, Berlin

Scott, J.W. (2001): Die Zukunft von gender. Fantasien zur Jahrtausendwende. In: Honegger, C., Arni, C. (Hrsg.): Gender – die Tücken einer Kategorie: Joan W. Scott, Geschichte und Politik: Beiträge zum Symposion anlässlich der Verleihung des Hans-Sigrist-Preises 1999 der Universität Bern an Joan W. Scott, Zürich, 39–63

West, C. , Zimmermann, D.H. (1987): Doing Gender. In: Gender and Society 1 (2), 125–151

Wetterer, A. (2003): Das Verschwinden der Ungleichheit aus dem zeitgenössischen Differenzwissen. In: Knapp, G.A., Wetterer, A. (Hrsg.): Achsen der Differenz. Gesellschaftstheorie und feministische Kritik II. Münster, 286–319

Wolf, C. (1981): Bisexualität. Frankfurt/M.

www.transsexuell.de/buecher.shtml, 20.02.2011

www.genderkompetenz.info/genderkompetenz/gender/gendermainstreaming/Strategie/Gleichstellungspolitik/EU/literatur/index.html /?searchterm =glossar, 20.02.2011: Sammlung von Literatur und weiteren Quellen

Internetadressen

Stand 31.10.2015

Deutschland

https://www.ags-initiative.de/
Selbsthilfegruppe und überregionale Anlaufstelle für Betroffene mit regionalen Gruppenverbänden

http://www.atme-ev.de/index.php?option=com_content&view=section&id=2&Itemid=18
Der Verein Aktion Transsexualität und Menschenrecht e.V. (ATME) ist eine unabhängige gemeinnützige Organisation, die sich für Menschenrechte transsexueller Menschen einsetzt.

http://www.befah.de
Der Bundesverband der Eltern, Freunde und Angehörigen von Homosexuellen (BEFAH) e.V. bietet ratsuchenden Eltern, Angehörigen und Freunden Hilfe an, unterstützt die Bildung von Elternselbsthilfegruppen, organisiert gemeinsame Wochenenden und Tagungen für Information und Austausch.

http://bundesrecht.juris.de/tsg/index.html
Gesetz über die Änderung der Vornamen und die Feststellung der Geschlechtszugehörigkeit in besonderen Fällen.

http://www.bundesverfassungsgericht.de/entscheidungen/rs20110111_1bvr329507.html
Beschluss des Ersten Senats vom 11. Januar 2011, siehe auch
http://www.bundesverfassungsgericht.de/pressemitteilungen/bvg11-007.html

http://www.dgti.org/
Deutsche Gesellschaft für Transidentität und Intersexualität e.V.

http://www.genderkompetenz.info/
engagiert sich im Kontext der Gleichstellungs-, Antidiskriminierungs- und Diversitätspolitik.

http://genderwunderland.de/
Nachdenken über Transsexualismus, Crossdressing, Intersexualität etc.

http://www.g-institut.de/
Ziel des G-Instituts ist die Förderung der Akzeptanz geschlechtlicher Vielfalt und eine Verbesserung der gesellschaftlichen Situation transgeschlechtlicher Menschen.

https://www.lambda-bb.de
Jugendnetzwerk Lambda Berlin-Brandenburg e.V.
Siehe auch: http://www.lambda-online.de/

http://www.lili-marlene-dortmund.de/
Transidenten Lebenshilfe

http://www.tg-inside.net/
TG-Inside – Der Veranstaltungskalender

http://www.trans-eltern.de/?Trans-Eltern
Anlaufpunkt für Betroffene (Transmänner und Transfrauen) sowie deren

PartnerInnen, Eltern, Angehörige und Freunde; Links zu wichtigen rechtlichen Angelegenheiten.

http://www.transgender-net.de/
Sprungbrett für alle deutschsprachigen TG-Sites im Internet

http://www.trans-ident.de/
Zusammenschluss von Selbsthilfegruppen für Menschen mit transidentischem Empfinden

http://www.transinterqueer.org/index.php/uber-triq/der-verein.html
TrIQ gewährleistet in Zusammenarbeit mit inbetween / ABqueer e. V. und dem Transgender-Netzwerk Berlin (TGNB) ein professionelles Beratungsangebot in den Bereichen Transgender, Intersex und Queer.

http://www.transmann.de/
TransMann e. V. – Informationen rund um Transgender & Co

http://www.vivats.de/
Selbsthilfegruppe mit dem Ziel, für Menschen mit abweichender Geschlechtsidentität Hilfe zur Selbsthilfe zu leisten.

Österreich

http://www.trans-austria.org/

http://transgender.at/index.html
Transgender.at versteht sich als unabhängige Plattform aller Transgender-Personen in Österreich.

http://www.transx.at/
Verein für TransGender Personen; auch umfangreiche Sammlung relevanter Gesetzestexte.

Schweiz

http://www.ags-initiative.ch/
Informationsportal für AGS-Patienten und deren Eltern. Das medizinische Wissen und die Informationen werden in Zusammenarbeit mit Ärztinnen und Ärzten, wie auch mit dem Verein „AGS-Eltern- und Patienteninitiative" (http://www.ags-initiative.de/) den Nutzern zur Verfügung gestellt.

http://www.transensyndikat.net/
Schweizer Transgendergruppe

http://www.transgender-network.ch/
Nationale Dach- und Lobbyorganisation von und für Trans*Menschen.

http://transidentitaet.ch/
Zentrale Webadresse für alle relevanten Events und Treffs in der Schweiz.

http://www.transpersona.ch/
Verein zur Selbsthilfe

http://zwischengeschlecht.org/
„Der Verein bezweckt die Beendigung der kosmetischen Genitaloperationen an Kindern und aller weiteren uneingewilligten, medizinisch nicht notwendigen Zwangsbehandlungen an Menschen mit ‚uneindeutigen' körperlichen Geschlechtsmerkmalen sowie die Durchsetzung aller Menschenrechte auch für

Zwitter, insbesondere des Rechts auf körperliche Unversehrtheit. Der Verein leistet dazu Aufklärungs-, Öffentlichkeits- und Lobbyarbeit und ergreift und unterstützt juristische und politische Initiativen.“
http://www.agnodice.ch/ (französisch)

Niederlande

http://www.lkgtent.nl/
http://www.transgenders.nl/
http://www.transman.nl/
http://www.transvisie.net/

USA

http://ai.eecs.umich.edu/people/conway/TS/DE/TSDE.html (deutsch)
Transgenderismus/Transsexualität/Intersexualität-Grundlagen
http://ai.eecs.umich.edu/people/conway/TS/DE/SRS-DE.html#photos
Operative Geschlechtsanpassung, Geschichte, Hintergründe, Bilder (deutsch)
http://community.pflag.org/Page.aspx?pid=380
Parents, Families and Friends of Lesbians and Gays (PFLAG) is a national non-profit organization with over 200,000 members and supporters and over 500 affiliates in the United States.
http://familyproject.sfsu.edu/
Family Acceptance Project
http://www.ftmi.org/
Largest organization serving the female-to-male trans community in the world.
http://www.genderspectrum.org/
Gender Spectrum Educatlon and Training
http://www.gires.org.uk/
Information for trans people, their families and the professionals who care for them.
http://www.ifge.org/
IFGE promotes acceptance for transgender people. They advocate for freedom of gender expression and promote the understanding and acceptance of all people. The site includes a number of links to resources for trans people and their allies.
http://transequality.org/
The National Center for Transgender Equality (NCTE) was founded in 2003 as a 501(c)3 social justice organization dedicated to advancing the equality of transgender people through advocacy, collaboration and empowerment.
http://transgenderlawcenter.org/
The Transgender Law Center (TLC) is a civil rights organization advocating for transgender communities.
http://www.wpath.org
The World Professional Association for Transgender Health (WPATH), formerly known as the (Harry Benjamin International Gender Dysphoria Association,

HBIGDA), is a professional organization devoted to the understanding and treatment of gender identity disorders.

International

http://ilga.org/
International Lesbian and Gay Association. Weltweiter Dachverband der LGBT.
http://tgeu.org/ (englisch)
Transgender Europe (TGEU), europäisches Netzwerk.

Funk und Film

http://www.das-verordnete-geschlecht.de
http://de.wikipedia.org/wiki/Liste_der_Transgender-Filme
Liste der Transgender-Filme
http://www.do1.tv/2011/01/07/menschen-im-geschlechterkampf/
http://radio.transgender.at
http://www.transgenderfilmfestival.com/about/
http://www1.wdr.de/fernsehen/information/frautv/sendungen/falscherkoerper102.html

Über die Autorinnen

Stephanie Brill begleitet Familien mit nicht geschlechtskonformen Kindern in den USA und Kanada. Sie bildet Ärzte, Sozialarbeiter, Therapeuten und Erzieher seit 2002 auf dem Gebiet der Geschlechtsidentität und der Geschlechtsidentifikation weiter. Um dieser wichtigen Arbeit eine landesweite Bedeutung zu geben, hat sie 2007 die Organisation „Gender Spectrum Education and Training", Oakland (Kalifornien), mitbegründet. Stephanie Brill betreut darüber hinaus Selbsthilfegruppe für Eltern mit geschlechtsvarianten und transidenten Kindern am Children's Hospital Oakland und ist Co-Produzentin der jährlich stattfindenden Gender Spectrum Family Conference in Seattle.

Sie ist Hebamme und Autorin von zwei Büchern: „Queer Parent's Primer" und „The New Essential Guide to Lesbian Conception, Pregnancy, & Birth".

Stephanie möchte an dieser Stelle ihren beiden persönlichen Inspirationen für ihre herausragende Arbeit würdigen: Shannon Price Minter und Caitlin Ryan.

Ferner, aus tiefstem Herzen, weiß Stephanie zu schätzen, dass all die Erzieher und Therapeuten, sich die Zeit nehmen, sich weiterzubilden und darum zu sorgen, wie man diesen mutigen Kindern und ihren Eltern am besten helfen kann. Besonderer Dank geht an die Park Day School für ihre Bereitschaft, eine Schneise zu schlagen, sowie an Dr. Herbert Schreier für die Mitgründung der Oakland Selbsthilfegruppe.

Unendliche Dankbarkeit gilt auch Aidan Key (Transmann) für sein Begehren, sich uns anzuschließen.

Dank auch an die Cleis Press (amerikanische Ausgabe) für die Bereitschaft, dieses Buch zu veröffentlichen und an Rachel Pepper für die unverhoffte Unterstützung. Dank auch an Wendy Brill für ihr einsichtsvolles Feedback. Am meisten aber möchte Stephanie ihrer strahlenden Partnerin, Kristin, und den vier staunenswerten Kindern, die sie so sehr lieben, ihren Dank aussprechen. Dieses Buch wäre niemals ohne sie realisiert worden.

Rachel Pepper, Oakland (Kalifornien), koordiniert die „Lesbian, Gay, Bisexual, and Transgender Studies" (LGBTS) an der Yale University. Sie ist Co-Autorin der „Princeton Review's Gay and Lesbian Guide to College Life" (Princeton Review's, 2007) und Autorin von dem „Ultimate Guide to Pregnancy for Lesbians" (Cleis Press, 2. Ausgabe, 2005). Sie schreibt zahlreiche Beiträge für Magazine und Zeitungen und ist seit vielen Jahren Buchredakteurin des Curve Magazine. Rachel Pepper fühlt sich geehrt, an diesem bahnbrechenden Buch mitgearbeitet haben zu können und dankt all den vielen Eltern, die sich bereit erklärt haben, die umfangreichen Fragebögen auszufüllen, die bei diesen Forschungsarbeiten von unschätzbarem

Wert gewesen sind und viele der Zitate in dem vorliegenden Buch geliefert haben. Dank sei auch der Park Day School, dem NCLR, Dr. Norman Spack, der Cleis Press, Jessica Pettit für ihre Beiträge zu den Hochschulen, sowie dem Lektor Mark Rhynsburger. Großer Dank geht an das Büro des Vorstehers der Yale University für die Forschungsgelder, die der Autorin die Teilnahme an der Gender Spectrum Family Conference in Seattle ermöglicht haben. Rachel dankt insbesondere auch ihrer Tochter, Frances Ariel, für ihre Geduld während der langen Forschungs- und Schreibphasen und für ihre Inspiration jeden Tag aufs Neue zu lernen, zu lieben und zu lachen.

Und schließlich sei auch Stephanie Brill besonders für die Zusammenarbeit und die Realisierung dieses Buches gedankt. Ein Traum ist wahr geworden!

einem eher geschützten Umfeld an öffentlichen Schulen unterrichtet wissen wollen. Für weiterführende Überlegungen sollten Eltern sich mit den jeweiligen Landes- oder Bezirksrichtlinien über gesonderten Unterricht befassen.